JESSICA
MITFORD

Ce volume,
le trente-neuvième
de la collection « le goût des idées »,
publié aux Éditions Les Belles Lettres,
a été achevé d'imprimer
en janvier 2014
sur les presses
de la Nouvelle Imprimerie Laballery
58500 Clamecy

Dépôt légal : février 2014
N° d'édition : 7782 - N° d'impression : 401313
Imprimé en France

Note du traducteur

Rebelles Honorables débute sur un mode plaisant, presque futile, et s'achève sur une tonalité grave et même menaçante. C'est un petit livre profond qui ne se départit jamais d'une désinvolture hautement revendiquée. J'aimerais dire en quelques lignes comment et pourquoi. Commençons donc par le commencement et, au commencement est l'*honnish*, nom de la langue officielle d'une société secrète, la Société des Hons, fondée par deux des sœurs Mitford, Decca et Debo, quand elles n'étaient encore que des petites filles. Le mot « Hon » est une contraction de « Honourable », qui est le titre donné aux enfants de certaines familles nobles en Angleterre. Mais Decca (Jessica Mitford) s'empresse de me contredire : « Le nom dérive non pas du fait que Debo et moi étions des *Honourables*, mais de *Hens*, les poules qui ont joué un rôle si important dans nos vies. Les poules étaient en fait le ressort essentiel de notre économie personnelle. » Le livre aurait donc pu avoir pour titre en français : Honorables Poules Rebelles.

Honnish est aussi un adjectif qui qualifie positivement un air, un état d'esprit, une action, une parole, une attitude, une allure, une plaisanterie, un jeu, une chanson. Anti-*honnish*, son contraire, s'applique à une gamme également vaste de situations. Par exemple : « À bas l'horrible Parti Travailliste Anti-*Honnish* ! » Ou bien dans un registre délibérément frivole : « Très anti-*honnish* de la part de Nancy. » Pour être *honnish*, il faut l'entendre et le parler, et mon oreille ne peut résister à la tentation de détourner la devise de l'Ordre de la Jarretière pour l'accorder à titre de faveur ou de grâce à cette Société des Hons. « *Honnish* soit qui mal y pense. » La faisant ainsi résonner à l'envers pour notre époque de conformisme aggravé, insensible à l'honneur comme à la honte : quiconque est mal-pensant, quiconque s'oppose aux bien-pensants, est *honnish*. Et donc, honni soit celui (ou celle) qui pense du mal des Honorables, des Rebelles et des Poules.

Dès l'origine, c'est la guerre. L'enfance est paradisiaque, mais elle est aussi un champ de bataille où il faut apprendre à se battre constamment dedans et dehors. Dedans puisque toutes les honorables ne sont pas rebelles et toutes les poules ne sont pas honorables. La famille Mitford : un père et une mère mythologiques (Farve et Muv), un frère et six sœurs. « Trois Géantes, Trois Naines et une Brute. » Dehors puisque le monde qui change voudrait *tout* changer pour faire croire que rien jamais ne change. C'est en ce sens très précis, privé, intime, que le xxᵉ siècle est totalitaire. Et c'est évidemment en ce sens que les Mitford sont une famille exemplaire et *Rebelles Honorables*, un livre important : en mettant sous nos yeux la mutation sinon mortelle, du moins fatale de l'aristocratie en ces « sombres temps. » Le totalitarisme n'a pas tant menacé la démocratie dans le monde que mis fin à l'aristocratie en Europe. Il n'en fallait pas moins.

Les pages de ce livre, venues d'un passé immémorial, d'un passé qu'on ne commémorera jamais, déploient toute leur fraîcheur et leur insolence.

Pierre Guglielmina

Prologue

Les souvenirs de famille exercent une fascination presque universelle. Dans la plupart des maisons, il existe, rangés quelque part dans un grenier ou sur une étagère élevée, des collections des premières chaussures de bébé, un exemplaire de la rédaction primée dans le journal de l'école, le voile de mariée de la grande sœur, des télégrammes de félicitations pour ceci, cela et autre chose encore. La plupart des maisons sont aussi marquées par des cicatrices, souvenirs des blessures infligées par ceux qui y ont vécu – les impacts encore visibles laissés par la carabine à plomb d'un enfant un peu gauche, le trou dans le tapis devant la cheminée, témoignage d'une fête trop joyeuse.

Au milieu du chemin de la vie, ces trophées commencent à acquérir un intérêt considérable parce que c'est à ce moment-là qu'ils apportent un soulagement inattendu en rappelant des événements oubliés, en ramenant à la surface des souvenirs enterrés sous la montagne de milliers de jours disparus. Quand je suis revenue dans la maison de ma mère en 1955, à l'âge de trente-huit ans, après une absence de dix-neuf ans, je me suis sentie moi aussi sous l'emprise du passé. Les preuves tangibles de ce passé étaient, toutefois, quelque peu différentes de celles que l'on retrouve dans un foyer anglais ordinaire.

Sur les fenêtres, on peut encore voir, gravés sur la vitre avec un diamant, des svastikas et pour chaque svastika, une faucille et un marteau parfaitement dessinés. Ils l'ont été par ma sœur Unity et moi, quand nous étions enfants. Encadrés sur le mur se trouvaient aussi des poèmes et des dessins qui étaient l'œuvre de Unity lorsqu'elle était encore toute petite – une œuvre bizarre, bourrée d'imagination, captivante, parfois saturée de détails microscopiques à une échelle minuscule, parfois immense et magnifique. L'Armoire des Honorables, où Debo et moi passions le plus clair de notre temps, a toujours cette odeur de renfermé bien spécifique et contient toujours la promesse d'une intimité absolue, loin des adultes.

Il y a des étagères entières de livres de la famille dans le salon : *Memories* de Lord Redesdale, l'autobiographie d'une longueur désespérante de mon grand-père ; *Writings of a Rebel*, un volume édité à compte d'auteur des « lettres au *Times* » d'oncle Geoff ; *Out of Bounds* et *Boadilla* d'Esmond Romilly ; un ou deux livres de Sir Oswald Mosley. Et l'impressionnante étagère des livres de Nancy, en anglais et dans leurs différentes traductions.

Les plus fascinants de cette collection sont les volumineux albums de photos de ma mère, des douzaines, des volumes énormes, chacun soigneusement organisé par période et par sujet. L'un d'eux est consacré à toutes les coupures d'articles de journaux consacrés à la famille. « Chaque fois que je vois les mots "fille d'un pair" dans un titre de journal, a-t-elle déclaré un jour, assez tristement, je sais qu'il va s'agir d'une de vous, mes enfants. » Un autre de ses albums est consacré aux photos de mariages de ses enfants. Le mariage de Diana à Bryan Guinness, de loin le plus grandiose, occupe la plus grande partie de l'album et les photos couleur sépia sont tellement grandes qu'elles débordent des pages pourtant immenses. Pose après pose, Diana en gros plan, Diana près de la cheminée, Diana de face, Diana de trois quarts, avec chaque fois cette expression de pureté absolue de la jeune mariée. Suit le mariage de Nancy avec dix petits pages en costume de satin blanc, certains enveloppés dans des châles de cachemire pour les protéger du froid. Pam et Debo semblent avoir été un peu flouées, car les photos de leurs mariages sont bien moins nombreuses, celui de Pam ayant eu lieu dans un bureau des archives et celui de Debo pendant la guerre. Perdue quelque part au milieu de cet album consacré aux mariages, se trouve un cliché assez flou, légendé « Mariage de Decca », où mon mari et moi sommes assis, avec un air de défi évident, au bord d'un lit dans une chambre d'hôtel. « Je suis désolée, Little D, mais c'est la seule photo que j'ai, tu sais », a dit gentiment ma mère.

Me tourner vers le passé n'est pas un penchant naturel chez moi, mais m'étant retournée sur le passé cette fois-là, j'ai décidé de mettre par écrit ce que j'avais vu. Je suppose que c'est le moment approprié pour dire que certaines imprécisions et distorsions sont susceptibles de survenir comme c'est toujours le cas lorsqu'on s'appuie entièrement sur ses seuls souvenirs. Cependant, pour un récit de ce genre, il n'existe pas d'autres sources que sa propre mémoire, parfois confuse.

Chapitre 1

La campagne du Cotswold, vieille et désuète, remplie de fantômes et de légendes, fait aujourd'hui partie du parcours touristique. Après avoir « fait » Oxford, il serait honteux de ne pas parcourir encore une trentaine de kilomètres pour aller voir des villages historiques aux noms si pittoresques – Stow-on-the-Wold, Chipping Norton, Minster Lowell, Burford. Ces villages ont répondu gracieusement à toute l'attention qu'on leur accordait. Burford est en effet devenu une sorte de Stratford-upon-Avon en petit, ses vieilles auberges soigneusement transformées pour pouvoir combiner une allure Tudor avec un confort moderne. On peut y boire du Coca-Cola, même s'il est servi à la température ambiante, et les petites boutiques sont remplies de Souvenirs du Burford d'autrefois, portant la mention discrète *Made in Japan*.

Pour une raison quelconque, Swinbrook, situé à cinq kilomètres de là seulement, semble avoir échappé à la mainmise du tourisme et demeure identique, dans mon souvenir, à ce qu'il était trente ans plus tôt. Dans la poste minuscule du village, les quatre mêmes bonbons – toffee, bonbon acidulé, Edinburgh Rock, caramel – sont toujours présentés dans les mêmes jarres en verre décoré, placées dans la vitrine. Suspendues au fond de la pièce, au même endroit depuis deux générations, deux grandes affiches encadrées de deux beautés victoriennes opposées, une jeune et délicate aristocrate à la chevelure dorée et aux yeux bleus lumineux, ses douces épaules blanches drapées dans quelque chose de préraphaélite, l'autre, une jolie jeune fille à l'allure de gitane espiègle, aux cheveux noirs cascadant en boucles épaisses. Enfant, je trouvais qu'elles ressemblaient étonnamment à mes sœurs aînées, Nancy et Diana. À côté de ces deux affiches, les visages d'un rose et blanc si peu naturels du roi George V et de la reine Mary contemplant le monde d'un regard bienveillant.

Les seuls autres bâtiments publics sont une école réduite à une unique salle de classe et une église. Tout autour, une douzaine de cottages en pierre grise disséminés comme des moutons du Cotswold, paisibles et hors du temps. À l'intérieur de l'église, les bancs en chêne verni alignés – une donation de mon père après la Première Guerre mondiale, grâce aux gains d'un pari heureux dans la course du Grand National – qui ont toujours l'air un peu trop modernes par rapport aux dalles, aux arcs-boutants, aux arches et aux piliers médiévaux. Le blason des Redesdale, portant notre devise présomptueuse, « Dieu prend soin de nous », suspendu au-dessus des bancs de la famille, a un aspect encore trop brillant et contemporain à côté des pierres tombales grises et usées d'une famille de Swinbrook plus ancienne, dont les statues gisent au même endroit depuis quatre cents ans.

À trois kilomètres environ, au-dessus du village de Swinbrook, se trouve une grande structure grise rectangulaire sur trois niveaux. Son style n'est ni « moderne » ni « traditionnel », ce n'est pas non plus une imitation d'un style ancien ; franchement, elle a plutôt l'allure architecturale d'une institution quelconque. Ce pourrait être une petite caserne, un pensionnat de jeunes filles, un asile d'aliénés ou, en Amérique, un country club. Au cours de sa brève histoire, la bâtisse a été soupçonnée plus d'une fois de remplir l'une de ces fonctions. C'est en réalité Swinbrook House, que mon père a fait construire pour satisfaire les besoins, tels qu'il les imaginait à l'époque, d'une famille de sept enfants. Nous nous y sommes installés en 1926, quand j'avais neuf ans.

Swinbrook ressemblait, à bien des égards, à une forteresse ou à une citadelle du Moyen Âge. Du point de vue de ses occupants, c'était un endroit autarcique, en ce sens qu'il n'était ni nécessaire ni possible, en général, de quitter ces lieux pour se livrer à n'importe quelle activité normale. Une salle de classe avec la gouvernante pour l'éducation, des écuries et un court de tennis pour l'exercice physique, sept enfants pour se tenir compagnie mutuellement, l'église du village pour les consolations spirituelles, nos chambres à coucher transformées en chambres d'hôpital quand une opération s'avérait indispensable – tout cela était disponible dans la maison ou à une faible distance de marche. Du point de vue des étrangers, y entrer, au cas improbable où ils auraient souhaité le faire, était une impossibilité. Selon mon père, les étrangers incluaient les Boches, les Français, les Américains, les Noirs et toutes les autres races, mais aussi les enfants des gens du coin, la majorité des relations de mes sœurs aînées, la plupart des jeunes gens – en fait, la totalité de la population grouillant à la surface de la terre, à l'exception de quelques-uns de nos parents, mais pas tous, et d'un petit nombre de nos voisins de la campagne, aux visages rouges et aux vestes de tweed, que mon père avait pris en affection pour une raison quelconque. D'une certaine manière, il n'avait pas de « préjugés » au sens moderne du mot. Depuis les années 1930, ce mot en est venu à signifier une haine concentrée contre une certaine race ou religion, le Noir, l'Oriental ou le Juif ; le mot « discrimination » est même pratiquement devenu un synonyme de préjugé. Mon père ne faisait aucune « discrimination » ; en fait, il était généralement inconscient des distinctions entre les différents types d'étrangers. Quand un de nos cousins avait épousé une Argentine d'ascendance purement espagnole, il avait fait ce commentaire : « J'ai entendu dire que Robin avait épousé une Noire. »

Nancy, Pam et Diana, les trois sœurs aînées, étaient en lutte incessante avec Farve pour obtenir la permission de recevoir leurs amis. Comme ma mère appréciait plutôt les visites, elle était souvent leur alliée et les filles remportaient souvent les batailles. Les amis de mon frère Tom – des jeunes gens un peu gros surnommés par Nancy les « Beaux Gras » – faisaient exception à la règle : ils étaient toujours les bienvenus.

Pour les trois plus jeunes de la famille, Unity, Debo et moi, on estimait que nous nous tenions compagnie et que c'était bien suffisant. En dehors des rares visites de nos cousins, nous vivions toutes les trois complètement isolées de nos contemporains. Ma mère jugeait la présence d'autres enfants superflue et une source d'excitation inutile. Néanmoins, en quelques rares occasions, nous avions été conduites à des anniversaires ou à des chasses aux œufs de Pâques dans les maisons des familles voisines du comté.

Mais cette vie mondaine très limitée avait même pris fin, pour ne jamais reprendre, quand j'avais atteint l'âge de neuf ans – et ce fut moi qui, par inadvertance, en fus responsable. J'avais été inscrite à un cours de danse qui avait lieu une fois par semaine dans les différentes maisons du voisinage. Les petites filles en robe d'organdi et châle de cachemire, accompagnées de leurs nounous amidonnées, étaient déposées par leurs chauffeurs à l'endroit convenu pour y attendre le professeur de danse, qui venait d'Oxford en bus. Un après-midi fatal, le professeur était arrivé avec une heure de retard et j'en avais profité pour emmener les enfants sur le toit et leur transmettre là-haut un savoir nouvellement acquis concernant la conception et la naissance des bébés. Mon exposé fut un grand succès, en raison notamment des embellissements que je n'avais pas pu m'empêcher de faire. Ils m'avaient supplié d'en dire plus et avaient juré solennellement sur la Bible de n'en dire mot à personne. Quelques semaines plus tard, ma mère m'avait fait venir dans sa chambre. L'expression de son visage faisait l'effet d'un coup de tonnerre ; dès le premier regard, j'ai su ce qui avait dû se passer. Au cours de la terrible semonce qui a suivi, j'ai appris qu'une des petites filles s'était réveillée toutes les nuits, en proie à d'horribles cauchemars. Elle avait pâli, maigri et elle donnait l'impression d'être au bord de la crise de nerfs. Finalement, sa gouvernante lui avait arraché des aveux et appris quel effroyable épisode s'était déroulé sur le toit. J'eus droit à un châtiment mérité. On mit fin immédiatement à ma participation aux cours de danse ; il était évident, même pour moi, que je ne pouvais plus être considérée, après cet incident, comme une camarade convenable pour ces petites filles adorables. L'énormité de cet acte malavisé, la portée et la durée de son impact étaient telles que, des années plus tard, alors que j'avais dix-sept ans et que je me rendais à un bal de débutantes, une cousine plus âgée m'avait appris que deux jeunes gens qui étaient nos voisins n'étaient toujours pas autorisés à me fréquenter.

Unity, Debo et moi étions réduites à nos seules ressources. Comme une tribu perdue, séparée des autres hommes, développe graduellement des caractéristiques de langage, de comportement et d'allure, nous avons développé des idiosyncrasies qui nous rendaient sans aucun doute un peu excentriques par rapport aux autres enfants de notre âge. Même pour l'Angleterre, en ces jours lointains du milieu des années 1920, notre éducation n'était pas tout à fait conventionnelle. Nos prouesses, nos loisirs et nos distractions prirent des formes vraiment inhabituelles. Ainsi, à un âge où les autres enfants jouaient à la poupée, faisaient du sport, prenaient des leçons de piano ou de danse, Debo passait des heures en silence dans le poulailler à apprendre à imiter l'air de concentration douloureuse que prend une poule lorsqu'elle pond un œuf ; et tous les matins, elle contrôlait méthodiquement et notait dans un cahier les enfants mort-nés signalés dans les colonnes du *Times*. Je me distrayais en faisant faire à mon père, tous les jours, des exercices pour le préparer au grand âge qui consistaient à lui faire trembler légèrement la main quand il buvait son thé : « Dans quelques années, quand tu seras vraiment vieux, tu vas sûrement trembler. Je te fais faire des exercices maintenant, avant que ça ne t'arrive, afin que tu ne fasses pas tout tomber plus tard. »

Unity et moi avions inventé un langage complet, du nom de *boudledidge*, que nous seules pouvions comprendre, dans lequel nous traduisions des chansons cochonnes (que nous pouvions chanter en toute impunité devant les adultes) et de vastes portions de l'*Oxford Book of English Verse*. Debo et moi avions créé la Société des Hons, dont nous étions les administrateurs et les seuls membres. Les débats étaient conduits en *honnish*, langue officielle de la société, mélangeant vaguement les accents du nord de l'Angleterre et américain. Contrairement à ce qu'a pu établir récemment un historien sur l'origine des Hons, le nom dérive non pas du fait que Debo et moi étions des *Honourables*[1], mais de *hens*, les poules qui ont joué un rôle si important dans nos vies. Les poules étaient en fait le ressort essentiel de notre économie personnelle. Nous en avions des douzaines, ma mère se chargeant de fournir leur nourriture et, en échange, nous achetant les œufs – une sorte de variante bénévole du système du métayage (le *h* de Hon se prononce, bien entendu, comme pour *hen*).

L'activité principale des Hons consistait à surpasser en esprit et à vaincre les horribles Anti-Hons, dont Tom était le premier représentant. « Mort aux Anti-Hons ! » était notre devise, criée pendant que nous le pourchassions partout dans la maison avec nos lances de fortune. Nous avions inventé un jeu *honnish* auquel nous jouions sans arrêt, appelé « Hure, Hase, Hure, Commencement » (insupportablement douloureux), qui consistait à voir qui pourrait endurer d'être pincé le plus fort possible. « Hure, Hase, Hure » était le raffinement d'un sport pratiqué antérieurement et appelé « Lentement mais sûrement ». « Lentement mais sûrement » consistait à prendre négligemment la main d'un aîné, en général Tom, pendant qu'il lisait un livre. Tout doucement pour commencer, avec une patience infinie, on grattait un endroit bien précis. Le but était de faire saigner avant que la victime ne s'aperçoive de ce qui se passait. « Hure, Hase, Hure », au contraire, exigeait la participation active des deux joueurs. Le premier joueur pinçait le bras du second, en augmentant la pression tout en chantant lentement et rythmiquement « Hure, Hase, Hure, Commencement » quatre fois de suite. Le joueur gagnant était celui qui pouvait résister à la douleur jusqu'à la quatrième fois. Nous pensions que c'était un jeu merveilleux et nous passions notre temps à supplier Tom, qui révisait ses cours de droit, de voir s'il était possible de le déposer et de l'exploiter de façon commerciale – avec des royalties à verser au trésorier des Hons chaque fois que quelqu'un y jouerait.

---

1. Titre donné aux enfants de certaines familles nobles en Angleterre (les notes sont celles du traducteur, sauf mention contraire).

Tom, notre unique frère, occupait une place toute particulière dans la vie de la famille. Nous l'avions surnommé Tuddemy, en partie parce que c'était une traduction de Tom en *boudledidge* et en partie parce que nous pensions que cela rimait avec *adultery*. Les gens disaient : « Un frère et six sœurs ! Comme vous devez l'adorer ! Comme il doit être gâté ! » Et la réponse *honnish* classique était : « L'adorer ? Vous voulez dire l'abhorrer. » Debo, interrogée par l'agent du recensement sur la composition de la famille, avait répondu sur un ton furieux : « Trois Géantes, trois Naines et une Brute. » Les Géantes étaient Nancy, Diana et Unity, toutes les trois d'une taille exceptionnelle ; les Naines étaient Pam, Debo et moi ; la Brute, ce pauvre Tuddemy. Ma mère possède encore aujourd'hui un badge en carton sur lequel on peut lire : « Ligue contre Tom. Chef : Nancy. »

En fait, la campagne anti-Tuddemy, qui fit rage pendant toute notre enfance, n'était que la curieuse expression en miroir *honnish* de notre dévotion à son égard. Pendant des années, il avait été le seul membre de la famille à être « en bons termes » avec tous les autres. En dépit des alliances fréquentes de brève durée pour atteindre des objectifs *boudledidge* ou *honnish*, ou afin de vaincre un ennemi commun – en général, une gouvernante –, les rapports entre Unity, Debo et moi étaient difficiles, marqués par un ressentiment mutuel. Nous étions comme des animaux qui n'étaient pas faits pour s'entendre, attachés au même piquet.

De temps en temps, Unity et moi faisions alliance pour pratiquer le sport interdit qui consistait à « taquiner Debo ». Il fallait le faire sans être entendues par mon père, Debo étant de loin sa préférée, et si nous la faisions pleurer, il s'ensuivait des conséquences terrifiantes. Elle était une enfant extraordinairement tendre et rien n'était plus facile que de faire couler des larmes de ses immenses yeux bleus – de les voir « baignés de larmes » comme on disait dans la famille.

Unity avait inventé une histoire avec un chiot pékinois. « Le téléphone a sonné, commençait-elle. Grand-père s'est levé de son fauteuil pour aller y répondre. "Lill est malade !" s'est-il écrié… » Lill était à l'agonie, victime d'un mal fatal. Sa dernière requête était que grand-père prenne bien soin de son pauvre petit pékinois. Cependant, dans l'agitation des funérailles, le pékinois était oublié et on le retrouvait plusieurs jours après sur la tombe de sa maîtresse, le cœur brisé et mort de faim.

Cette histoire provoquait toujours chez Debo un chagrin intense, en dépit du nombre de fois qu'elle l'avait entendu raconter. Naturellement, nous étions punies avec une grande sévérité chaque fois que nous la racontions. L'argent de poche était supprimé pendant des mois et nous étions souvent consignées dans nos chambres. Une version plus limite consistait à dire simplement, sur un ton tragique : « Le téléphone a sonné. » Et Debo se mettait à hurler comme si l'histoire avait été racontée jusqu'à sa triste fin.

Étranges machinations, certes, et l'éternel refrain de ma mère n'avait donc rien d'étonnant : « Vous êtes des enfants vraiment idiotes. »

Ma mère avait pris en charge personnellement l'organisation et la supervision de notre éducation et nous avait donné nos leçons jusqu'à l'âge de huit ou neuf ans. Ensuite, nous nous étions retrouvées dans la salle de classe sous la férule d'une série de gouvernantes qui se succédaient rapidement. Bien entendu, les éducateurs du monde entier discutaient à l'époque les vertus des théories de John Dewey par rapport aux méthodes traditionnelles ; des milliers de gens devaient sans aucun doute se rassembler quelque part pour écouter ses conférences sur la nouvelle « psychologie de l'enfant ». Si le combat en faveur d'une éducation identique pour les femmes faisait rage dans le cadre de la lutte contemporaine pour l'égalité des droits, pas la moindre de ces controverses n'avait encore atteint Swinbrook. Tom, bien sûr, avait été envoyé en pension dès l'âge de huit ans, puis à Eton par la suite ; mais ma mère considérait que l'école n'était pas nécessaire pour les filles, était probablement dommageable et coûtait certainement trop cher. Elle était fière de pouvoir financer elle-même toute notre éducation grâce à l'argent gagné avec son poulailler, qui lui rapportait, une fois payé le salaire de son employé nommé fort judicieusement « Pond », quelque chose comme cent vingt livres par an, ce qui représentait à peu près le salaire annuel d'une gouvernante à l'époque.

Les leçons avec Muv dans le salon sont encore aujourd'hui un souvenir bien plus net que tout ce que j'ai pu apprendre par la suite avec les gouvernantes (le surnom de Muv, inscrit blanc sur noir, donne sans doute l'image d'une mère plus petite, plus cosy que Mummy, entourée de ses enfants qu'elle appelle « sa portée ». Le surnom de Farve évoque de la même façon l'image d'un père plus copain que Daddy. Pas pour moi. Dans le souvenir le plus ancien que j'ai d'eux, Muv et Farve sont plus hauts que le ciel et plus larges que Marble Arch, et d'une certaine façon plus puissants que le roi et le Parlement réunis).

Muv nous apprenait l'histoire anglaise dans un grand livre illustré, intitulé *Our Island History*, avec une magnifique photo de la reine Victoria en frontispice. « Vous voyez, l'Angleterre et toutes nos possessions de l'Empire sont représentées par ce rose délicieux sur la carte, expliquait-elle. L'Allemagne a cette couleur de brun boueux absolument hideuse. » Les illustrations, le texte, les commentaires et interprétations de Muv avaient créé pour nous toute une série de scènes très vivantes : la reine Boadicée à cheval, menant sans peur son armée… la pauvre petite princesse dans la Tour… Charlemagne, dont notre grand-père prétendait qu'il était notre ancêtre… Cromwell, terne et plein de haine… Charles Ier, roi martyr… les fondateurs héroïques de l'Empire, soumettant courageusement les hordes noires d'Afrique pour la plus grande gloire de l'Angleterre… les Indiens cruels du Black Hole de Calcutta… les Américains qui avaient été exclus de l'Empire parce qu'ils s'étaient mal comportés et qui n'avaient plus droit au joli rose sur la carte… les ignobles Boches, qui avaient tué oncle Clem pendant la guerre… les Bolcheviques russes, qui avaient tué de sang-froid les chiens du tsar (et aussi le petit tsarévitch et ses sœurs, même si leur sort ne paraissait pas aussi triste que celui des pauvres chiens innocents)… Le bien étant tellement bien, et le mal tellement mal, l'histoire enseignée par Muv me paraissait dans l'ensemble parfaitement claire.

Muv avait inventé une méthode d'enseignement qui coupait court à la nécessité de nous faire passer des examens. Nous lisions simplement le passage qu'il nous fallait apprendre, puis nous fermions le livre et répétions la partie du texte que nous avions pu mémoriser. « J'ai toujours pensé qu'un enfant n'avait à mémoriser que la partie qui lui paraissait importante », expliquait-elle avec un certain flou. Parfois, cela ne fonctionnait pas très bien. « Bon, Little D, je t'ai lu tout le chapitre. Dis-moi ce dont tu te souviens.

– Je ne me souviens de rien.

– Allons, Little D, tu te souviens au moins d'un mot ?

– Oui, en effet… Le. »

Réponse fatale ! Pendant des années, mes sœurs et mes cousines me faisaient pleurer à chaudes larmes en me taquinant : « Oui, en effet… Le. »

Je fus admise dans la salle de classe à l'âge de neuf ans. Notre salle de classe à Swinbrook, grande et haute de plafond, avec de vastes baies vitrées, un petit poêle à charbon et du mobilier couvert de chintz, était au premier étage, près de la chambre à coucher de la gouvernante. Elle était séparée des chambres d'amis et des chambres de mes parents par une porte recouverte de feutre vert. Nous passions le plus clair de notre temps dans cette salle. Nous déjeunions et parfois dînions dans la salle à manger avec les adultes, sauf quand il y avait des invités, et dans ce cas, les repas étaient servis dans la salle de classe où nous mangions en compagnie d'une gouvernante inintéressante, qui se demandait, exaspérée, ce qu'on pouvait bien servir en bas.

Unity – dite Bobo pour le reste de la famille, mais Boud pour moi – était la seule autre enfant en âge d'être dans la salle de classe ; Debo n'avait que six ans et suivait l'enseignement de Muv, et le reste du temps, elle était dans la nursery sous l'autorité de Nanny. Nancy et Pam étaient des adultes depuis longtemps, Tom était parti vivre à l'étranger quelque temps, Diana était à Paris, condamnée à une grande agitation entre sa dernière année dans la salle de classe et sa première saison à Londres.

Boud était une enfant immense à douze ans, d'une taille démesurée. Elle me faisait toujours penser à l'expression courante de « fille formidable » dans les livres pour enfants de l'époque victorienne. « Oh, mon Dieu, cette pauvre Boud, elle est assez énorme », se lamentait Muv quand les boîtes en carton arrivaient de chez Daniel Neal à Londres pour approbation et qu'il fallait essayer les vêtements et que ceux de Boud, immanquablement, devaient être renvoyés pour une taille supérieure. Nancy lui avait donné le surnom brutal de Hideuse, mais Boud n'était pas vraiment hideuse. Ses grands yeux bleus menaçants, ses membres immenses et maladroits, ses cheveux raides qui avaient la couleur de la corde, parfois attachés en couettes, mais le plus souvent épars, lui donnaient l'allure d'un Viking échevelé ou de Little John[1]. Elle était la plaie des gouvernantes : peu d'entre elles étaient capables de tolérer très longtemps son caractère insupportable, ce qui explique pourquoi nous n'en avons jamais eues pour des périodes très longues. Elles se succédaient à une cadence étonnante, et chaque nouvelle venue apportait avec elle un nouveau point de vue sur la totalité des connaissances humaines.

Miss Whithey nous faisait répéter : « $A^2 - B^2 = A^2 - 2AB + B^2$ », mais elle n'était pas restée assez longtemps pour nous expliquer pourquoi il en était ainsi. Boud avait découvert qu'elle avait une peur bleue des serpents et, un matin, elle avait placé Enid, sa couleuvre, sur la chaîne des toilettes. Nous avions attendu, en retenant notre souffle, le résultat qui n'avait pas tardé. Miss Whithey s'y était enfermée et un cri déchirant avait été suivi d'un bruit sourd. La femme évanouie avait été tirée de là à l'aide d'un pied-de-biche, Boud avait été sévèrement réprimandée par Miss Broadmoor qui nous apprenait à réciter de toutes les façons possibles *mensa*, *mensa*, *mensam*. Nancy, qui était déjà préoccupée par ce qu'il était convenable ou non de faire, avait écrit un poème qui était censé illustrer les « râffinements » du langage de Miss Broadmoor : « Je respire haut, très fort, couchée sur mon édredon si doux

1 Le compagnon de Robin des Bois.

(tournant d'un côté, de l'autre, avec cette terrible toux), et je rêve au trésor dans le coffre à blé du grenier. » Nous ne pouvions pas nous empêcher de le réciter, tous les matins, juste avant la leçon.

Les leçons de latin prirent fin avec le départ de Miss Broadmoor. Miss McMurray faisait pousser des haricots sur des morceaux de flanelle humide et nous apprenait le nom des différentes parties du haricot en train de germer – plumule, radicelle, embryon.

Elle fut rapidement suivie par Miss Bunting, dont la contribution essentielle à notre éducation consista à nous initier au vol à la tire. Miss Bunting était une charmante petite femme, ronde et rieuse, qui ressemblait un peu à une chope de bière et avait une conception de la vie assez libre et assez peu orthodoxe que nous trouvions particulièrement attrayante. Boud la dominait de toute sa hauteur et, parfois, la soulevait, lui faisant pousser des petits cris perçants, avant de la poser sur le piano de la salle de classe.

Nous fîmes quelques excursions à Oxford. « Vous voulez essayer de vous conduire mal, les enfants ? » suggérait Miss Bunting. Elle avait deux méthodes à nous proposer : celle du panier à provisions qui exigeait la présence d'un complice et qui ne valait que pour les articles importants. Le complice se chargeait de distraire la dame qui faisait ses courses pendant que le voleur ou le détrousseur, selon la terminologie de Miss Bunting, remplissait son panier de livres, de sous-vêtements, de boîtes de chocolats, en fonction de la boutique où on se trouvait. La méthode du mouchoir qui tombe ne fonctionnait que pour les bâtons de rouge à lèvre ou les bijoux de petite taille. Miss Bunting, dans son manteau et ses gants beiges de gouvernante, Boud et moi coiffées de panamas assortis, passions d'un pas rapide et l'air hautain devant les vendeuses obséquieuses pour aller nous mettre à l'abri dans le salon de thé Fuller, où nous comptions joyeusement le butin de la journée en buvant nos chocolats chauds.

Miss Bunting était très décontractée en ce qui concernait les leçons. C'était seulement au moment où nous entendions le pas caractéristique de ma mère approchant de la salle de classe qu'elle nous faisait signe de nous mettre au travail. Le latin ou les différentes parties du haricot, et il est inutile de dire que nous l'aimions certainement plus que toutes celles qui l'avaient précédée. Nous fîmes tout ce qui était en notre pouvoir pour lui rendre la vie avec nous relativement attrayante, et il faut dire qu'elle était restée chez nous quelques années.

Chapitre 2

La participation à la vie publique à Swinbrook tournait autour de l'église, du Parti conservateur et de la Chambre des Lords. Mes parents manifestaient un intérêt bénévole, sinon constant, pour les trois, et ils essayaient de temps en temps de nous impliquer, nous les enfants, dans ces activités civiques, autant qu'il était possible de le faire compte tenu de nos âges.

Ma mère soutenait loyalement toutes les activités du Parti conservateur. Même si elle n'était pas très enthousiaste en ce qui concernait notre membre du Parlement local (« Quelle créature ennuyeuse ! » disait-elle d'une voix triste), Muv le soutenait fidèlement dans chacune de ses campagnes électorales. Des foules de villageois placides se rassemblaient sur la pelouse de Swinbrook pour écouter les harangues de nos oncles, essayant de les convaincre des mérites du Parti conservateur, avant de se voir servir d'épais sandwichs de rosbif, des biscuits et des tasses d'un bon thé fort. Chaque année, notre famille avait un stand à la fête des conservateurs de l'Oxfordshire, où nous vendions des œufs, des légumes de notre potager et des quantités de fleurs coupées. Debo et moi, vêtues de nos luxueuses robes à la Wendy, étions autorisées à nous promener partout pour vendre nos bouquets ; Debo détestait ce genre d'événements parce que les adultes ne cessaient de lui répéter d'une voix mielleuse : « Oh, Debo, comme elle est mignonne ! » À quoi elle répondait sur un ton furieux : « Mais Decca est mignonne aussi ! »

Au moment des élections, des rosettes bleues, symboles du parti, à la boutonnière, nous accompagnions souvent Muv dans ses tournées pour convaincre les électeurs. Notre voiture était couverte de rubans bleu tory et si nous croisions une voiture portant le badge rouge du socialisme, nous nous étions autorisées à nous pencher à la fenêtre pour crier à nos adversaires : « À bas l'horrible Parti travailliste anti-*honnish* ! »

Les tournées électorales de ma mère consistaient en visites chez les habitants de Swinbrook et dans les communautés voisines et, après avoir arraché la promesse d'un vote pour le Parti conservateur, elle organisait tout afin que notre chauffeur puisse emmener ces gens voter. Les supporters du Parti travailliste n'existaient pas ou presque à Swinbrook. On n'avait vu qu'une seule fois une rosette rouge dans le village. Elle était portée par le fils de notre garde-chasse – à la grande honte de sa famille qui, humiliée, l'avait banni de leur maison pour le punir de cet acte de trahison. La rumeur voulait qu'il soit allé travailler dans une usine à Glasgow et se soit retrouvé mêlé à des histoires de syndicats.

La grève générale de 1926 fut une formidable source d'excitation. Il y avait dans l'air une impression de crise électrisante. Les adultes, d'une gravité inhabituelle, étaient penchés sur le bulletin national quotidien qui remplaçait les journaux et j'avais réussi à faire entrer clandestinement dans ma chambre mon agneau Miranda, la nuit, pour éviter qu'il ne soit abattu par les Bolcheviques. Tout le monde avait été mobilisé pour faire face à l'urgence. Nancy et Pam, qui étaient alors âgées d'une vingtaine d'années, avaient mis en place une cantine dans une vieille grange sur la route, à trois kilomètres environ de chez nous, et elles s'y succédaient pour servir du thé, de la soupe et des sandwichs aux chauffeurs de camions qui ne faisaient pas grève. Après les leçons, Boud et moi, accompagnées de notre gouvernante, Debo et sa Nanny, partions à grands pas sur la colline pour aller aider, Miranda trottant tout près de moi, au cas où un Bolchevique aurait surgi d'une haie.

Comme les camions ne cessaient de circuler même la nuit (chose à laquelle aucun de nous n'avait pensé auparavant), il était nécessaire de faire démarrer la première équipe très tôt le matin, avant même le lever du soleil. Pam avait été désignée pour cette tâche ; elle était de loin la meilleure dans la gestion de la cantine, parce qu'elle s'intéressait à l'économie domestique et savait faire du thé et des sandwichs, et aussi laver les tasses. Nancy avait déjà la réputation d'être catastrophique dans ce domaine et se mettait à gémir tristement chaque fois qu'on la sollicitait pour autre chose que faire passer les sandwichs : « Oh, ma chérie, tu sais bien que je suis incapable de sortir ces choses du four, avec ces pauvres mains… de plus, je déteste me lever tôt. »

Un matin, vers cinq heures, Pam était seule à la cantine comme d'habitude, quand un vagabond dégoûtant a surgi de l'obscurité sinistre qui précède l'aube. Vêtu d'un costume en lambeaux et coiffé d'une casquette d'ouvrier, le visage sale et balafré d'une hideuse cicatrice, il constituait un spectacle effrayant. « Puis-je avoir une tasse de thé, Miss ? » a-t-il demandé en lorgnant Pam, son visage effroyable se rapprochant de celui de ma sœur, ne cessant de cligner ses horribles yeux verts. Pendant que Pam versait du thé, il s'était glissé avec agilité derrière le comptoir. « Puis-je avoir un baiser, Miss ? » et il avait passé son bras autour de la taille de Pam. Pam, absolument terrifiée, avait poussé un cri d'horreur et, dans sa hâte et son affolement pour s'éloigner de lui, elle s'était tordu la cheville et était tombée. Le vagabond n'était autre que Nancy déguisée. Nous fûmes en définitive plutôt tristes de voir la grève générale prendre fin et la vie reprendre son cours normal et ennuyeux.

Au grand dépit de ma mère, l'intérêt de Farve pour la politique était bien plus épisodique que le sien. En de rares occasions, il enfilait à contrecœur ses vêtements londoniens et, tout en respirant avec peine, se préparait pour son voyage – toujours considéré comme un trajet extrêmement pénible, même s'il ne s'agissait que de faire cent trente kilomètres pour aller siéger à la Chambre des Lords. Il ne s'y rendait que si la question débattue touchait un sujet véritablement brûlant, comme celle de savoir par exemple si les pairesses de par leur naissance devaient se voir reconnaître la permission de siéger à égalité avec ces messieurs de la Chambre des Lords. Cette occasion avait poussé Farve à y aller et à voter contre leur admission. Nancy avait soutenu que la raison véritable de son opposition à la présence des pairesses tenait au fait qu'il n'y avait des toilettes que pour les hommes à la Chambre des Lords et qu'il redoutait de voir ces femmes prendre l'habitude de s'en servir.

La colère la plus profonde de Farve fut cependant provoquée par une proposition de réforme qui visait à limiter les pouvoirs de la Chambre des Lords. Les Lords qui avaient soutenu cette proposition l'avaient fait par peur de voir, si une telle réforme n'était pas engagée, un futur gouvernement travailliste abolir la Chambre elle-même. Farve s'opposa furieusement à cette manœuvre politique retorse. Son discours fut abondamment cité dans la presse : « Puis-je rappeler à ces messieurs de la Chambre des Lords que le déni du principe héréditaire est une attaque directe contre la Couronne ? Un tel déni est en fait une attaque contre le fondement même de la foi chrétienne. » Farve fut particulièrement agacé de voir la presse conservatrice se gausser de son argument. La presse travailliste en fit ses choux gras. « Que vouliez-vous dire ? » lui avions-nous demandé et il avait patiemment expliqué que tout comme Jésus est devenu Dieu parce qu'il était le Fils de Dieu, le fils aîné d'un Lord devrait hériter du titre et des prérogatives de son père. Nancy avait feint d'être surprise par cette explication : « Oh, je pensais que vous aviez voulu dire que ce serait un coup porté à la foi chrétienne parce que le fils du Lord allait perdre le droit de choisir le prêtre. »

Le droit de choisir et de renvoyer le prêtre était une chose à laquelle mon père aurait préféré ne pas avoir à renoncer. Il avait le « vif » à Swinbrook, ce qui signifiait que si le vicaire en place mourait ou quittait la paroisse, Farve avait la responsabilité de convoquer pour un entretien et de choisir parmi ceux qui pourraient le remplacer. Peu de temps après notre arrivée à Swinbrook, cette prérogative fut exercée après la mort du révérend Foster, le prêtre de la paroisse. Debo et moi avions pu espionner un des entretiens qui avaient eu lieu. Un jeune homme blême, portant le collier de chien de rigueur avait été introduit par la femme de chambre.

« Si vous voulez bien me suivre, monsieur ? Monsieur est dans la Chambre finale », avait-elle expliqué. Le bureau de mon père avait porté autrefois des noms plus usuels pour les pièces de ce genre – bibliothèque, cabinet, fumoir – mais j'avais fait remarquer à Farve que, dans la mesure où il passait la quasi-totalité de sa vie entre ses murs, il était inévitable qu'un jour ses vieux yeux s'y fermeraient pour ne plus jamais s'ouvrir. C'était ainsi qu'elle avait fini par être nommée la Chambre finale, même par les serviteurs. La Chambre finale était un endroit assez agréable où séjourner si on n'y était pas contraint ; elle était recouverte du sol au plafond par les milliers de livres amassés par grand-père, et il s'y trouvait un imposant mobilier en cuir et un immense gramophone – mais l'idée d'y être convoqué pour un entretien avec Farve nous remplissait de terreur par procuration.

« Oh, le pauvre ! Le voilà. Il est dans l'arène », avait murmuré Debo dans notre cachette sous les escaliers. Nous avions entendu Farve expliquer qu'il choisirait personnellement les hymnes qui seraient chantés pendant le service du dimanche. « Pas un de ces fichus airs étrangers si compliqués. Je vous donnerai une liste de ce qui est désirable : *Holy, Holy, Holy*, *Rock of Ages*, *All Things Bright and Beautiful*, des choses dans ce genre. » Il avait continué en disant que le sermon ne devait jamais durer plus de dix minutes. Il n'y avait guère de danger de dépasser ce temps puisque Farve avait l'habitude de déclencher son chronomètre et de signaler qu'il ne restait plus que deux minutes du temps alloué.

« Est-ce que vous tenez aux odeurs et aux dentelles ? » avait-il soudain rugi en direction du candidat sidéré. « Euh ? » Des sons interrogatifs se firent entendre à travers les murs de la Chambre finale. « L'encens, les robes d'autel, toutes ces absurdités papistes ! Vous voyez où je veux en venir ! » Debo et moi étions au supplice, par sympathie.

Le pauvre prêtre qui fut finalement sélectionné avait dû souvent souhaiter un poste plus confortable. Pour commencer, la présence à l'église était une règle inflexible pour l'ensemble de la famille Mitford. Le dimanche matin, qu'il vente ou qu'il neige, nous dévalions la colline avec la Nanny, la gouvernante, Miranda, plusieurs chiens, la chèvre de Boud, Enid, son serpent, et ma colombe apprivoisée. Certaines tombes du cimetière de Swinbrook étaient fort à propos entourées de hautes grilles pour leur préservation et leur isolement. Elles faisaient de bonnes cages pour ces différents animaux dont les aboiements puissants, les roucoulements et les bêlements se mêlaient agréablement aux voix ardentes du chœur du village et noyaient efficacement l'essentiel du sermon de dix minutes. Si Tom était présent, Debo, Boud et moi prenions grand plaisir pendant le service à essayer de « le faire bavasser » – une expression *honnish* qui désignait un fou rire plus ou moins répressible. Le meilleur pour le faire était pendant la lecture des Dix Commandements. Alignées sur le banc réservé à la famille, les livres de prières ouverts devant nous, nous attendions le signal du « Tu ne commettras pas d'adultère » pour pousser du coude tout le rang jusqu'au pauvre Tom, qui s'efforçait de réprimer son fou rire. Nous étions sûres qu'il menait une vie très séduisante de péchés à l'étranger et dans son appartement de Londres, et qu'il était nécessaire d'insister sur ce commandement en particulier.

Il était toujours difficile de coincer ma mère dans les discussions théologiques. « Est-ce que tu crois au Ciel et à l'Enfer ? » demandai-je. « Hé bien, on espère toujours qu'il existe une sorte de vie dans l'au-delà. J'aimerais revoir oncle Clem un jour et Cicely, qui était une si bonne amie… » Elle avait l'air d'envisager la vie dans l'au-delà comme une charmante réunion d'après-midi où pouvait passer qui voulait.

« Mais si tu ne crois pas aux miracles et à toutes ces choses, quel est l'intérêt d'aller à l'église tous les dimanches ?

– Hé bien, Little D, c'est l'Église d'Angleterre après tout et nous devons la soutenir, tu ne crois pas ? »

Ce soutien prenait différentes formes. Quand elle se souvenait de le faire, Muv invitait le prêtre et sa femme à venir déjeuner le dimanche : « Les pauvres, ils ont l'air tellement affamés, je me demande toujours s'ils mangent bien à leur faim. » Sa distraction par rapport au rituel de l'Église devait avoir mis le prêtre mal à l'aise en plusieurs occasions. Un jour, il était venu à la maison pour lui demander si elle pouvait contribuer à l'achat de la bière. « Certainement, combien vous faut-il ? » avait demandé Muv. Le prêtre avait répondu que cinq livres feraient l'affaire. « Cinq livres ? Mais qui donc va boire toute cette bière ? »

Muv m'emmenait souvent avec elle pour ses visites chez les femmes du village à qui elle faisait des petits cadeaux de charité. Leur pauvreté me causait une grande inquiétude et me mettait très mal à l'aise. Elles vivaient dans d'antiques cottages minuscules, décorés de manière pathétique avec des photos de la famille royale et des petites ornementations en porcelaine. L'odeur centenaire de chou trop cuit et de thé noir avait pénétré dans les murs. Les femmes étaient vieilles et, en général, édentées à l'âge de trente ans. Nombre d'entre elles avaient des goitres, des kystes, des bosses dans le dos et d'autres difformités, liées à des générations de pauvreté. Ces pauvres créatures pouvaient-elles être des gens comme nous ? À quoi pensaient-elles, quelles sortes de plaisanteries les faisaient rire, de quoi parlaient-elles pendant les repas ? Comment occupaient-elles leurs journées ? Pourquoi étaient-elles si pauvres ?

Au cours de la longue marche qui avait suivi une de ces visites, une idée brillante m'était soudain venue à l'esprit. « Est-ce que ce ne serait pas une bonne idée si tout l'argent de l'Angleterre pouvait être divisé en parts égales entre les gens ? Il n'y aurait plus alors de gens pauvres.

– Hé bien, c'est exactement ce que les socialistes veulent faire », avait expliqué Muv. J'avais été un peu décontenancée par le fait que les socialistes anti-*honnish* avaient déjà pensé à mon excellente idée, mais j'avais poursuivi néanmoins.

« Pourquoi est-ce qu'on ne pourrait pas le faire ?

– Parce que ce ne serait pas juste, ma chérie. Tu n'aimerais pas, si tu avais économisé tout ton argent de poche et si Debo avait dépensé tout le sien, que je t'oblige à en donner la moitié à Debo, n'est-ce pas ? » Je compris immédiatement ce qu'elle voulait dire. Mon idée était impossible après tout.

Peu de temps après, on m'avait emmenée à un meeting du Parti conservateur pendant la campagne électorale. Oncle Geoff avait prononcé un discours. « Le problème avec les travaillistes, c'est qu'ils veulent que tout le monde soit pauvre, avait-il dit, et nous voulons que tout le monde soit riche. » Je n'avais jamais entendu auparavant ce cliché éculé et il me fit l'effet d'une pensée originale puissante, d'une pertinence durable. C'était quelques années avant que je ne réfléchisse un peu plus aux idées socialistes.

Chapitre 3

Grandir dans la campagne anglaise faisait l'effet d'un processus interminable. À un hiver glacial succédait un printemps givré, qui se transformait à son tour en un été frisquet – mais il ne s'y passait rien, jamais rien. La beauté lyrique et douce du changement des saisons dans les Cotswolds nous laissait littéralement froids. « Oh, être en Angleterre maintenant qu'avril est partout sur la terre ! » ou « Ô belles jonquilles, nous pleurons de vous voir si pressées de vous en aller… » Les mots étaient certes évocateurs, mais je n'étais pas vraiment une spectatrice d'avril ou une collectionneuse de jonquilles. Il ne me venait jamais à l'esprit d'être contente de mon sort. Connaissant peu d'enfants de mon âge avec qui j'aurais pu comparer mes notes, j'enviais les enfants de la littérature à qui il arrivait toujours des choses intéressantes : « Oliver Twist avait tellement de chance de vivre dans un orphelinat ! »

Il y avait cependant quelques distractions de temps en temps. Nous allions par exemple à Londres et nous séjournions dans nos écuries converties de Rutland Gate pour faire les courses de Noël (ou pour voler à la tire, cela dépendait de qui nous accompagnait, Miss Bunting ou Nanny). Parfois, quand nous abandonnions Swinbrook pour plusieurs mois, une migration à grande échelle se produisait, comprenant Nanny, la gouvernante, les femmes de chambre, les chiens, Enid, Miranda, la colombe et nous tous nous rendions dans la maison de ma mère, dans les faubourgs de High Wycombe. Mais ces petites excursions ne servaient qu'à souligner l'ennui de la vie à Swinbrook.

C'était comme si nous avions été captifs d'un coin du monde à l'abri du temps, enfants adoptifs non pas du silence exactement, mais du moins d'un temps ralenti. Le paysage même, encombré d'histoire, était rempli, de façon assez déconcertante, des preuves de l'intangibilité des choses. La route principale jusqu'à Oxford, construite par Jules César deux mille ans plus tôt, n'avait été transformée que par le revêtement moderne qui procurait un plus grand confort aux automobilistes ; les pièces de monnaie romaines, ramenées à la surface par la charrue comme si elles y étaient tombées la veille, étaient là, prêtes à être ramassées. Dans le cadre de nos leçons, nous avions des « cahiers siècle », une page pour chaque siècle, dans lesquels nous classions par date les batailles principales, les règles des rois et des reines, les inventions scientifiques. L'histoire humaine paraissait d'une brièveté vraiment déprimante quand on tournait les pages. La Révolution française n'était qu'à deux pages de la dernière et, là, nous étions déjà au XXIe siècle, nous tous morts et enterrés – mais qu'aurions-nous à montrer pour cette période ? « Pas grand-chose si nous restons coincés à Swinbrook pour le restant de nos jours », méditais-je tristement.

Le grand objectif doré de toute enfance – être un adulte – semblait être situé à une distance impossible. Et il n'y avait, à nos yeux, aucun but intermédiaire pour remplir l'immense espace morne qui nous en séparait ; pas une classe suivante où passer ; pas de premières « surprises-parties » au cours de notre adolescence à espérer. Vous étiez un enfant vivant dans les confins et les restrictions de l'enfance, depuis votre naissance et jusqu'à ce que vous ayez l'âge de dix-sept ou dix-huit ans, en fonction de la date de votre anniversaire par rapport au début de la saison londonienne. La vie se décomposait en une série indéfinie de détails sans rapport les uns avec les autres, les journées étant seulement ponctuées par les leçons, les repas et les promenades, les semaines par les éventuelles visites de connaissances ou d'amis des enfants plus âgés, les mois et les années par ce qui était inattendu ou non prévu…

Les oncles et les tantes venaient séjourner régulièrement. Comme mon père avait huit frères et sœurs, et ma mère trois, un réseau avunculaire s'étendait sur toute la longueur et la largeur de l'Angleterre, depuis la frontière écossaise jusqu'à Londres. En de rares occasions, une tante ou un oncle se voyait banni de façon permanente par mon père, au point de ne plus pouvoir être mentionné en sa présence, en raison d'une offense quelconque, telle qu'un divorce ou mariage avec un étranger, mais c'étaient là des situations exceptionnelles.

Les tantes se répartissaient grosso modo en deux catégories. Il y avait celles qui étaient mariées, mères de familles nombreuses, en charge d'un personnel important et chargées de harceler les enfants. Ces femmes indomptables aux traits irréguliers et aux coiffures d'acier, aux tailleurs de tweed élimé, aux visages burinés, vous traquaient par un jour de grêle glacé dans votre refuge près du feu de la Chambre finale. Armée d'un solide bâton de marche, cette tante vous tapait sur les fesses : « Lire ? Dans cette atmosphère renfermée ? Allons, allons, viens, sors faire une belle marche, espèce de petite paresseuse. » Nanny laissait entendre qu'elles étaient sans doute poussées par une force qui échappait à leur contrôle – les tourments physiques et psychologiques de la ménopause ; car lorsqu'une de nous disait : « Je me demande pourquoi tante … est si parfaitement atroce », elle répondait toujours précisément : « Mais c'est à cause de son âge, ma chérie. » (Selon Nanny, l'âge d'une personne était au cœur de la plupart de ses problèmes de personnalité, et elle faisait le même commentaire à propos de n'importe laquelle de nos plaintes concernant le comportement d'un cousin âgé de trois ans, d'une sœur adolescente ou d'une grand-mère : « Tu dois te souvenir, ma chérie, qu'elle est à cet âge. »)

Il y avait aussi la tante-restée-jeune-fille, un genre plus doux et plus menu, qui vivait seule dans un petit appartement à Londres avec une femme de chambre. Le statut de la tante-restée-jeune-fille est habituellement demeuré inchangé depuis l'époque victorienne. Elle subsistait grâce à une rente soigneusement calculée pour lui procurer le minimum nécessaire, une somme jugée suffisante, mais jamais excessive, pour les filles-non-mariées et les fils-les-plus-jeunes des pairs. Alors que les fils-les-plus-jeunes étaient libres d'améliorer leurs revenus en cherchant une profession, en s'engageant dans l'armée, en partant à l'aventure dans l'Empire ou même en faisant du commerce, ces options étaient absolument fermées pour les filles-non-mariées, qui, le temps passant, sombraient dans cet état crépusculaire qu'était le statut de tante.

La tante-restée-jeune-fille était souvent entourée d'une aura de légende, d'autant plus mystérieuse que les gens de sa génération, comme ma mère, ne pouvaient être persuadés de révéler toute l'histoire. Les indices que donnait Muv de temps en temps ne faisaient qu'approfondir le mystère, le rendant plus troublant encore. « Pourquoi ne s'est-elle jamais mariée ? » Le visage de Muv se couvrait d'un voile de désapprobation en réponse à l'impertinence d'une telle curiosité pour la vie privée d'une adulte. « Hé bien, ma chérie, cela ne te regarde absolument pas, mais si tu dois absolument savoir, sache qu'il s'est passé quelque chose d'horrible avec ses dents quand elle était une petite fille.

– Quel genre de chose horrible ?

– Je crois que c'était une pyorrhée. En tout cas, elles ont commencé à tomber et, pendant des mois, elle a réussi à les garder en les collant avec de la mie de pain, mais au bout du compte cela n'a pas marché. Et maintenant va-t'en, je ne te dirai rien de plus. » L'horreur de la chose ! Je n'ai jamais pu regarder de nouveau cette tante sans imaginer une jeune fille avec une glorieuse mise en plis edwardienne, prise de panique, seule dans sa chambre en train d'essayer de faire tenir ses dents gâtées.

Une infortune plus étrange encore s'était produite pour une autre tante. Lors de son premier bal, un jeune homme lui avait marché sur le pied. Elle avait dû rester alitée pendant un certain temps et quand elle avait été guérie, il était trop tard pour envisager un mariage. « Est-ce qu'une personne peut se marier, même si elle est sans dents ou sans pieds ? » avais-je demandé à Muv, qui s'était contentée de froncer les sourcils et avait changé de sujet.

Oncle Tommy, le frère de mon père, vivait à quelques kilomètres seulement de chez nous et, par conséquent, nous avions l'occasion de le voir plus souvent que n'importe qui d'autre dans la famille. Capitaine de la Navy à la retraite, le visage rose vif et le cheveu d'un blanc neigeux, il me faisait l'effet d'être une version exagérée de l'oncle marin des contes pour enfants. Un jeune homme, ami de Nancy, avait un jour commis l'erreur de dire à portée de mon père : « Chérie, ton oncle est sans conteste le plus bel homme que j'aie jamais rencontré de toute ma vie. » Ce qui avait eu le don de provoquer la fureur de Farve et le fou rire de nous tous, les enfants.

Oncle Tommy était le magistrat qui présidait le tribunal de police local et c'était dans cette capacité qu'il gratifiait les citoyens de la contrée de ses idées sur la justice. Il était particulièrement fier d'avoir condamné à trois mois de prison une femme qui, au cours d'une nuit sombre, avait percuté une vache avec sa voiture : « Les mettre en taule ! Voilà une façon d'empêcher ces fichues femmes d'être sur la route. »

En tant que magistrat, ses devoirs lui imposaient d'assister à toute pendaison qui aurait lieu dans le comté d'Oxfordshire. Quelqu'un avait mentionné le fait qu'il était possible pour un magistrat de l'éviter en payant un témoin professionnel. « Payer quelqu'un pour qu'il aille au théâtre ? avait rugi oncle Tommy. Je ne crois pas. »

Les parents de ma mère étaient très différents des Mitford. Son frère, oncle Geoff, qui venait souvent séjourner à Swinbrook, était un homme de petite taille, simple, aux yeux bleus pensifs et plutôt silencieux. Comparé à oncle Tommy, c'était un intellectuel de premier ordre et, en effet, sa plume trempée dans le poison contrastait fortement avec son allure affable. Il passait l'essentiel de ses heures éveillées à écrire des lettres au *Times* et à d'autres publications dans lesquelles il défendait sa conception singulière du développement de l'histoire anglaise. Selon oncle Geoff, la grandeur de l'Angleterre avait crû et diminué à travers les siècles en rapport direct avec l'usage du fumier naturel ou compost pour la fertilisation des sols. La peste noire de 1348 avait été causée par la perte graduelle de la fertilité de l'humus trouvé sous les arbres des forêts. L'ascension des Élisabéthains, deux siècles plus tard, était attribuée à la diffusion du fumier de mouton.

Un grand nombre des lettres-au-rédacteur-en-chef d'oncle Geoff ont été fort heureusement préservées dans un volume publié à compte d'auteur et intitulé *Écrits d'un rebelle*. Dans cette collection, une lettre résume de manière exemplaire ses vues sur les rapports entre le fumier et la liberté. Il écrivait ceci :

En faisant la collation des registres d'autrefois, on découvre que notre grandeur croît et diminue en fonction de la fertilité existante de notre sol. Et aujourd'hui de nombreuses années d'un sol épuisé et assassiné par la chimie, de nourriture dévitalisée qui en découle, ont ramolli nos corps et, pire encore, ramolli notre caractère national. Il est indéniable que le caractère est en grande partie un produit du sol. Tant d'années de nourriture assassinée provenant d'un sol anesthésié ont fait de nous des êtres domestiqués. Les produits chimiques ont connu leur jour de gloire empoisonné. C'est maintenant au ver qu'il appartient de régénérer la virilité de l'Angleterre. La seule façon de retrouver notre tonus, notre caractère, nos vertus oubliées et avec elle la liberté naturelle des insulaires, c'est de plonger vers le sous-sol et de donner à notre terre tout le compost qui permettra aux moisissures, aux bactéries et aux vers de terre de refaire un sol vivant, afin de nourrir les corps et les esprits des Anglais.

La loi qui imposait la pasteurisation du lait en Angleterre était une cible privilégiée d'oncle Geoff. Très féru d'allitérations, il avait rebaptisé cette loi « Loi du lait relâché ». Il avait fondé la Ligue pour la restauration de la liberté, dont le quartier général se trouvait dans sa maison de Londres, afin d'organiser une contre-offensive. « Moins de docteurs, plus de douceur ! » était le slogan de la Ligue. Une des activités subsidiaires, mais néanmoins importantes, de la Ligue consistait à promouvoir le retour du « hareng saur non coupé et fumé lentement » et du pain fait « avec de la farine anglaise, moulue à la meule, de la levure, du lait, du sel marin et du sucre de canne ».

Partout où il allait, oncle Geoff apportait des piles de son volume de lettres au *Times* et au *Spectator*, accompagné de recettes imprimées pour la préparation des harengs saurs et du pain. Ma mère soutenait de tout son cœur ses idées sur la santé, auxquelles elle ajoutait quelques-unes des siennes. Se défiant de la loi, elle refusait de nous voir vacciner (« Injecter de dégoûtants germes morts dans le Corps sain ! »). Non seulement nous n'avions pas le droit de manger quoi que ce soit en boîtes de conserve, mais l'observance des interdits alimentaires mosaïques était appliquée avec autant de rigidité que dans un foyer juif orthodoxe. Le porc, les crustacés, le lapin étaient interdits au menu de la salle de classe puisque Moïse avait jugé ces aliments malsains pour les Israélites et parce que ma mère avait une théorie selon laquelle les Juifs ne souffraient jamais de cancers.

Comme je n'étais pas en âge d'apprécier l'excentricité, mes oncles m'ennuyaient tout simplement. Je ne me réjouissais pas non plus à l'idée de suivre les traces de mes tantes mariées ou non mariées. La conversation et le mode de vie de cette génération m'inspiraient un profond malaise et un désir très puissant de m'échapper vers d'autres mondes.

Je désirais passionnément aller dans une véritable école. La vision enthousiasmante d'une vie loin de la maison avec des filles de mon âge pour apprendre toutes sortes de choses fascinantes dominait mes pensées depuis des années. Mais aucun des arguments que j'aurais pu avancer n'aurait fait changer ma mère sur ce point. De plus, elle les avait déjà tous entendus ; mes aînées, à l'exception de Pam, avaient toutes demandé à partir. Pam était la seule des quatre aînées à avoir toujours aimé vivre à la campagne et à la maison. Enfant, elle voulait être un cheval et elle passait de longues heures à s'entraîner à le devenir, frappant le sol du pied avec un grand réalisme, secouant la tête et hennissant.

« Je veux aller à l'université quand je serai grande, insistais-je.

– Hé bien, chérie, quand tu seras grande, tu pourras faire tout ce qui te plaît. »

– Mais on ne peut entrer à l'université sans avoir passé des examens et comment pourrais-je apprendre assez pour les réussir avec cette vieille gouvernante stupide ?

– C'est très mal élevé de parler de cette façon. Si tu allais à l'école, tu détesterais probablement y être. Le fait est que les enfants veulent toujours faire quelque chose d'autre que ce qu'ils sont en train de faire. L'enfance est une période très malheureuse de la vie ; je sais que je me sentais toujours misérable quand j'étais enfant. Tu te sentiras bien quand tu auras dix-huit ans. »

C'était la vie à cette époque : une montagne à la Gustave Doré, vertigineuse, sombre, difficile à escalader, couverte de ronces, blessante pour les pieds – mais sur l'autre versant, après que le sommet illuminé par le soleil des dix-huit ans serait franchi, la marche serait facile et source de plaisir… Cela paraissait juste, mais qui donc atteignait ce pic ?

Toutefois, deux choses se produisirent à la fin des années 1920. En fait, elles eurent lieu dans ce monde lumineux des adultes, et nous autres, dans la salle de classe, n'étions que de simples spectatrices, conviées contre notre volonté ou bien chassées du salon quand il s'y passait des choses excitantes. Néanmoins, nous ne pouvions pas prétendre ne pas être affectées. Ces événements, qui mirent fin temporairement à l'immobilité et à la grisaille de notre existence, furent la publication du premier roman de Nancy et le mariage de Diana avec Bryan Guinness.

Pendant des mois, Nancy était restée assise à ricaner sans fin près de la cheminée du salon, avec un air pétillant et amusé dans ses étranges yeux verts triangulaires, pendant que son stylo effilé courait le long des lignes d'un cahier d'écolier. De temps en temps, elle nous lisait des passages. « Tu ne peux publier cela sous ton nom », insistait ma mère, scandalisée par le fait que non seulement *Highland Fling* travestissait à peine les tantes, les oncles et les amis de la famille, mais décrivait aussi un personnage haut en couleur, au nom fortuné de « général Murgatroyd », qui n'était autre que Farve. Mais Nancy publia le roman sous son nom et la bibliothèque de prêt de Burford décora même une vitrine spéciale avec une affiche peinte à la main qui annonçait : « Nancy Mitford, écrivain local ».

Le général était dépeint comme un argent organisateur de parties de chasse, un homme au tempérament violent, terrorisant femmes de chambre et gardes-chasses, passant le plus clair de son temps à fulminer contre les Boches et à grogner après différents jeunes esthètes languissants en chemises de soie aux couleurs pastel qui surgissaient à des moments inattendus. L'argot singulier de mon père – « Maudit égout ! » ou « Ça pue comme un joyeux enfer ! » –, son mépris déclaré pour tout ce qui se voulait littéraire ou artistique, tout cela était rendu avec vivacité.

C'est ainsi que Farve devint – du jour au lendemain ou presque – un personnage de fiction plutôt qu'un être de la vie réelle, une figure quasi légendaire, même pour nous. Au cours des années suivantes, Nancy réussit à parfaire ce processus en le capturant et en l'emprisonnant entre les pages de ses romans, parfois sous le nom de général Murgatroyd, plus tard sous l'aspect terrifiant d'oncle Matthew dans *Pursuit of Love*. Elle le fit avec un tel succès que l'auteur de la notice nécrologique du *Times* décrivant mon père peu après sa mort en 1958 sembla confondre le *Right Honorable* David Bertram Ogilvy Freeman-Mitford et « l'explosif et direct oncle Matthew… »

En dépit de la brève querelle qui suivit la décision de Nancy de publier *Highland Fling* sous son nom, il devint rapidement évident que mes parents, et même mes oncles et mes tantes, tiraient une certaine fierté d'avoir un auteur dans la famille. Ils citaient une Miss Mitford antérieure – Mary Mitford, auteur d'un roman victorien mineur dans le style de *Cranford*[1]. Ils faisaient remarquer que ce talent saute souvent une génération et évoquaient alors les *Mémoires* de Lord Redesdale, la monstrueuse et ennuyeuse histoire de sa vie par grand-père, en deux volumes.

Quant à Farve, il aimait assez être le général Murgatroyd. Maintenant qu'il avait été identifié, pour ainsi dire, ses caractéristiques

---

1. Roman d'Elizabeth Gaskell publié en 1853.

murgatroydiques commencèrent à perdre leur aspect effarant pour acquérir même les qualités d'une simple matière première, destinée à alimenter la fiction. En fait, dès l'époque où j'avais quitté la nursery, les flambées terrifiantes d'autrefois s'étaient quelque peu consumées et Farve était considérablement plus détendu qu'à l'époque où mes aînés grandissaient.

Les épreuves de l'enfance de Nancy, Pam, Tom et Diana avaient déjà tourné à une sorte de légende. Il y avait cet horrible épisode où ils avaient eu l'audace d'inviter un savant allemand à venir prendre le thé et Farve avait été pris d'une telle rage, d'une telle fureur à la perspective d'avoir un « foutu Boche » dans la maison qu'ils avaient dû téléphoner au professeur pour lui faire comprendre qu'il valait mieux renoncer à cette visite. « Personne ne s'était adressé la parole pendant une semaine », ainsi finissait l'histoire. Et même moi je me souvenais du manteau de silence qui avait recouvert la maison, des repas pris sans échanger un seul mot, les larmes aux yeux, quand Nancy, âgée de vingt ans, s'était fait couper les cheveux à la garçonne. Nancy se mettant du rouge à lèvres, Nancy jouant de l'ukulélé qui était à la mode, Nancy portant un pantalon, Nancy fumant une cigarette – elle avait brisé des interdits pour nous tous, mais au prix exorbitant de scènes violentes, suivies par le silence et les larmes.

Les étrangers à la famille souffraient pire encore. Lorsque Nancy avait deux ans, un docteur avait été appelé pour soigner un pied infecté. Il avait estimé qu'un coup de bistouri était nécessaire et avait anesthésié Nancy avec un mouchoir imprégné de chloroforme. Farve, toujours présent aux opérations – il avait même supervisé l'accouchement de chacun de ses enfants –, avait remarqué que Nancy semblait avoir cessé de respirer. « Qu'avez-vous fait à ce moment-là ? » demandions-nous à ce point de l'histoire. « J'ai pris le docteur par le col et je l'ai secoué comme un rat. » Nancy avait survécu, mais nous n'avions jamais su si le pauvre docteur s'était jamais remis de ses émotions.

Dès que Farve était devenu le général Murgatroyd, nous avions tous compris la nature de la chose. J'avais conçu une théorie selon laquelle il était le survivant d'un stade antérieur du genre humain, le chaînon manquant entre les singes et l'*Homo sapiens*. Ma mère m'avait supprimé mon argent de poche pour l'avoir appelé « le vieux Sub-humain, » mais lui s'en fichait.

« Voyons, mon cher. Je veux mesurer votre crâne pour voir à quel point il correspond aux mensurations de celui de l'homme de Piltdown[1].

– Euh, très bien… mais que vas-tu faire de ces mensurations ?

– Les transmettre à la science, bien sûr. Comment aimeriez-vous être catalogué ? Voudriez-vous être connu sous le nom de l'homme de Swinbrook, l'homme de Rutland Gate ou bien l'homme de High Wycombe ? »

Les jeunes esthètes languissants de *Highland Fling* passaient aussi fréquemment dans la vie réelle, importés par Nancy à Swinbrook. La plupart d'entre eux faisaient un tel effet à Farve qu'il entrait dans une de ses rages à la Murgatroyd ; mais, pour un ou deux, il manifesta une affection sans bornes. Savoir ce qui était le pire – être méprisé ou aimé – était une sorte de pari, dans la mesure où rester en odeur de sainteté exigeait des sacrifices : participer aux parties de chasse le week-end et être présent au petit-déjeuner à huit heures précises.

« Cervelle d'agneau pour le petit-déjeuner, Mark ! » rugissait Farve, cordial envers un de ses favoris, adopté par pur caprice, qui entrait en titubant dans la salle à manger dans le souci de maintenir son statut de favori, l'air hagard et abattu, à huit heures précises. Le petit-déjeuner typique de l'esthète était un *cachet Faivre*[2], l'équivalent d'un tranquillisant à l'époque, accompagné d'un verre de jus d'orange ou d'un thé de Chine, avalés vers midi.

La mine du pauvre Mark prenait alors la tonalité délicate de la Chartreuse, il demandait à être excusé et on l'entendait vomir

---

1. Fossile frauduleux composé d'un crâne humain et d'une mâchoire de singe, soi-disant découvert dans le village de Piltdown en Angleterre et présenté en 1912 comme un hominidé authentique du début du Pléistocène, et dénoncé comme un canular en 1953.
2. En français dans le texte.

violemment dans les toilettes toutes proches. Cet incident aussi avait été intégré à la mythologie de Farve. Pour le célébrer, Debo et moi avions rapidement composé une chanson *honnish*, un petit air pour accueillir Mark chaque fois qu'il viendrait à Swinbrook, avec ce refrain lugubre : « Cervelle d'agneau pour le petit-déjeuner, Mark ! Cervelle d'agneau pour le petit-déjeuner, Mark ! Oh, maudit égout ! Oh, maudit égout ! »

Le curieux champ de bataille choisi par la génération de Nancy était celui qui opposait les Athlètes aux Esthètes – parfois appelés les Culturistes et les Cultivés – et les journaux étaient remplis des récits de l'affrontement des deux camps opposés à Oxford.

Les Athlètes, naturellement, étaient les descendants idéologiques directs des patriotes d'autrefois, vainqueurs des guerres sur les terrains de jeu d'Eton, tenants de la vieille école à cravate, accompagnés de leurs femmes passionnées de chevaux.

Les Esthètes revendiquaient un héritage plus exotique… les romantiques, l'Angleterre d'Oscar Wilde, la France de Baudelaire et de Verlaine. La plupart des Esthètes étaient vaguement prosocialistes, propacifistes et (horreur !) s'opposaient au tir, à la chasse et à la pêche, au motif que ces sports de sang vénérés étaient cruels et sadiques. Ils renversaient allègrement les anciens dieux domestiques et simples – l'Angleterre, la patrie et la gloire, le droit divin des rois (et par conséquent de la Chambre des Lords), la supériorité axiomatique des Anglais sur toutes les autres races ; de façon sacrilège, ils appelaient la guerre des Boers, au cours de laquelle Farve avait été, à en croire le *Debrett's Peerage*[1], « blessé trois fois », « la guerre déboires » ; ils paraphrasaient le « terre plaisante et verte d'Angleterre » de Blake en « déplaisante et verte Angleterre ».

Le week-end, ils déboulaient en hordes joyeuses depuis Oxford ou Londres, pour être accueillis par la ferme désapprobation de ma mère et les regards furieux de mon père.

---

1. Guide de la pairie britannique, publié pour la première fois à Londres en 1802 par John Debrett.

Boud, Debo et moi étions en général soigneusement tenues à l'écart des amis de Nancy, dans la mesure où ma mère considérait qu'ils avaient une très mauvaise influence. « Quelle bande ! » disait-elle toujours lorsque Nancy rapportait certaines de leurs idées les plus outrageantes. Ils parlaient le jargon de leur époque : « Oh, chérie, trop, trop divine, absolument ravageant, confondant ! » Fascinée, je restais dans le salon autant que j'osais le faire et jusqu'à ce que ma présence soit remarquée et qu'on me renvoie dans la salle de classe. Parfois, lorsque j'avais de la chance, Nancy et Diana me faisaient venir pour que je fasse mon numéro avec une traduction en *boudledidge* d'un poète mineur anglais ou pour jouer au « Hure, Hase, Hure, Commencement ». Je connus même un moment de gloire quand Evelyn Waugh, un type qui écrivait et un des principaux rats d'égout à Swinbrook, me promit d'immortaliser Miranda en substituant le mot « moutonnantes » à celui, plus convenu, de « divines » dans son livre qui allait bientôt paraître, *Vile Bodies*. J'étais sur des charbons ardents jusqu'au moment où le livre fut publié, redoutant qu'il ait pu oublier sa promesse. Mais il était bien là, en lettres noires sur la page blanche : « Il avait quitté les hauteurs moutonnantes de sa maison dans Hertford Street... » Avec l'aide de Miss Bunting, j'avais pu voler un exemplaire supplémentaire du livre dans une librairie d'Oxford et je l'avais fièrement suspendu à un arbre dans le champ de Miranda.

Puisque je n'avais aucun étalon dans mon système d'éducation pour juger les idées et les intellects, comme j'étais isolée dans un monde où les conceptions de la vie de Muv et de Farve étaient les seules que j'avais jamais eu la chance d'entendre – les seules qui existaient, pensais-je –, les divagations irrévérencieuses de ces jeunes gens séduisants et stimulants faisaient une très forte impression sur moi. Je chipais les livres « interdits » dont ils avaient parlé devant moi – Aldous Huxley, D.H. Lawrence, André Gide – et je les lisais en cachette à la lumière d'une lampe de poche sous les couvertures. Des horizons bizarres, dont je n'aurais jamais rêvé, commencèrent à s'ouvrir de tous les côtés, des douzaines de variations possibles d'une vision du monde loin de Swinbrook.

Nancy se mit à cultiver une véritable dévotion pour les nouvelles tendances de l'art. Nous supposions qu'elle le faisait, du moins partiellement, pour « taquiner le vieux Sub-humain » – et c'était bien le cas, avec une efficacité impressionnante. La sculpture de Jacob Epstein (« foutu Boche ! » comme l'appelait à tort Farve), les œuvres de Picasso (« maudit égout ! ») donnaient lieu à des affrontements fascinants dans le salon, dont nous n'entendions que les faibles répercussions à l'étage, dans la salle de classe. Le point culminant fut atteint quand Nancy apporta à la maison une reproduction de *La Résurrection* de Stanley Spencer. Cette œuvre, où apparaissent des figures curieusement étirées en train de s'extraire de leurs tombes, provoqua chez Farve un de ses classiques accès de rage qui fit trembler la maison du sol au plafond.

Sa fureur redoubla lorsque Nancy annonça son intention de s'installer à Londres et d'étudier l'art à la Slade School. Comme d'habitude, nous ne pouvions entendre que les échos des affrontements titanesques au-dessous de nous. Nous descendions pour les repas qui se déroulaient dans un silence sépulcral et nous repartions vers la salle de classe pour entendre de nouveau le tonnerre excitant et étouffé de la voix de mon père. Muv devait avoir intercédé, car Nancy obtint gain de cause et partit vivre dans une chambre meublée de Kensington. J'avais observé sa manœuvre avec un immense intérêt et je fus terriblement déçue quand elle revint à la maison au bout d'un mois.

« Comment peux-tu faire une chose pareille ? Si j'avais une chambre à moi loin d'ici, jamais je ne reviendrais.

– Oh, ma chérie, mais tu aurais dû la voir. Au bout d'une semaine, j'avais des sous-vêtements jusqu'aux genoux. Vraiment, je pataugeais dans une mare de sous-vêtements. Et il n'y avait personne pour les ranger.

– Je te trouve bien faible. Ce n'est pas moi qui me soumettrais à cause d'une bêtise comme les sous-vêtements. »

Dans une lumière très faible, à travers les yeux de l'enfance, j'apercevais un autre monde ; un monde de chambres meublées, d'étudiants en art, d'écrivains… un monde d'idées nouvelles et différentes… un monde depuis lequel Swinbrook apparaîtrait aussi lointain qu'un château fort de l'époque féodale. Une idée merveilleuse me traversa l'esprit – une de ces idées à chérir, à polir, à perfectionner jusqu'à ce qu'elle devienne réalité. Je décidai de m'enfuir de chez moi. Pas tout de suite – je savais qu'une fille de douze ans n'avait pas la moindre chance de survivre sans qu'on la retrouve et la ramène dans sa famille –, mais un jour, quand j'aurais mis au point un plan satisfaisant, quand j'aurais économisé assez d'argent pour subvenir à mes besoins pendant quelque temps. J'écrivis immédiatement à la banque Drummond. Deux jours plus tard, je reçus leur réponse :

> *Chère Madame,*
> *Nous avons bien reçu les dix shillings que vous nous avez adressés à titre de dépôt initial pour votre compte intitulé Fuite sans retour. Avec le numéro de passeport joint. Nous vous prions, chère Madame, d'agréer l'expression de nos sentiments respectueux…*

Triomphante, j'allai montrer la lettre à toute la famille. « Regardez ! Et avec les sentiments respectueux de l'élégant Drummond ! C'est une bénédiction ! »

Muv se contenta de répondre, l'air un peu vague : « Hé bien, ma chérie, il va falloir que tu fasses des économies ; tu n'as pas idée du coût de la vie à Londres ces temps-ci. » Mais elle avait d'autres soucis en tête : Diana venait de se fiancer et allait se marier.

Chapitre 4

Diana, la plus jeune des quatre aînés Mitford, avait été traditionnellement ma « sœur préférée ». Sept années nous séparaient et nous nous étions donc ratées de justesse dans la salle de classe ; Diana avait été envoyée à Paris pour suivre des cours au moment même où commençait le temps de la salle de classe pour moi. Boud, Debo et moi étions d'un âge trop proche pour pouvoir être confortablement amies. Dans la compétition féroce à laquelle nous devions nous livrer, nous passions notre temps à nous barrer la route. Boud, qui avait trois ans de plus que moi, détestait d'avoir à être classée parmi « les petites » comme Debo et moi ; de mon côté, j'étais pleine de ressentiment quand on m'associait à Debo, de deux ans ma cadette, et qu'on nous appelait « les bébés ». Nancy avait la dent trop dure et elle était trop sarcastique pour être bien longtemps la « sœur favorite » de qui que ce soit. Elle pouvait soudain tourner ses yeux vert émeraude si pénétrants vers vous et ordonner : « Va-t'en, va dans ta classe ; nous en avons vraiment marre de toi », ou bien si quelqu'un s'était donné la peine de vous faire des anglaises, elle était tout à fait capable de vous dire : « Tu ressembles à la plus vieille et la plus laide des sœurs Brontë aujourd'hui. » Pam, maintenant qu'elle avait abandonné l'espoir de devenir un cheval, était plongée, avec un flegme absolu, dans la vie à la campagne et ne partageait pas le désir insatiable et inexprimable de changement qui habitait, d'une façon ou d'une autre, toutes ses sœurs. Diana, elle, avait toutes les qualités pour devenir la « sœur préférée ». Elle s'ennuyait et elle était rebelle, cela ne faisait aucun doute, elle suivait les traces de Nancy. Elle n'avait pas l'initiative des plaisanteries, mais elle en riait aux éclats, et elle manifestait un certain intérêt pour moi.

Le choix de ma mère pour les noms de ses enfants semblait, dans certains cas, avoir été inspiré en partie par un don de double vue. Nancy devait son nom aux Nancy des ballades de marins et ses cheveux noirs, épais, bouclés, portés (après la fatale coupe à la garçonne) très courts sur la nuque, sa silhouette longue, qui lui donnait l'allure à la mode d'un adolescent, son penchant pour l'exotique, tout cela faisait un peu d'elle l'élégante fiancée du pirate. Boud, baptisée Unity Valkyrie – un choix de noms très bizarre et, par conséquent, évidemment prophétique pour une fille née quatre jours après le début de la guerre contre l'Allemagne –, avait commencé à un âge précoce à se comporter comme on l'attendait d'elle et avait pris l'apparence d'une amazone aux cheveux de lin. Diana ressemblait à la conception qu'aurait pu se faire un artiste, pour la couverture de *Vogue*, de la déesse de la chasse, avec sa haute silhouette assez athlétique, sa grande tête blonde, avec une perfection des traits qui étaient plus modernes que grecs.

Diana avait été celle qui avait patiemment essayé de m'apprendre à monter à cheval. Jour après jour, nous sortions de la maison avec entrain, dans nos jodhpurs, elle sur sa jument grise, moi sur mon solide petit poney Joey ; jour après jour, elle me relevait après une de mes chutes dans le chaume. « Essaie de rester en selle cette fois, ma chérie. Tu sais que Muv sera fâchée si tu te casses le bras encore une fois. » (Deux bras cassés avant l'âge de dix ans, c'était ma fierté d'enfant. « Pauvre Little D, on dirait qu'elle ne rebondit pas très bien », soupirait Muv.) Diana m'aidait pour mes exercices de piano et elle m'encourageait à apprendre le français. C'était aussi elle qui me poussait à jouer mon rôle préféré – celui de « bouffon de la cour », lorsque des gens venaient nous rendre visite à Swinbrook. « Vas-y, Decca, fais-nous *I'm Sex Appeal Sarah* en *boudledidge*. » Et les yeux roulant follement dans la grimace *boudledidge* de rigueur, je chantais :

« Eem dzegs abbidle Dzeedldra,

Me buddldy grads beedldra

Idge deedem ee abeedldron ge dzdedge. »

Diana traduisait en s'assurant que les parents ne pourraient pas l'entendre :

« Je suis Sex Appeal Sarah

Mon corps de plus en plus nu s'ra

Chaque fois que sur la scène je s'ra. »

Immanquablement, lorsque Diana s'est fiancée à Bryan Guinness au cours de sa première saison à Londres, je m'étais engagée de toutes mes forces de « son côté ». Qu'il y ait eu des « côtés » concernant cet événement faisait partie de la façon dont les luttes s'organisaient dans la famille. À Swinbrook, tout changement – une coupe de cheveux, l'acquisition d'un nouveau chien, la présentation d'un nouvel ami – ne pouvait manquer de provoquer des réactions passionnées, suivies d'une période délicate de querelles avant qu'une trêve puisse être obtenue.

Se fiancer était la chose la plus osée, la plus provocante jamais faite par l'une d'entre nous, une action qui allait inévitablement déclencher un conflit armé. L'axiome était le suivant : mon père détestait tous les jeunes gens et des mois d'hostilités devaient nécessairement précéder tout projet de mariage fait par l'une de nous.

Boud, Debo et moi, exclues comme d'habitude des discussions enflammées à l'étage au-dessous, avions toutefois réussi à obtenir un certain nombre d'informations de deuxième main sur les fiançailles, auxquelles nous avions ajouté nos propres spéculations. Bryan avait l'air de posséder bien des qualités désirables. Il était jeune, à peine plus âgé que Diana, beau, plutôt intellectuel sans être allé trop loin dans cette direction – il n'était encore ni un écrivain ni un artiste –, aimait monter à cheval, était de toute évidence follement amoureux de Diana… Néanmoins, les membres adultes de la famille se rangèrent tous derrière Farve pour s'opposer à ce mariage. Les tantes et les oncles notaient avec des gloussements de désapprobation que Diana n'avait que dix-huit ans – « tout juste sortie de la salle de classe ». Nous avions déduit que l'objection principale de Muv tenait au fait que Bryan était « *effroyablement riche* ». J'avais suggéré à Debo que « c'était en réalité probablement parce que la famille de Bryan avait gagné tout cet argent en faisant du commerce. Ils n'aiment pas l'idée que la pauvre Diana puisse apparaître sur les affiches publicitaires. Tu sais, *"Guinness is good for you"*. »

Le fait est que la richesse des Guinness avait peut-être quelque chose à voir avec l'opposition de ma mère. Elle était elle-même très fortement attachée à la vertu de l'économie – une vertu difficile à encourager chez une jeune mariée de dix-huit ans, soudain à la tête d'une des plus grosses fortunes d'Angleterre. Muv était toujours en train de chasser un loup plutôt mythique de notre bergerie en recourant à des économies très bizarres. Elle avait calculé le coût du lavage et du repassage de neuf serviettes par jour, trois cent soixante-cinq jours par an, l'avait trouvé exorbitant et avait supprimé les serviettes de la table de la salle à manger pour toujours. Des serviettes en papier auraient été, bien évidemment, impensables et des ronds de serviette d'une vulgarité sans nom. À son grand agacement, le *Daily Express* publia un article sur nos repas sans serviettes sous le titre « Les impairs de la pairesse ». Muv faisait des efforts sporadiques pour nous intéresser au sujet des économies domestiques et elle avait un jour offert un prix d'une demi-couronne à celle d'entre nous qui présenterait le meilleur budget pour un jeune couple vivant avec cinq cents livres par an. Nancy avait gâché la compétition en mettant en tête de sa liste des dépenses : « Fleurs… 490 livres. »

La méthode choisie par Diana pour atteindre son objectif, sans doute la seule en dehors de la fuite avec son amant, avait été de bouder pendant tout un hiver. Elle passait le plus clair de son temps dans sa chambre et ne descendait dans le salon que pour observer un silence obstiné, les yeux perdus vers une fenêtre. Cette stratégie pour obtenir gain de cause ne nous était pas entièrement inconnue. Quelques années plus tôt, Debo avait boudé avec succès pour faire l'acquisition d'un pékinois, brisant ainsi la règle familiale inflexible qui voulait qu'un enfant ne pouvait avoir un chien avant l'âge de dix ans.

« Je me demande si Diana boude vraiment ou si elle s'entraîne simplement à être effroyablement riche », avais-je dit à Debo.

La vision de Diana boudant – ou s'entraînant, quoi qu'elle ait été en train de faire – me rendait consciente, comme rien n'avait pu le faire auparavant, de la monotonie de Swinbrook, de sa séparation d'avec tout ce qui pouvait être excitant. Comme des prisonniers confinés dans leurs cellules parviennent à se communiquer leurs angoisses incessantes et intolérables, créant ainsi les conditions d'une émeute possible, Diana avait réussi à nous communiquer son ennui. Par sympathie, je broyais du noir en pensant à mon compte Fuite sans retour et j'envoyais le moindre shilling ou penny économisé à ces messieurs de la banque Drummond.

Diana fit des progrès lents, mais certains dans sa campagne pour être autorisée à épouser Bryan et, au bout de quelques mois, mes parents renoncèrent avec réticence à leurs objections.

Entre-temps, grâce à un coup de chance, je fus en mesure de constater une augmentation inattendue sur mon compte Fuite sans retour pendant ce même hiver. Une douleur extrêmement aiguë me saisit un matin pendant le petit-déjeuner. N'ayant jamais eu de douleurs d'estomac auparavant, je sus immédiatement qu'il devait s'agir de l'appendicite. « Pauvre Little D, je suppose que tu as trop mangé, avait dit Muv, pleine de compassion. Si tu as vraiment très mal, je suppose que nous devrions appeler le docteur », mais elle était partie faire l'inspection quotidienne de ses poules. La douleur était toujours intense et j'avais donc téléphoné au docteur Cheattle à Burford. « Vous voulez bien venir m'enlever l'appendice ? » lui avais-je demandé. Il était arrivé avec une diligence assez surprenante. Muv était revenue de son inspection des poules et, avec l'aide de Nanny et sous la direction du docteur Cheattle, elles avaient couvert toute la nursery de draps blancs. Farve, comme toujours dans la Chambre finale, avait été appelé à venir jouer son rôle habituel de supervision de l'opération. Le docteur Cheattle m'avait couvert le visage avec un mouchoir imbibé de chloroforme.

Médecin exceptionnellement compréhensif, le docteur Cheattle m'avait présenté l'appendice dans un flacon d'alcool dès que je m'étais réveillée de l'anesthésie. Debo était près de moi, envieuse. « Tu as tellement de chance d'avoir un cher petit appendice dans une bouteille », disait-elle. Il ne fut pas très difficile de lui soutirer une livre qu'elle avait économisée depuis son dernier anniversaire. Deux semaines plus tard, Nanny s'était débarrassée de l'appendice dans les toilettes. « Cette chose dégoûtante et elle commençait à gonfler avec ça. » Debo avait poussé des cris amers, mais la livre avait été prudemment déposée chez Drummond.

Les opérations chirurgicales étaient à peu près la seule forme de traitement médical « autorisé » par ma mère. Elle les autorisait parce qu'elles étaient approuvées dans un passage de la Bible : « Son œil t'offense, arrache-le. » L'appendicectomie, à l'époque, était censée être suivie par des semaines de repos complet au lit, mais ma mère m'avait, en secret, fait marcher tout autour de la pièce dès que l'anesthésie avait cessé de faire son effet et que le docteur Cheattle avait été hors de vue. Elle avait une défiance absolue des médecins et de leurs pratiques. Le docteur Cheattle n'était appelé qu'en de rares occasions et, même dans ces cas, ses instructions n'étaient jamais suivies. Dès qu'il eut tourné le dos, Muv avait rapidement versé tous les médicaments dans l'évier. « Ces horribles choses ! Le Corps sain rejettera la maladie, si on le laisse tranquille. »

Muv considérait que j'étais la preuve vivante du bien-fondé de ses théories sur la santé. Le docteur était venu me voir cinq fois quand j'étais enfant – plus que pour tous les autres enfants réunis – et chaque visite était une nouvelle occasion d'opposer la théorie du Corps sain à toutes les pratiques médicales courantes, une nouvelle opportunité de déjouer les manœuvres du docteur Cheattle, qui était d'une patience à toute épreuve. Il arrivait avec sa petite mallette noire contenant les pilules, les bouteilles de chloroforme, les attelles et les pansements. La consultation se déroulait en général dans le salon où parents, sœurs, oncles et tantes, et quiconque se trouvait être là, pouvaient observer de près et surveiller chacun de ses gestes.

La première fois que je m'étais cassé le bras, le docteur Cheattle m'avait endormie sur le sofa du salon avec l'habituel mouchoir imprégné de chloroforme et avait bandé la fracture avec un ensemble compliqué de pansements et d'écharpes. Il avait recommandé à ma mère de ne pas toucher au pansement avant sa prochaine visite. Cependant, le soir même, Muv m'enleva tous les pansements et me fit faire des exercices avec le bras cassé « pour l'empêcher de se raidir ». Comme elle était incapable de refaire les pansements tels qu'ils avaient été faits, elle annula la seconde visite du docteur Cheattle, de crainte de le voir furieux parce qu'elle n'avait pas suivi ses instructions. De façon assez surprenante, le Corps sain triompha, comme l'avait prédit Muv avec une confiance inébranlable. Non seulement le bras guérit tout seul, mais il devint étonnamment flexible, ce qui rendit Debo et Boud envieuses.

Le docteur Cheattle avait prescrit une diète complète, rien d'autre que quelques gorgées d'eau, pour soigner une fièvre typhoïde quand j'avais cinq ans. Il avait expliqué que la typhoïde perforait l'estomac du patient et que toute nourriture en s'échappant serait la cause d'une mort assurée ; mais Muv m'avait fait passer en cachette des morceaux de chocolat et des bouts de pain beurré malgré la présence de l'infirmière diplômée, et une fois encore le Corps sain m'avait sauvée.

Il est probable que la guerre totale livrée par ma mère contre la théorie des germes dans la maladie, ainsi que ma tentative pour éclairer sexuellement les petites filles du cours de danse, ont contribué à nous isoler complètement des autres enfants. Les familles du « comté » avaient été absolument choquées lorsque, au plus fort de ma fièvre typhoïde et par défi aux recommandations du docteur, le bal de débutantes pour Nancy avait eu lieu comme prévu dans la maison infestée de germes. Après coup, Muv avait souligné sur un ton triomphant qu'aucun des invités n'avait contracté la fièvre : « Si vous deviez l'attraper, vous l'attraperez et il n'y a rien de plus à dire. De toute évidence, la typhoïde de Little D n'était pas causée par des germes ; il n'y avait aucun autre cas à des kilomètres à la ronde. » Les maladies, peu importait à quel point elles étaient censées être contagieuses, n'étaient jamais autorisées à interférer avec les projets de la famille. On nous emmenait, couvertes de cicatrices de varicelle ou étouffées par les quintes de toux de la coqueluche, à des mariages, à des anniversaires, à des fêtes de Noël, au grand agacement des autres mères. « Cette ridicule théorie des germes est une chose tout à fait nouvelle, disait Muv, placide. La vérité, c'est que les médecins n'ont pas la moindre idée de ce qui cause vraiment les maladies ; ils sont toujours en train d'inventer une nouvelle théorie quelconque. »

Tout compte fait, l'appendicite avait vraiment valu le coup : j'avais maintenant une adorable cicatrice de vingt centimètres en plus de mon bras hyper flexible et de la livre déposée sur mon compte Fuite sans retour, et la longue et délicieuse convalescence était un changement agréable par rapport à la routine de tous les jours.

Peu de temps après mon rétablissement, nous sommes tous partis pour Londres, afin de nous préparer pour le mariage de Diana.

Chapitre 5

Le West End de Londres était à cette époque découpé en un certain nombre de quartiers résidentiels distincts, où rien n'était fortuit et laissé au hasard. Le caractère précis de chaque quartier paraissait aussi stable que s'il avait été déterminé par une immuable loi de l'univers. Les très riches et élégants vivaient à Mayfair, Belgravia et Park Lane ; les artistes, les écrivains et la bohème gravitaient autour de Chelsea ou même Bloomsbury ; Hampstead, Hammersmith et St John's Wood étaient le territoire de la classe moyenne ; tandis que les maisons importantes des sires, chevaliers, baronnets et barons ordinaires se trouvaient à Kensington, Paddington, Marylebone et Pimlico.

Nous appartenions à cette dernière catégorie. De notre énorme maison, sur sept niveaux, au 26 Rutland Gate dans Kensington, il émanait un air de confort et de commodité plutôt que d'élégance. Il y avait même un ascenseur que mon père avait fait installer et dont il tirait une immense fierté.

Rutland Gate est un cul-de-sac assez court qui fait face à Hyde Park, dont l'entrée est marquée par des colonnes victoriennes d'un blanc sale. Au milieu à peu près se trouve un assez grand jardin entouré de grilles et chaque résident possède une clé de la grille d'entrée. C'est un jardin sans pelouse, rempli de buissons qui ont une triste allure et de parterres de tulipes d'un noir brillant. Des *nannies* en uniforme blanc s'y réunissent pendant les longs soirs d'été et s'assoient sur les bancs en fer forgé peints en vert, berçant des bébés dans les poussettes et mettant en garde des enfants en bas âge : « Ne touche à rien, mon chéri ; tout est tellement sale et dégoûtant dans ce jardin. »

Nous n'occupions la maison de Rutland Gate que de temps en temps pendant la saison londonienne. La plupart du temps, elle était louée ou restait inoccupée ; puis, rarement, très rarement, une ou deux d'entre nous furent autorisées à y passer quelques jours avec Nanny dans les écuries converties en un petit appartement, où vivait autrefois le chauffeur, derrière la maison et au-dessus du garage. Ces séjours étaient pour nous une faveur formidable. Vivre dans ces écuries converties était un peu comme si on était allé camper. Il n'y avait pas de cuisinière et c'était donc Nanny qui faisait la cuisine et, de temps en temps, nous permettait de l'aider à préparer des délices rares dont elle retrouvait la recette dans sa tête : compote de pruneaux, tripes aux oignons, *bread pudding*. Y prendre un bain était une aventure en soi. La salle de bains, avec son antique baignoire à pieds griffus, était dominée par un gros chauffe-eau, rond, qui sentait mauvais et s'appelait le Amberley. L'allumer était une opération pleine de danger. Il fallait tourner un petit robinet très dur, glisser une longue allumette à travers une petite trappe jusqu'à ce qu'on entende un violent et terrifiant broum. Après cela, il fallait juger avec précision à quel moment l'eau serait assez chaude pour un bain, mais pas trop pour éviter que le Amberley n'explose. Aucune de nous ne savait quand ce point serait atteint. Il semble probable, en y repensant, que les gens de chez Amberley avaient procuré une sorte de mécanisme de sûreté, inconnu de nous, au cas où on aurait oublié de l'éteindre et laissé brûler le gaz. Si c'était le cas, nous n'avons jamais trouvé ce que c'était et chaque bain était une source d'angoisse assez forte.

Une installation dans la grande maison de Rutland Gate était une autre affaire et ressemblait à l'évacuation d'une petite armée. Pendant des jours entiers, avant et après le voyage, l'atmosphère était tendue et une colère d'un genre particulier, froide, réprimée, provoquée par la myriade de détails auxquels il faut prêter attention pour un déménagement, semblait s'emparer de la moelle épinière de chacun des adultes jusqu'à ce que la dernière valise ait été défaite.

Des mots prononcés sèchement, « Ne sois pas ridicule ! », me faisaient comprendre qu'il était inutile de parler plus longtemps de faire venir Miranda à Londres. « La petite chérie adorerait venir. Elle n'est jamais allée à Londres… » Mais les mots se figeaient à la vue du visage de Muv.

Des montagnes de valises, des monticules de pains faits à la maison et enveloppés dans du papier ciré pour tenir jusqu'à la prochaine fournée, Debo, à moitié morte parce qu'elle était malade en voiture, tout cela était déchargé et nous étions arrivés. La literie semblait lentement revenir à la vie, à mesure que les draps qui la protégeaient étaient retirés, l'un après l'autre ; des objets familiers, à moitié oubliés depuis le dernier séjour à Londres, étaient exposés pour être touchés et examinés. Un immense vase doré, couvert d'un fin réseau d'ornementations, trônait sur un buffet de la salle à manger. « Comment avons-nous fait l'acquisition de ce vase ? »

« Tu ne te souviens pas, ma chérie, il a été donné à ton arrière-arrière-grand-père par les Irlandais. Ils lui étaient tellement reconnaissants de son aide quand il avait maté leurs rebelles. »

Séjourner à Londres était toujours une expérience délicieuse, mais l'année où Diana s'était mariée, les préparatifs excitants du mariage y avaient apporté une coloration particulière, la tonalité chère à Midas. Quelle excitation ! Debo et moi pouvions à peine le supporter. Il y avait les essayages sans fin pour nos robes or et crème de demoiselles d'honneur, les paquets des cadeaux de mariage arrivant à chaque passage du facteur à ouvrir et à toucher, les listes de plats délicieux pour la réception à étudier. Debo et moi vivions dans une atmosphère luxueuse inhabituelle de satin, de dentelle, de papier de soie, de sous-vêtements du trousseau en crêpe de chine, des bagages en peau de porc, avec en perspective la promesse de la mousse de homard et du gâteau de mariage. Boud, plus énorme que jamais et au milieu des affres de l'adolescence, restait sans bouger, un regard courroucé fixé dans le lointain, pendant que nous tentions de la convaincre d'essayer sa gigantesque robe de demoiselle d'honneur.

Nanny faisait de son mieux pour nous tenir à l'écart. Il y avait les sorties habituelles à Londres : les visites au musée de cire de Madame Tussauds, le zoo, le musée Victoria et Albert, ou bien, lorsque tout avait échoué, une bonne marche jusqu'à l'Albert Memorial dans Kensington Gardens. Quand nous étions lassées de toutes ces diversions, ou encore quand Nanny était trop occupée pour nous emmener quelque part, nous passions tout notre temps dans le jardin, occupées par une nouvelle activité *honnish* : échapper à la traite des Blanches.

C'était Miss Bunting qui nous avait parlé pour la première fois de ce sujet fascinant. Au cours d'une leçon de géographie consacrée aux industries principales de l'Amérique du Sud, le sujet de Buenos Aires s'était présenté, et elle avait expliqué que la capitale de l'Argentine était surtout connue comme centre de distribution des esclaves blanches. En fait, l'amie d'une amie d'une amie à elle avait fait une expérience assez déroutante en se rendant seule dans un cinéma de Londres. Une vieille dame qui avait l'air parfaitement inoffensive s'était assise à côté d'elle et lui avait injecté de la morphine, et la pauvre amie de l'amie de l'amie avait disparu jusqu'à ce qu'on entende dire qu'elle était à Buenos Aires.

Comme Debo et moi n'avions pas le droit d'aller au-delà de la grille d'entrée de Rutland Gate et comme nous avions été souvent mises en garde par Muv « de ne jamais parler à quiconque n'était pas en uniforme », notre contribution à la lutte contre la traite des Blanches était nécessairement limitée. Cependant, nous avions continué en faisant du mieux que nous pouvions, compte tenu des circonstances.

Il y avait un esclavagiste en particulier qui vivait à quelques maisons de chez nous dans Rutland Gate. Tous les matins, alors que nous promenions nos chiens, il nous dépassait à grands pas dans son chapeau melon et costume noir, un parapluie fermé à la main ; et il disait toujours : « Bonjour. » Comme il n'était pas en uniforme et que nous n'avions jamais été formellement présentés, son salut était la preuve qu'il était dans la traite des Blanches. « Ne lui réponds pas, Debo, ou bien tu vas te réveiller à Buenos Aires et être distribuée, avais-je averti ma sœur. Et ne cours pas, ça ne fait que les exciter. » Tous les soirs, à six heures, il repassait dans Rutland Gate, un sourire soucieux sur les lèvres – probablement en train de penser à ses problèmes de distribution à Buenos Aires – et disait : « Bonsoir. » Nous poursuivions notre marche avec détermination, sans presser le pas, sans jamais regarder dans sa direction. Mais notre réaction fut un agacement non dissimulé quand nous avons appris qu'il était un ami de Nancy, un agent de change très respectable et marié, qui nous saluait parce qu'il savait que nous étions les petites sœurs de Nancy. « Très anti-*honnish* de la part de Nancy et, de plus, il fait peut-être semblant d'être un agent de change », avions-nous convenu, Debo et moi. De son côté, Nancy avait raconté l'histoire dans tout Londres et le pauvre agent avait acquis le surnom de « Traite des Blanches » dans la haute société londonienne, surnom qu'il porte sans doute encore à ce jour.

Enfin, le jour tant attendu du mariage arriva. Debo et moi étions au lit avec la scarlatine et des températures astronomiques. « Je ne pense pas que cela leur ferait du mal de se lever pour la cérémonie seulement et elles pourraient repartir se coucher juste après », avait dit Muv. Mais toute la famille de Bryan de conserve s'y était opposée avec la plus grande fermeté. Diana, elle-même, avait eu le sentiment que l'apparition de nos visages d'un rouge éclatant pourrait faire l'effet d'un suaire sur l'événement et provoquer des commentaires désagréables parmi les invités. Nous étions folles de rage, nous fulminions contre notre malchance, et nous ne fûmes guère consolées par les choses délicieuses qui nous furent envoyées du festin ou par la lecture des longs comptes rendus de la cérémonie dans les carnets mondains de la presse.

Diana et Bryan partirent à l'étranger pour leur lune de miel. Ils nous envoyèrent d'énormes boîtes de chocolats de luxe depuis la France, fourrés d'une sorte de truffe noire, dont le souvenir encore aujourd'hui recrée pour moi les premiers temps de leur mariage.

Après leur retour en Angleterre, Debo et moi fûmes autorisées à aller séjourner chez eux, à la campagne, avec Nanny. La visite ne fut pas un succès total. Elle avait été précédée de longues discussions avec ma mère, qui était assez réticente à l'idée de nous laisser partir ; Diana et Bryan comptaient indéniablement parmi « les gens à la mode », plus encore que Nancy, et Muv craignait que la compagnie de leurs amis peu convenables n'ait un effet trop stimulant sur nous, qui serait désastreux.

La visite, lorsqu'elle eut enfin lieu, ne fut pas à la hauteur de mes attentes. Bien sûr, la maison des Guinness était aussi belle, luxueuse et confortable que je m'y attendais. Ils avaient même une piscine, ce qui était une extraordinaire innovation à l'époque. Debo et moi exigeâmes de Diana qu'elle nous fasse visiter toutes les pièces qui venaient d'être redécorées : « Combien ça a coûté ? Et ces rideaux ? Et quel était le prix du mètre de papier peint ? » Nous étions très curieuses de savoir comment les *effroyablement riches* dépensaient leur argent. Leurs amis peu convenables furent une déception. Peut-être étaient-ils inhibés par ma présence et celle de Debo ; en tout cas, la conversation brillante, inconvenante, que j'avais tant espérée n'eut jamais lieu.

Diana paraissait différente maintenant qu'elle était mariée. Elle était désormais une Beauté avec un grand B. De plus en plus souvent, des photos d'elle nous dévisageaient depuis les couvertures des hebdomadaires mondains ; une douzaine d'artistes déjà avaient fait son portrait. Son visage donnait toujours l'impression d'être le même – altier, calme, le regard perdu dans le lointain ; et elle avait l'air de devenir comme ça dans la vie réelle. Debo et moi avions trouvé qu'elle avait l'air « affectée ». Elle avait pratiquement renoncé à rire ou à froncer les sourcils, et elle avait mis au point une expression qu'elle adoptait en toute occasion, pas très différente de celle de Mona Lisa. Ses yeux, déjà beaucoup plus grands que ceux de la plupart des gens, étaient constamment écarquillés, sa bouche était entrouverte, détendue, mais pas reposée, le menton légèrement relevé. Un jour qu'elle s'était montrée moins inflexible, elle nous avait expliqué que si on gardait une belle expression détendue sur le visage quand on était jeune, on souffrirait probablement moins des ravages de l'âge. J'avais essayé plusieurs fois de prendre une belle expression, mais cela n'avait pas eu l'air de marcher et ne m'avait valu qu'une remarque désobligeante de Nanny : « Que se passe-t-il, ma chérie ? Tu ne te sens pas bien ? »

L'attitude de Diana vis-à-vis de moi avait aussi changé. Elle devint uniformément et fâcheusement gentille et bonne, me traitant avec cette espèce de patience contenue qu'on réserve en général aux animaux, aux bébés et aux demeurés. Je m'étais dit qu'elle était en train de mettre au point une belle personnalité qui irait avec son beau visage. Je me sentais mal à l'aise en sa présence. À regret, je la reléguais de sa position de « sœur préférée ». Le comportement irritant, parfois blessant, de Nancy était plus varié et intéressant, et par conséquent plus tolérable, et l'air maussade obstiné de Boud, plus réel.

Après cette visite, nous vîmes très peu Diana et Bryan, même si nous suivions leurs allées et venues dans le carnet mondain des journaux. Il y avait des « fêtes de bébés » où les invités arrivaient habillés en nouveau-nés dans des poussettes ou sur des ânes loués, certains étant même accompagnés par des *nannies* un peu réticentes, engagées pour la soirée. Il y avait des chasses au trésor au cours desquelles chaque invité recevait une liste des choses qu'il devait rapporter : un réverbère, un saint-bernard, un policier, un canard de St James's Park. Les journaux avaient surnommé les participants de ces festivités « the Bright Young People » et s'insurgeaient contre ces fils et ces filles de la haute société, qui se fichaient de tout comme de l'an 40, qui approchait pourtant à toute vitesse.

De temps à autre, les Bright Young People faisaient alliance avec les Esthètes. Diana et Bryan financèrent une exposition d'art dans une des galeries à la mode du West End. Les tableaux d'un artiste « récemment découvert », Bruno Hat, étaient ultramodernes. Leur style variait, allant du cubisme aux tendances les plus nouvelles du surréalisme. Certains tableaux étaient simplement des toiles couvertes de morceaux de laine, de fragments de liège et de verre. L'exposition fit l'objet d'une grande publicité et attira les critiques de tous les journaux, qui voulaient voir et apprécier cet art nouveau. Bruno Hat, un Polonais qui ne parlait pas un mot d'anglais, était assis dans un coin sur une chaise roulante, son visage barbu à moitié dissimulé par une écharpe, murmurant des sons inintelligibles quand on lui adressait la parole.

Les journaux du lendemain, du plus respectable au plus sensationnaliste, publièrent des comptes rendus critiques, longs et sérieux, de l'exposition de Bruno Hat. Le canular fut de courte durée : Bruno Hat n'était autre que Bryan Howard, un ami des Guinness. Ma mère exprima sa désapprobation : « Tromper tous ces pauvres gens. Très vilain de la part de Diana. » Nous, nous avions trouvé très drôles et très malins les Guinness, qui avaient réussi à si bien duper les critiques d'art.

Chapitre 6

Après le mariage de Diana, l'atmosphère familière de monotonie compacte, inaltérable, reprit ses droits à Swinbrook – une impression suffocante de permanence de l'environnement, de la famille, du mode de vie. Elle affectait de différentes façons les trois d'entre nous qui étaient encore dans la salle de classe. Boud endurait la situation en observant un silence menaçant. Elle parvint à convaincre ma mère de la laisser disposer d'un salon privé au dernier étage, dénommé SLS ou Salon loin du Salon, où elle se retirait avec sa boîte de couleurs et tout son matériel pour créer tout ce qui lui passait par la tête. Debo, qui adorait Swinbrook et ne languissait jamais après Londres ou l'étranger, ne posait aucun problème. Elle se consacrait entièrement aux activités de la campagne. C'était une excellente cavalière, elle ne vivait que pour les chasses du samedi et passait des heures en compagnie des poules ou à épucer Jacob, son teckel.

Pour moi, à l'âge insatisfait de treize ans, la répétition lassante de l'existence m'était devenue tout à coup insupportable. Le seul élément qui atténuait cette impression, c'était la présence de Tuddemy, quand il venait de temps en temps pour préparer ses examens. Il me laissait parfois lire des passages dans ses grandes livres de droit poussiéreux et concevait à partir de là des questions d'examens grâce auxquelles il testait ses connaissances. En dépit du fait qu'il avait dix ans de plus que moi, peut-être se souvenait-il du malaise de son adolescence et croyait-il que le remède était de travailler dur, puisqu'il m'avait poussée à lire Milton, Balzac, la *Vie de Samuel Johnson* de Boswell – des livres que je n'aurais jamais lus sans son insistance.

Je m'apercevais avec une conscience coupable que les circonstances extérieures n'étaient pas entièrement responsables de mon obscur malaise, parce que la vie, en toute objectivité, était très variée. En fait, maintenant que nous avions grandi, ma mère ne cessait d'organiser différentes activités pour nous distraire. Nous allions en Suisse pour les sports d'hiver, en Suède pour visiter les villes et les plages magnifiques, au bord de la mer pour les vacances d'été. Toutefois, ces excursions, même si je les attendais toujours avec impatience, ne répondaient jamais à mes attentes. C'était comme si j'avais été une petite figurine voyageant à l'intérieur d'une de ces boules de verre où se produisent des tempêtes de neige quand on les agite – sans que je puisse m'échapper de cette prison de verre. Des frontières invisibles me tenaient à l'écart de la vie réelle et des gens qui pouvaient aller partout – il y avait toujours des règles qui nous interdisaient de parler aux inconnus, de voir un film qui n'aurait pas été auparavant approuvé par Muv, d'aller où que ce soit sans être accompagnée d'un adulte ; la seule compagnie était celle de ma famille. Et il y avait par-dessus tout la perception accablante de mes propres limites.

La Bible affirme avec une certaine désinvolture : « Quand j'étais un enfant, je parlais comme un enfant ; je pensais comme un enfant ; mais lorsque je suis devenu homme, j'ai laissé de côté les choses puériles » – comme si c'était simple, sans avoir jamais entendu un mot sur cette transition difficile, cette recherche incessante de sa propre personnalité, ce désir non seulement d'indépendance, mais de cette indépendance dont on sent obscurément qu'elle provient de la connaissance de soi.

Je m'évaluais en me comparant aux gens rencontrés dans le monde des livres, les essayant mentalement pour trouver ma taille comme une femme pouvait feuilleter un magazine de mode pour trouver la tenue qui lui irait. Cependant, même ma poitrine tout juste découverte n'était pas à la hauteur des poitrines de la littérature ! Elle ne faisait qu'aggraver mon côté grassouillet.

« Regardez-moi cette poitrine bourgeonnante de Decca », clamaient Boud et Debo, sur le ton de la dérision – mais hélas, je n'avais pas la taille qui allait avec. Plutôt que les « collines neigeuses, veinées de bleu » des poètes élisabéthains, l'effet était celui d'un plateau, particulièrement quand je portais le « corset », que Nanny estimait indispensable pour les jeunes filles en pleine croissance, sous un tailleur de tweed.

Une fille de treize ans est le kaléidoscope de différentes personnalités, sinon un pur produit, de bien des façons, de sa propre imagination. À cet âge, qui et ce que vous êtes dépend largement du livre que vous êtes en train de lire à ce moment-là. Vous êtes la petite héroïne mince, aux cheveux noirs, de *The Secret Garden*, s'adaptant lentement aux rigueurs de la vie dans la campagne anglaise, après avoir été tant choyée par votre Indienne dévouée, Ayah. Vous êtes une des sœurs Brontë – pas Anne, pas Charlotte, plus probablement Emily – projetant votre génie sauvage sur la lande désolée. Vous êtes Elizabeth Barrett Browning sur son lit de malade, vos grands yeux étincelants dévorant votre visage émacié, victime impuissante d'un père à l'esprit étroit et plein de ressentiment – mais votre volonté de fer finit par triompher de sa tyrannie mesquine. Vous êtes Jane Eyre, au visage douloureusement pâle, hâve, mais à l'esprit vif, capable d'endurer la cruauté des vipérins Reed et, après leur déchéance, de leur pardonner. Pendant un jour ou deux, vous pouvez être une grande élève sérieuse, aux yeux sombres, dans une école sortie tout droit des romans d'Angela Brazil, adorée par ses cadettes et la fierté et la joie de la directrice, en dépit de quelques petits défauts mineurs. Parfois, vous êtes même Clara Bow, la « It Girl » capable d'émouvoir des milliers de gens grâce à votre beauté rayonnante et votre voix rauque. Ou bien encore la mystérieuse et envoûtante Suédoise, Greta Garbo.

Et puis, quand vous surprenez votre reflet dans le miroir, vous vous apercevez avec tristesse que toutes ces femmes sont extrêmement minces et que vous êtes ronde et pleine de santé ; que si certaines sont exceptionnellement belles et d'autres d'une laideur fascinante, vous êtes simplement jolie. (De façon assez agaçante, Debo avait une allure qui lui aurait permis d'être l'héroïne, tragique ou romantique, qu'elle aurait choisi d'être ; elle avait la silhouette pour ça, très mince avec de longues jambes, la pâleur, les yeux immenses, les cheveux blonds et raides – elle aurait pu être qui elle voulait, de Jeanne d'Arc à Velvet, en passant par Anna Karénine – mais comme elle ne lisait pratiquement que *Sporting Life*, elle ne se rendait pas compte de ce qu'elle était en train de rater.)

Il vous vient soudain à l'esprit que les centaines de gens que vous croisez au cours d'une journée à Londres – les hommes avec les parapluies et les imperméables qui claquent dans le vent, les dames qui courent toutes ensemble sous la pluie grise – sont aussi réels que vous, chacun doté de son individualité, avec un passé et parfois même une enfance à l'arrière-plan. Jusque-là, les gens en dehors de la famille immédiate étaient en deux dimensions, des moitiés d'hommes et de femmes, des éléments du décor. À l'aube de la conscience de soi, la découverte de la réalité des autres – plus de 50 millions en Angleterre seulement ! – est une chose que vous pouvez saisir de temps en temps, pour vous apercevoir qu'elle vous échappe de nouveau, son immensité se révélant impossible à maîtriser pour vous.

Vous découvrez la souffrance – pas seulement la vôtre dont vous savez qu'elle est en grande partie votre propre création, ni la souffrance de l'enfance à la lecture de *Black Beauty*, de *David Copperfield* ou des petits ramoneurs de Blake – mais vous avez, de manière vive et troublante à la fois, la vision fugitive de ce que signifient véritablement la pauvreté, la faim, le froid, la cruauté.

Le trajet en train jusqu'à Londres passait à travers des kilomètres et des kilomètres d'immenses banlieues où les immeubles étaient entourés de tous côtés par le linge qui séchait dans l'air pollué de la ville. Parfois, depuis le train, vous pouviez voir des groupes d'enfants déguenillés aux visages blêmes ou bien des jeunes femmes maigres portant des casquettes d'homme et poussant des bébés très pâles. De temps en temps, les journaux faisaient le récit de ces vies pénibles – toute une famille vivant dans une seule pièce, les enfants mourant de froid pendant l'hiver, des vieillards vivant de pensions qui ne leur permettaient même pas de mettre du sucre dans leur thé.

Que faire ? J'étais dans tous mes états et je fulminais, incapable de trouver une solution. Nanny pensait qu'il serait bon de rejoindre une organisation appelée The Sunbeams. L'idée était de donner à un enfant riche l'adresse d'un enfant pauvre pour qu'ils puissent correspondre, et l'enfant riche enverrait de temps en temps ses vieux vêtements et ses vieux jouets. Nancy l'avait fait quand elle était petite, mais elle avait perdu l'adresse de son *sunbeam* et avait adressé sa lettre à « Tommy Jones, Les Bas Quartiers, Londres », ce qui avait provoqué la fureur de Nanny, qui avait trouvé que ce n'était vraiment pas gentil. Enthousiasmée, j'avais immédiatement adhéré.

Ma *sunbeam* était une petite fille, âgée d'un an de plus que moi, du nom de Rose Dickson. Je passais des heures à emballer des vieux pulls et des vieilles jupes dans des paquets que je trouvais excitants à voir, et je dépensais tout mon argent de poche pour faire des cadeaux à Rose. J'imaginais que mes lettres, qui étaient un récit idéalisé de ma vie à Swinbrook, serait un joyeux rayon de soleil dans sa vie terne. Je me présentais comme une sorte de croisement de Little Lord Fauntleroy et de Sara dans *The Little Princess*. Mes luttes quotidiennes sur Joey, mon poney maigrichon, qui finissait en général par me désarçonner, se voyaient transformées en galops téméraires sur mon pur-sang à travers les forêts et les taillis. Mon épagneul Tray prenait l'allure d'un grand mastiff, d'une intelligence et d'une sensibilité exceptionnelles, fidèle et gentil avec sa maîtresse, brute dangereuse s'il tombait sur un inconnu.

Rose semblait apprécier mes lettres. Les siennes étaient écrites dans un style fleuri et une orthographe strictement phonétique. Je les trouvais fascinantes. Elle avait six frères et sœurs et elle décrivait avec des détails déchirants les conditions misérables du taudis surpeuplé dans lequel ils vivaient – les six enfants partageant deux lits dans la même pièce minuscule.

Je fus rapidement obsédée par l'idée de faire sortir à tout prix Rose de Londres. Je suppliai ma mère de la laisser venir pour une visite. « Je ne pense pas que ce soit vraiment possible, Little D, répondait gentiment Muv. Pense un peu à quel point elle va être horriblement mal à l'aise. » Après des semaines pendant lesquelles j'avais milité sans relâche, ma mère avait eu une idée. Elle allait engager Rose, qui avait maintenant quatorze ans et terminait l'école, comme *tweeny*, pour assister les femmes de chambre.

Sa décision me rendit folle de joie et j'écrivis immédiatement à Rose. « Cé un cont de fé qui devient vrai ! » répondit Rose dans une lettre pleine de remerciements. « J'ai bien peur que la position de *tweeny* n'ait rien de conte de fées », avait commenté ma mère, mais naturellement je ne la croyais pas. Au contraire, je pensais que c'était une image tout à fait pertinente pour une fille qui allait être arrachée aux taudis de Londres et conduite dans une maison magnifique à la campagne. J'essayais d'imaginer à quoi pouvait ressembler Rose ; probablement, la peau sur les os et de grands yeux bruns mélancoliques.

Le jour de son arrivée se leva enfin et je fus autorisée à me rendre à la gare en compagnie du chauffeur pour l'accueillir. À ma grande surprise, elle était plutôt grosse, mais elle avait ce teint terreux et fatigué des enfants qui ne voient jamais le soleil à Londres. Après nous être saluées, nous sommes restées muettes et nous avons fait le trajet jusqu'à la maison en silence. L'éloquence qui avait caractérisé notre correspondance avait inexplicablement et douloureusement disparu. Je fus soulagée d'arriver à Swinbrook et Rose fut prise en charge par Annie, la première femme de chambre, qui devait lui faire connaître les tâches d'une *tweeny*.

Je ne l'ai plus beaucoup vue après cela. Une ou deux fois, je l'ai croisée sur le palier, portant des seaux et des plumeaux, l'air différente en uniforme. Deux jours après son arrivée, ma mère me transmit les mauvaises nouvelles. Annie lui avait fait savoir que Rose avait pleuré tous les soirs à n'en plus finir et refusait de manger. Annie supposait que sa famille lui manquait terriblement. Lorsqu'elle lui avait demandé si elle voulait rentrer chez elle, son visage s'était éclairé pour la première fois depuis son arrivée, et ma mère avait donc pris des dispositions pour qu'elle puisse retourner à Londres par le premier train.

Cet épisode m'avait beaucoup troublée et chagrinée. Était-ce ma faute ? Aurais-je dû prévoir que Rose allait regretter sa famille ? Ce sentiment m'était non seulement inconnu – je ne parvenais même pas à imaginer quelle impression il pouvait procurer. Mes différents séjours passés seule loin de chez moi, dans les maisons de mes cousins pendant les deux semaines de vacances annuelles de Nanny, m'avaient fait l'effet d'événements extraordinaires, de faveurs formidables que je chérissais dans ma mémoire. Le fait d'être une *tweeny* avait-il quelque chose à voir avec la peine de Rose ? Je regardai dans le livre de Mrs Benton, *L'Organisation de la domesticité*, quelles étaient les tâches d'une *tweeny* et lus : « La *between maid* est peut-être la seule de sa classe qui mérite une certaine commisération : c'est une vie de solitude et, dans certains endroits, son travail ne finit jamais… » Peut-être que c'était ce qui avait posé problème…

Les mois et les années passant, avec une lenteur qui avait des allures d'éternité, le triste souvenir un peu embarrassant de Rose a fini par s'estomper, avant d'être remplacé bien plus tard par des idées nouvelles et plus révolutionnaires sur la façon de remédier aux maux du monde. Entre-temps, se produisit un événement tellement excitant qu'il ne laissait aucune place pour les regrets ou la quête d'une identité. Debo et moi, nous fûmes finalement envoyées à l'école pour quelques mois – accomplissement de mon souhait le plus cher.

Nous vivions alors à Old Mill Cottage à ce moment-là, parce que les autres maisons étaient louées. « De Batsford Mansion à Swinbrook House en passant par Asthall Manor et pour finir à Old Mill Cottage » était notre slogan pour décrire le déclin des fortunes familiales depuis l'époque de grand-père. Le cottage était une charmante petite maison dans les environs de High Wycombe, et Oakdale une école privée pour filles, où se rendaient les enfants des négociants, des médecins et des commerçants de la petite ville. Debo détesta l'endroit si intensément que Muv, redoutant une nouvelle bouderie interminable, l'autorisa à quitter l'école. « La directrice m'a embrassée pour me dire au revoir ! Sale vieille lesbienne », annonça-t-elle furieusement à son retour. « Oh, ma chérie, c'est extrêmement mal élevé, tu ne dois pas dire des choses pareilles, et je pense que c'est un peu injuste, elle essayait probablement d'être gentille. »

De mon côté, je fus enchantée par chaque minute passée à l'école pendant ces quelques mois. Le brouhaha de centaines de filles fonçant dans les couloirs, la nouveauté de la compétition en classe, les odeurs des repas dans l'énorme réfectoire avec un choix infini de gens à qui parler, l'immense plaisir de « frimer » et de taquiner les maîtresses devant les autres élèves – et même les règlements irrationnels interdisant de siffler dans les couloirs ou de mettre les pieds sur le pupitre en classe –, tout cela me fit l'effet d'une véritable ivresse.

Je suis rapidement devenue la « meilleure amie » d'une fille dans la même année que moi. Elle s'appelait Viola Smythe et je l'aimais bien sans plus, mais elle m'adorait avec une servilité sans bornes. Nous décidâmes de fonder un club ; j'en serais la présidente et Viola la vice-présidente. Nous avions élaboré un règlement compliqué, la disposition la plus importante étant que nous devrions nous retrouver tous les samedis dans la maison de l'une des membres. La première réunion aurait lieu chez moi. J'avais donc demandé à ma mère si je pourrais inviter quelques amies pour le thé le samedi suivant.

« Pour le thé ? Oh non, ma chérie, bien sûr que non. Si tu les invites à prendre le thé, elles vont t'inviter à leur tour et tu ne pourrais pas y aller. Tu comprends, je ne connais pas leurs mères. »

Inutile de discuter ou de demander une explication. Ce genre de conversation provoquait toujours une colère froide et sinistre chez les adultes, comme chaque fois qu'on faisait des plaisanteries sur Dieu ou qu'on parlait de sexe. La raison qui faisait que Viola n'aurait pu être invitée ne pouvait être ouvertement débattue. La formule « relations peu convenables » était elle-même une chose peu convenable à dire. La franchise victorienne d'autrefois sur ces questions délicates avait depuis longtemps disparu : « Est-elle l'une de nous, ma chère enfant ? » avait l'habitude de demander grand-mère pour situer la position dans la vie d'une personne dont nous parlions. Ma mère partageait vaguement notre amusement face au caractère outrageant de la question. La question des classes était toujours délicate, une affaire d'intuition plutôt qu'un sujet de conversation, un de ces problèmes à peine « recevables », intensément ressentis, mais jamais discutés.

C'était très compliqué. Mes parents auraient été non pas tant choqués que stupéfiés si on les avait accusés d'être « snobs ». Le snobisme était certainement, par définition, un attribut exclusif de la classe moyenne, trouvant son expression dans le désir malsain de s'élever au-dessus de sa position, de s'introduire là où on n'était pas attendu et, à l'inverse, de considérer dédaigneusement ceux qui se trouvent à un échelon inférieur de l'échelle sociale. Mes parents n'auraient jamais imaginé regarder quelqu'un de haut ; ils préféraient regarder droit devant eux, se fichant de savoir si cela n'avait pas tendance à limiter leur vision. Ils n'étaient en rien non plus des arrivistes, car ils n'aimaient pas vraiment la société « chic ».

Les rangs inférieurs étaient bien moins problématiques que les Viola Smythe de la classe moyenne. Comme le formulait succinctement un vieil hymne : « Toutes les choses brillantes et belles, toutes les créatures grandes et petites, toutes les choses sages et merveilleuses, Dieu notre Seigneur les a créées. L'homme dans son château, l'homme pauvre à sa porte, Dieu les a placés en haut et en bas, et a ordonné leur condition... » Alors que les Smythe de ce monde, si mal à l'aise dans leur position intermédiaire, représentaient « le danger obsédant du *bourgeois*[1] ».

Dans la conception que mes parents se faisaient de l'histoire, la classe supérieure, la classe moyenne et la classe laborieuse étaient destinées à marcher en harmonie pour toujours, à travers

1. En français dans le texte.

les âges, sur des voies parallèles qui ne se rapprocheraient et ne se croiseraient jamais. Toutefois, des collisions se produisaient ; il y avait eu une terrible dévastation en Russie, une autre menaçait en Allemagne et, au cours de cette année 1931, les signes d'un soulèvement se multipliaient même en Angleterre.

Chapitre 7

De fortes tempêtes s'annonçaient au-delà des limites de la forteresse. Le chômage augmentait de façon alarmante dans toute l'Angleterre. Des marches de la faim, qui étaient au départ des petites manifestations pour ensuite englober les populations de régions entières, faisaient l'objet de grands reportages dans les journaux. La police et les grévistes s'affrontaient dans les rues de Londres, à Birmingham, de Glasgow à Leeds. Les grandes concentrations de populations étaient qualifiées de « zones d'extrême pauvreté » par le gouvernement – ce qui signifiait qu'il n'existait dans ces zones aucune perspective d'amélioration de la situation de l'emploi. Le Family Means Test, en vertu duquel les indemnités de chômage pouvaient être refusées à tout travailleur licencié dont un parent quelconque avait encore un emploi, faisait l'objet d'une violente contestation de la part des communistes, qui parvinrent à faire basculer l'ensemble du mouvement syndical dans cette lutte.

La jeune génération était fortement politisée. Elle accusait les hommes d'État en place dans les différents pays alliés de semer le vent d'une future guerre mondiale plus horrible encore, par le biais du traité de Versailles, l'écrasement systématique de l'Allemagne, les exigences imposées à un ennemi vaincu pour obtenir des réparations de guerre irréalistes.

Les vieux concepts de patriotisme, de chauvinisme et de nationalisme étaient violemment attaqués par les jeunes écrivains. Le credo d'un pacifisme né d'une volonté d'échapper aux horreurs d'une autre guerre mondiale séduisait toute la jeunesse. Les étudiants organisaient des manifestations contre les écoles d'élèves officiers.

L'Oxford Union avait fait le vœu suivant : « En aucune circonstance, nous nous battrons pour le pays et la Couronne. » Cette action engagée par un petit groupe d'étudiants à Oxford produisit des résultats époustouflants. Ce qui devint rapidement le serment d'Oxford fut le cri de ralliement de la jeunesse dans tous les pays. Nous lisions dans les journaux les comptes rendus sur les rassemblements d'étudiants en France, en Allemagne, dans la lointaine Amérique, où le message de l'Oxford Union était discuté et adopté. Le serment fit l'objet de nombreux éditoriaux dans les journaux et de débats enflammés dans les courriers des lecteurs. On avait l'impression que tous les colonels à la retraite d'Angleterre s'étaient arrachés à la torpeur de la vie à la campagne pour prendre par écrit la défense du roi et de l'Empire contre l'incroyable verdict. La presse de gauche saluait le serment, y voyait un coup terrible porté à la course aux armements et invitait chaque syndicat, chaque église, chaque organisation de la jeunesse à prêter serment.

De l'intérieur de la forteresse, nous percevions ces événements à travers une vitre un peu sombre[1] – ou plutôt, pour être précis, sur le miroir déformant d'une fête foraine. Oncle Geoff voyait dans la crise économique la conséquence inévitable de toutes ces années d'assassinat du sol d'Angleterre par le biais des fertilisants chimiques. Il attribuait la croissance du mouvement pacifiste à une lâcheté par l'assassinat du lait dont ces enfants impuissants avaient été nourris dans les nurserys à travers tout le pays. Ma mère avait le sentiment que la crise avait été provoquée par l'institution des allocations de chômage, qui avaient tué toute initiative, et de la journée de travail de huit heures qui imposait à des Anglais le nombre d'heures pendant lesquelles il leur était permis de travailler. Parents et oncles étaient d'avis que les jeunes pacifistes de l'Oxford Union auraient grandement bénéficié d'une bonne

---

1. Allusion en anglais à la première épître aux Corinthiens 13, 12.

correction à coups de cravache. Des tantes nous avertissaient que la saison londonienne, avec ses bals de débutantes et ses présentations à la cour, pourrait bien vite être une chose du passé pour notre génération.

Je réagis, comme bien d'autres gens de ma génération, en devenant tout d'abord une pacifiste convaincue, puis rapidement une socialiste diplômée.

À l'âge de quatorze ans, j'ai lu *Cry Havoc* de Beverley Nichols, sa condamnation radicale de la guerre. Le livre décrivait en détail les horreurs des bombardements de la Première Guerre mondiale et plaidait avec éloquence en faveur d'un désarmement total dans le monde entier. *Cry Havoc* interpella immédiatement toute la jeunesse de l'Angleterre ; du jour au lendemain, ce fut un best-seller. Je fus fortement impressionnée par l'originalité et la force de ses arguments. Un monde nouveau pour moi venait de s'ouvrir. La littérature pacifiste me fit découvrir directement la presse de gauche que je me mis à lire avidement. À contrecœur, je piochais dans mon compte Fuite sans retour pour commander des livres et des brochures qui expliquaient ce qu'était le socialisme.

Je découvris que la nature humaine n'était pas, comme je l'avais supposé, une quantité fixe et inaltérable, que les guerres n'étaient pas provoquées par le besoin naturel des hommes de se battre, que la propriété de la terre et des usines n'est pas nécessairement la récompense d'une sagesse et d'une énergie supérieures. J'appris qu'il existait de grands mouvements en Angleterre et dans d'autres pays qui visaient à dépouiller les riches de leur fortune et à transférer la propriété de la terre et des usines aux ouvriers.

J'eus l'impression que je venais de tomber par hasard sur la solution d'une énigme importante que j'avais tenté maladroitement de résoudre depuis des années. Comme tant d'autres confrontés pour la première fois à une explication rationnelle de la société, j'étais en proie à une folle excitation. J'étais impatiente de pouvoir rencontrer des partisans de cette nouvelle philosophie. Nancy et ses amis proches du Parti travailliste étaient décevants. Quand ils parlaient de politique, ils avaient l'air de défendre le socialisme, mais pour autant que je pouvais en juger, ils ne prenaient pas grand-chose au sérieux. Ils détruisaient les vieilles règles dans tous les domaines, ils se moquaient de tout, satirisaient, parlaient vite et sans fin, mais c'était à peu près tout.

« Pourquoi ne pas défendre activement le Parti travailliste ? demandai-je à Nancy.

– Oh, ma chérie, tu sais combien cela troublerait les pauvres vieux Révérés… et puis, imagine un peu l'*effroyable* ennui…

– C'est bien toi, faible comme toujours, comme tu l'avais été pour la chambre meublée et les sous-vêtements. Une socialiste de salon rose, voilà ce que tu es. »

Je savais ne pas devoir espérer le moindre succès en tentant de convertir le reste de ma famille. Boud était en pension, où on l'avait envoyée en dépit de mes cris : « C'est injuste ! », pendant que Debo et moi étions externes à Oakdale. Debo, qui avait maintenant onze ans, ne s'intéressait pas particulièrement à la lutte des classes.

Cependant, j'ai commencé à voir la famille sous un jour différent.

« Farve, vous vous êtes rendu compte que non seulement vous êtes un Sub-humain, mais aussi un vestige du féodalisme ?

– Little D, tu ne peux pas traiter Farve de vestige, c'est très mal élevé, a coupé Muv.

– Pas si mal élevé que ça. Il y a même un Lord Vestige parmi les pairs. Je viens de le vérifier. Le Lord Vestige comprend probablement qu'il en est un, raison pour laquelle il a pris ce titre. Muv, tu ne te rends pas compte que tu es, toi, une ennemie de la classe ouvrière ? »

Muv fut véritablement piquée au vif.

« Je ne suis pas une ennemie de la classe ouvrière ! Je pense qu'il y a là des gens parfaitement délicieux », a-t-elle répliqué d'une voix pleine de colère. Je fus presque en mesure de voir les *nannies*, les palefreniers, les gardes-chasses parfaitement délicieux que sa phrase avait dû immédiatement convoquer dans son esprit. Je décidai de garder mes idées nouvelles pour moi pendant quelque temps ; il y avait peu d'espoir qu'elles puissent prendre racine dans ce sol peu fertile.

Néanmoins, une nouvelle dimension vint s'ajouter à mon projet Fuite sans retour. Je savais désormais ce que je fuyais et vers quoi je devrais courir.

Chapitre 8

Même si Boud et moi nous étions affrontées et querellées inlassablement pendant notre enfance, nous étions devenues de manière surprenante, à l'âge de dix-huit ans pour elle et de quinze pour moi, de grandes amies. Boud avait été une écolière géante et elle était à présent une débutante immense et un peu inquiétante. Mesurant un mètre quatre-vingts ou presque, dotée d'une épaisse crinière de cheveux blonds, elle dominait toutes les autres filles dans les réunions de débutantes, comme un grand Père Noël au milieu de poupées. Sa personnalité assez écrasante correspondait parfaitement à sa taille. Dans notre salle de classe, elle avait provoqué le départ précipité de bien des gouvernantes et avait établi une sorte de record en étant de loin la moins contrôlable de nous toutes. Elle avait été renvoyée de l'école, selon elle, « simplement à cause d'un mot », quand on lui avait demandé de venir réciter devant l'école assemblée, le conseil d'administration et les parents des élèves. Le mot en question était « moisi », qu'elle avait ajouté au vers « Un jardin est chose adorable, comme Dieu l'a choisi. » Elle avait perfectionné une méthode pour mettre mon père en rage en se contentant de lui lancer, d'une certaine façon, un regard noir pendant les repas. Elle était assise, silencieuse, avalant des quantités de purée de pommes de terre, fixant sur Farve un regard sombre, boudeur. À son tour, il lui jetait des regards furieux en essayant de la faire céder, mais elle gagnait invariablement. Frappant des deux poings sur la table, il rugissait : « Maudite sois-tu, cesse donc de me regarder ! » Je lui enviais ce pouvoir, tout en soulignant qu'elle prenait injustement avantage du caractère sub-humain de mon père : « Pauvre Farve, il est un peu comme un lion, il ne supporte pas d'être fixé par l'œil humain. »

Boud avait toujours eu du goût pour un certain style baroque d'art décoratif. Dans une sorte de variation originale de l'art du collage, elle avait créé d'immenses tableaux dépeignant des scènes historiques : Hannibal traversant les Alpes, avec un arrière-plan de montagnes argileuses, les tenues d'Hannibal et de son armée étant faites de papier d'aluminium ; l'arche de Noé, avec des petits morceaux de fourrure collés sur les animaux. Débutante, elle avait commencé à appliquer ce talent pour la sélection de ses vêtements. Elle brillait comme un énorme paon dans ses faux bijoux étincelants, achetés chez un costumier de théâtre, et dans ses robes du soir démesurées en brocart. À la grande consternation de ma mère, elle avait acheté une fausse tiare, resplendissante de rubis, d'émeraudes et de perles, et elle insistait pour la porter quand elle se rendait à ses bals. Elle était en général décidée à choquer – *à épater les bourgeois*[1], comme disait ma mère sur un ton réprobateur – et il faut dire qu'elle y parvenait. L'insatisfaction de Boud à l'égard de la vie était un reflet de la mienne. J'applaudissais son comportement outrageant, je rugissais de plaisir quand elle volait du papier à en-tête de Buckingham Palace et s'en servait pour écrire à toutes ses amies, je l'encourageais quand elle prenait avec elle son rat domestique pour se rendre à un bal.

Les Bright Young People avaient disparu de la scène londonienne deux ans auparavant, tout comme leur équivalent transatlantique, The Flaming Youth, s'était sûrement éclipsé de la scène américaine à la fin des années 1920. La scène londonienne avait repris son rythme ennuyeux, succession interminable de déjeuners, de bals, de dîners, d'« apparitions » (normalement fabriquées par la presse) des débutantes les plus célèbres de la saison, de quelques scandales, de quelques fiançailles...

1. En français dans le texte.

Les efforts de Boud pour égayer la vie mondaine lui valurent quelques soutiens. Peut-être que si elle avait été en position de faire ce genre de choses, disons, en 1926, cela aurait sans doute marché. Mais les débutantes en 1932 n'étaient tout simplement pas d'humeur. Et Boud était considérée comme une excentrique par ses contemporaines.

De son côté, elle participait, à la fois ennuyée et exaspérée, au rituel des « débuts dans le monde ». Elle cherchait quelque chose de plus excitant, de plus intrigant que ce que la saison londonienne pouvait offrir – quelque chose qui serait proscrit par les parents, quelque chose d'étonnant, de choquant...

La maison de Diana semblait être un bon départ, puisqu'on nous avait interdit de lui rendre visite quand, après quelques années de mariage, Bryan et elle avaient divorcé. Comme d'habitude, nous, les séquestrées de la salle de classe, avions été tenues à l'écart des disputes qui avaient accompagné leur séparation. Nous savions seulement que la famille était d'une honte et d'une disgrâce indicibles à cause de Diana ; selon les Révérés, les chances pour le reste d'entre nous de se marier un jour étaient désormais formidablement réduites, puisque aucun jeune homme respectable ne voudrait rien avoir à faire avec les sœurs d'une divorcée. Inutile de dire que cela rendait Diana encore plus séduisante à mes yeux.

Pendant plus d'un an, pour Debo et moi, Diana resta invisible. Pour Boud, il en était autrement. Libérée de la salle de classe, de la gouvernante et des promenades quotidiennes, elle pouvait à présent aller où bon lui semblait et, sans le faire savoir aux Révérés, elle fit de nombreuses visites clandestines chez Diana. C'est là qu'elle rencontra Sir Oswald Mosley, que Diana devait épouser par la suite. La carrière politique de Mosley l'avait conduit, à travers le Parti conservateur et le Parti travailliste, au Nouveau Parti, une entreprise qui avait avorté au bout d'un an environ, en dépit du soutien puissant de Lord Rothermere et du *Daily Mail*. Mosley était alors très occupé par l'organisation de l'Union britannique des fascistes, à laquelle Boud adhéra immédiatement.

« Tu ne meurs pas d'envie de te joindre à nous, Decca ? C'est tellement drôle, me demandait-elle sur un ton suppliant, en agitant sa chemise noire toute neuve.

– Je ne pourrais même pas y penser. Je déteste ces brutes de fascistes. Si tu dois devenir fasciste, je vais être communiste, ça t'apprendra. »

En réalité, cette déclaration était autre chose qu'une simple prise de position contre Boud : le peu que je savais concernant les fascistes me répugnait – leur racisme, leur militarisme forcené, leur brutalité. Je m'étais abonnée au *Daily Worker*, j'avais acheté des volumes de littérature communiste et de littérature que je croyais communiste, j'avais fabriqué à la maison des drapeaux frappés de la faucille et du marteau. Ma bibliothèque communiste était catholique en fait et de nombreux auteurs auraient été sidérés de s'y voir inclus. Elle contenait non seulement des œuvres de Lénine, Staline, Palme Dutt, mais aussi celles des écrivains dont j'avais entendu dire par la « vieille génération » qu'ils étaient « bolcheviques » : Bertrand Russell, Laski, les Webb, Bernard Shaw. J'avais confondu John et Lytton Strachey et plongé courageusement dans la lecture de plusieurs biographies de Lytton, avant de me rendre compte de mon erreur. Le résultat de toute cette activité fut un accroissement considérable de mes connaissances de la littérature anglaise moderne et de la pensée progressiste, et plus je lisais, plus j'étais fascinée par les immenses perspectives de pensée et d'action qui s'ouvraient de tous côtés.

Boud et moi, à cette époque, évitions la compagnie des adultes autant que nous pouvions. À Swinbrook, nous vivions dans le SLS, sauf pour les repas. Nous l'avions divisé en deux parties égales et Boud avait décoré son côté avec des insignes fascistes de toutes sortes – des « faisceaux » italiens, ces bâtons attachés avec une corde ; des photographies de Mussolini sous verre ; des photographies de Mosley essayant de ressembler à Mussolini ; le nouveau svastika allemand ; une collection de disques de chansons des jeunesses nazies et fascistes. Mon côté était occupé par ma bibliothèque communiste, un petit buste de Lénine acheté un shilling dans une brocante, un classeur rempli de mes *Daily Worker*. Nous montions parfois une barricade faite de chaises et de fauteuils et organisions des batailles rangées, nous lançant à la tête livres et disques jusqu'à ce que Nanny vienne nous dire de faire moins de bruit.

Cependant, Boud et moi faisions souvent équipe contre les adultes dans notre version très singulière du Front populaire. Un jour, nous avions eu la responsabilité de nous occuper du stand de produits fermiers de ma mère à la fête du Parti conservateur. « Regarde-moi tout cet argent, avais-je dit à Boud. Tu ne penses pas que c'est une honte que ces brutes de vieux conservateurs empochent tout. Je crois que je vais envoyer cinq livres au *Daily Worker* pour leur fonds d'action. » Boud avait insisté pour prendre, au shilling près, la même somme et l'envoyer à l'Union britannique des fascistes. Le temps manquait pour engager un débat sur la question, dans la mesure où ma mère serait de retour d'une minute à l'autre ; nous avions rapidement empoché cinq livres chacune, que nous avions envoyées le soir même à nos permanences respectives. Je me suis souvent demandé depuis ce que les gens du *Daily Worker* devaient avoir pensé en lisant la note qui accompagnait ma contribution : « Cinq livres, donation faite par la Fête annuelle du Parti conservateur de l'Oxfordshire. »

La conversation interminable tenue dans la salle de classe, « Qu'allons-nous faire quand nous serons grandes ? », avait changé de ton. « Je vais aller en Allemagne pour rencontrer Hitler », annonçait Boud. « Je vais m'enfuir et devenir une communiste », répliquais-je. Debo affirmait avec la plus grande confiance qu'elle allait épouser un duc et devenir duchesse. « Un jour, il viendra, le duc que j'aime… » murmurait-elle, rêveuse. Bien entendu, aucune d'entre nous ne doutait, ne serait-ce qu'un instant, du fait que nous allions atteindre les objectifs que nous nous étions fixés ; mais rarement les prédictions de l'enfance se sont réalisées avec une aussi grande précision.

L'intérêt de Boud pour le fascisme avait été dans un premier temps tenu secret auprès des adultes, mais il avait été rapidement dévoilé. Boud suppliait qu'on la laisse partir pour l'Allemagne. « Mais, ma chérie, je croyais que tu n'aimais pas être à l'étranger », disait ma mère (Boud avait toujours refusé d'apprendre le français parce qu'elle considérait que c'était une langue affectée et, pour nous tous, la France était pour une raison quelconque synonyme de l'étranger).

C'était l'année où Hitler avait accédé au pouvoir. L'intention déclarée de Boud était de se rendre en Allemagne, d'apprendre l'allemand et de rencontrer le Führer. Mes parents s'y opposèrent bien moins qu'on aurait pu s'y attendre. Peut-être qu'une autre saison londonienne avec fausses tiares et rats domestiques lâchés dans les salles de bal était une perspective que ma mère avait du mal à contempler avec le moindre plaisir. Boud fut autorisée à partir.

Au bout de six mois, elle vint nous voir pour une brève visite, ayant atteint ses deux objectifs. Elle parlait déjà l'allemand presque couramment et elle avait rencontré non seulement Hitler, mais Himmler, Goering, Goebbels et d'autres dirigeants nazis. « Comment diable as-tu réussi à faire leur connaissance ? » avions-nous demandé, sidérés. Boud avait expliqué que cela avait été plutôt simple : elle avait réservé tous les soirs une table au restaurant Osteria Bavaria où ils se réunissaient souvent. Soir après soir, elle s'était assise et les avait regardés fixement jusqu'à ce qu'ils finissent par lui envoyer un de leurs laquais pour savoir qui elle était. En apprenant qu'elle était une *fräulein* anglaise, admiratrice des nazis, membre de l'Union britannique des fascistes, Hitler l'avait invitée à se joindre à leur table. À partir de là, elle avait fait partie de leur cercle, elle les voyait constamment à Munich, les accompagnait dans leurs réunions et leurs rassemblements, aux Jeux olympiques.

« Exactement ce que je pensais ! Hitler n'est qu'un autre Sub-humain, comme le Pauvre Vieux Mâle, et tu l'as dompté avec le pouvoir de l'œil humain », avais-je dit, pleine d'amertume.

Mais Boud n'aurait pas toléré d'être taquinée sur sa dévotion à l'égard des nazis. Elle était totalement, absolument, emballée par eux. Le salut nazi – « *Heil Hitler !* », la main levée – devint sa façon habituelle de saluer tout le monde, famille, amis, la demoiselle des postes sidérée dans le village de Swinbrook. Sa collection de trophées et d'accessoires nazis s'empilait désormais dans notre petit salon – des piles du journal antisémite de Streicher, *Der Stürmer*, un exemplaire dédicacé de *Mein Kampf*, les œuvres complètes de Houston Stewart Chamberlain (un précurseur au XIXᵉ siècle des idéologues fascistes), des albums de photos des dirigeants nazis.

C'est à peu près à ce moment-là que le bannissement de Diana fut levé et elle reprit ses visites à Swinbrook. Soudain, les relations dans la famille se transformèrent, et Boud et Diana, qui étaient loin d'être amies auparavant, commencèrent à s'entendre comme larrons en foire.

Diana accompagna Boud en Allemagne et fut, elle aussi, admise dans le cercle des intimes de Hitler. Leurs activités firent rapidement l'objet de commentaires dans la presse et un chroniqueur rapporta la déclaration de Hitler qui disait considérer les deux sœurs comme « de parfaits spécimens de la féminité aryenne ». La presse fit aussi des gorges chaudes des noms de baptême de Boud : Unity et Valkyrie.

Dans un premier temps, mes parents avaient considéré le nouvel intérêt de Boud comme une sorte de plaisanterie. L'opinion conservatrice concernant Hitler allait, à ce moment-là, de la désapprobation catégorique du démagogue dangereux, venu de nulle part, à la sympathie réticente pour ses objectifs et ses méthodes – après tout, n'avait-il pas écrasé définitivement le Parti communiste allemand et les syndicats ouvriers en un temps record ? Les mots « Ce type, Hitler », qui étaient sur les lèvres d'un nombre incalculable de hobereaux en Angleterre, pouvaient être modulés sur les tons de la dérision et de l'admiration. En effet, avec la prise du pouvoir par Hitler, le concept de « sales Boches » avait été mystérieusement abandonné.

Boud et Diana suppliaient les Révérés de les accompagner en Allemagne et de juger de leurs propres yeux. « Farve pourrait vraiment compter parmi les fascistes de la Nature. C'est simple, il adorerait le Führer », insistaient-elles. Elles eurent rapidement gain de cause. Les nazis firent un accueil royal à Muv et Farve. On leur donna une Mercedes-Benz avec chauffeur et on leur montra tous les emblèmes tape-à-l'œil du nouveau régime. Ils revinrent pleins de louanges pour ce qu'ils avaient vu.

Les réactions de la famille à leur conversion furent variées. Boud était enchantée, naturellement. Pour la première fois, elle était la préférée de mon père et en excellents termes avec Muv. Nancy, fielleuse, avait déclaré que les Révérés avaient été abusés par la flatterie, après avoir été traités pour la première fois de leur vie comme des gens importants par les nazis, qui se faisaient une idée complètement fausse de l'influence exercée sur la politique anglaise par d'obscurs aristocrates de la campagne. Tom avait été amusé, mais distant. Je prenais la ferme résolution de m'enfuir et de tenter ma chance avec les antifascistes.

J'aimais toujours Boud pour sa personnalité énorme et brillante, pour son excentricité rare, pour sa loyauté envers moi en dépit de nos très réelles différences de perspectives à présent. Quand j'y réfléchissais, j'éprouvais un sentiment de malaise en me disant que nous avions été projetées très loin l'une de l'autre par un immense raz-de-marée que nous étions parfaitement incapables de contrôler ; au loin, approchait une ombre glaciale qui, un jour, allait nous absorber. Nous avions même parlé quelquefois de ce qui se passerait si une situation révolutionnaire apparaissait. Nous avions convenu que nous aurions à nous préparer à l'éventualité de nous battre dans des camps opposés, et nous avions même essayé d'envisager ce qui se passerait le jour où l'une de nous aurait à donner l'ordre d'exécution de l'autre.

Chapitre 9

L'aspect de camp retranché qu'avait pris notre vie à la maison, qui effaçait potentiellement tous les autres aspects, était devenu douloureusement évident. Je m'opposais de manière effrénée à tout ce que représentait la famille, et c'était pour l'essentiel une opposition terriblement solitaire.

J'avais enfin une « meilleure amie » de mon âge, ma cousine germaine, Idden Farrer. Nous avions bien des choses en commun, car Idden désirait ardemment, elle aussi, fuir de chez elle. Elle avait tenu bon sur son ambition précoce de devenir comédienne, et elle traversait maintenant une série de confrontations orageuses avec ses parents. Contrairement à moi, elle avait méprisé pendant toute son enfance l'idée d'aller en pension, mais ses parents l'avaient finalement contrainte d'y aller. « Tu vois ? me faisait remarquer ma mère avec un air triomphant. Les enfants ne sont tout simplement jamais satisfaits. » Je pensais qu'il aurait été plus juste de dire que les adultes avaient une façon bien à eux de découvrir ce que les enfants voulaient et de s'assurer ensuite qu'ils seraient contraints de faire l'exact opposé.

Idden et sa sœur Robin étaient souvent venues séjourner à Swinbrook et nous avions passé des heures à compatir à propos de l'injustice de la vie et du caractère épouvantable de la génération précédente. Lorsque nous aurions des enfants nous-mêmes, avions-nous décidé, nous tenterions de satisfaire chacun de leurs désirs. Les miens seraient envoyés dans des écoles charmantes, où la totalité des connaissances du genre humain serait déployée pour qu'ils s'en réjouissent et s'en instruisent (je ne connaissais pas grand-chose aux écoles à ce moment-là) ; les enfants d'Idden resteraient dans son dressing-room, au milieu des fleurs envoyées par des admirateurs, et ils seraient autorisés à jouer avec ses produits de maquillage. Jamais elle ne les contraindrait à faire des marches, à s'habiller comme leurs petites sœurs, à faire quoi que ce soit en réalité. Les filles seraient autorisées à porter des talons hauts dès qu'elles le voudraient, à lire des livres inconvenants ou à voir des films inconvenants, à devenir les amies de qui leur plairait, que leurs parents soient connus de nous ou non. Elles seraient aussi autorisées à porter des maillots de bain deux pièces. Ce dernier point était particulièrement sensible pour Robin, une superbe blonde qui était un peu plus âgée qu'Idden et moi. Elle avait eu l'audace de porter un tel maillot de bain lorsque nous étions tous allés nager et mon père l'avait rapidement fait pleurer à chaudes larmes en rugissant contre elle devant toute l'assemblée : « Je ne comprends pas pourquoi Robin juge nécessaire d'exposer son ventre très quelconque. » Nos enfants n'auraient pas à subir les rugissements de qui que ce soit ; nous allions aimer et chérir nos enfants, et leur dire qu'ils avaient des ventres magnifiques…

Devenir adulte était encore situé à une distance interminable d'un ou deux ans et tous mes mouvements étaient soumis aux restrictions que la salle de classe avait imposées à nos vies. L'impasse qu'étaient les quelques heures de leçons quotidiennes était insupportable. Elles ne pourraient jamais nous permettre d'accéder à l'université, parce que j'étais bien trop en retard sur les filles de mon âge, qui étaient allées dans de véritables écoles. Tout cela faisait l'effet d'une perte de temps absolue.

Je retournais constamment dans ma tête mes projets de Fuite sans retour et j'en parlais en détail avec Idden. Le monstre du loch Ness faisait parler de lui dans les journaux à ce moment-là et ma mère était des nombreuses personnes qui croyaient fermement à son existence. « Après tout, soulignait-elle, jamais un corps n'a été retrouvé de toutes les barques de pêche qui ont coulé sur le loch Ness. Quelle autre explication pourrait-on donner ? De toute évidence, le monstre les a dévorés. » Un plan très réalisable m'était venu à l'esprit : je me rendrais au loch Ness, avec des vêtements de rechange, je laisserais une note de suicide sur la rive, ainsi que les vêtements que j'avais portés, et j'irais me réfugier dans une petite ville écossaise. Personne ne serait surpris si les recherches ne donnaient aucun résultat, puisque tout le monde supposerait que j'avais été dévorée par le monstre. Mais, après mon évasion, comment ferais-je pour survivre ? À l'âge de seize ans, je n'avais aucune formation d'aucune sorte et pratiquement aucune éducation. Peut-être que je pourrais être une femme de chambre chez quelqu'un... mais Idden m'avait convaincue que je ne ferais pas l'affaire. Elle m'avait rappelé les reproches constants de Nanny concernant mon désordre, le fait que je ne pendais jamais ma chemise de nuit le matin, alors que c'était la seule tâche domestique qui était exigée de moi. Ma plus grande peur était d'échouer dans ma tentative de fuite, d'être retrouvée et ignominieusement ramenée à la maison pour être soumise à des règles plus strictes que jamais.

Il n'y avait personne avec qui échanger mes idées socialistes. Nancy semblait encore vouloir partir dans cette direction de temps en temps. Elle avait écrit *Wigs on the Green*, un roman satirique sur Boud et l'Union britannique des fascistes. Boud y était une certaine Eugenia, immense fille de dix-huit ans, membre des Union Jackshirts, qui passait sa vie à courir à travers la campagne pour haranguer les gens des villages et les convaincre des mérites de son leader. Nancy me poussa de nouveau à l'accuser de faiblesse quand elle retarda la parution du livre à cause des menaces de Diana et de Boud de ne plus jamais lui adresser la parole, si *Wigs on the Green* était publié.

Dans notre maison de Londres, où il n'y avait qu'un seul salon, j'avais obtenu la permission d'installer dans la salle de bal qui ne servait pas toute ma littérature communiste, et Nancy s'était jointe aux autres pour se moquer de moi et m'appeler une « communiste de salle de bal », qui était un coup plus bas que « socialiste de salon rose ».

Des rumeurs commencèrent à nous parvenir concernant nos cousins au second degré, Giles et Esmond Romilly, qui étaient en classe à Wellington. Ils avaient provoqué la fureur de leurs parents et étaient devenus le sujet de toutes sortes de potins dans la famille en refusant d'entrer à l'école des élèves officiers et en déclarant qu'ils étaient pacifistes. On disait même qu'ils avaient saboté la journée de célébration de l'armistice dans leur école en insérant des tracts pacifistes dans tous les livres de prières. Les tracts s'étaient envolés au moment des deux minutes de silence, provoquant un esclandre de proportions inimaginables. Dès le début de l'année 1934, les activités d'Esmond Romilly avaient été commentées dans la presse. Le *Daily Mail* avait publié un article de deux colonnes sous le titre de « Menace communiste dans les *public schools* ! Moscou tente de corrompre nos garçons. Le fils d'un officier finance un journal extrémiste, Scotland Yard enquête ». Le journal extrémiste en question s'appelait *Out of Bounds*, rédigé et publié par Esmond. Le *Daily Mail* citait la déclaration de principe de cette publication : « *Out of Bounds* défendra ouvertement les forces progressistes contre les forces réactionnaires sur tous les fronts, depuis la formation militaire obligatoire jusqu'aux cours de propagande. » Les frères Romilly étaient l'objet de conversations incessantes dans la famille. « Pauvres Nellie et Bertram ! Qu'ont-ils donc fait pour mériter des fils aussi épouvantables ? Ils ont bien besoin, ces deux-là, de quelques coups de cravache », répétaient en chœur les adultes.

Peu de temps après la parution de l'article du *Daily Mail*, le bruit courut qu'Esmond s'était enfui de son école. Les journaux en avaient fait des titres sensationnalistes : « Âgé de quinze ans, le neveu de Mr Churchill disparaît » ; « le neveu "rouge" de Winston : un fils de colonel s'enfuit de son école » ; « "Sous l'influence des communistes de Londres", déclare la mère ». Mon admiration pour Esmond était sans bornes. En dépit du fait que nous étions cousins au second degré, je ne l'avais jamais rencontré. Nous avions failli nous rencontrer des années auparavant, quand j'avais neuf ans environ et que Debo et moi avions été envoyées avec Nanny pour séjourner chez les Churchill pendant quelques semaines de l'été. Giles était présent et je me souvenais avoir entendu une des *nannies* dire à une autre : « Vous auriez dû être ici la semaine dernière quand Esmond était avec nous... Oh, c'est un chenapan, une véritable terreur ! »

Je me demandais s'il me serait possible de le rencontrer à présent, mais personne apparemment ne savait où il était, pas même ses parents.

L'année s'écoulant avec une lenteur désespérante, un plan se présentait enfin qui semblait offrir quelque espoir de tromper l'ennui de manière temporaire et peut-être un moyen de s'échapper. Le temps de la salle de classe touchait à sa fin et Idden et moi fûmes envoyées à Paris chez une dame française pour perfectionner notre français à la Sorbonne.

Ma mère nous avait accompagnées pour veiller à notre installation. Toujours très suspicieuse à l'égard des Français, elle fut dans un état de rage absolue contre la nation entière dès le moment de notre arrivée à la gare du Nord, quand notre porteur tenta courageusement de contester le montant du pourboire qu'elle lui avait donné. Ma mère ne céda pas et, au grand amusement d'Idden et moi, le porteur s'éloigna en marmonnant en français : « Vous êtes le genre d'Anglaise qui a tué Jeanne d'Arc. » Muv était extrêmement agacée par les regards admiratifs (et parfois même les pincements) qu'Idden et moi provoquions quand nous marchions dans les rues de Paris. Il était inutile de souligner, puisque le même genre de choses arrivait à toutes les jeunes femmes dans cette ville romantique, que c'était tout simplement la façon dont on exprimait sa sympathie au sein de cette nation. Elle avait même menacé de nous ramener immédiatement à la maison si ces incidents continuaient de se produire. Idden et moi étions terrifiées qu'elle puisse mettre sa menace à exécution et nous marchions d'un pas décidé, en regardant droit devant nous pour éviter de donner le moindre encouragement aux jeunes Parisiens pleins d'espoir.

Juste avant que Muv ne reparte, il s'était passé une chose qui, si elle avait été plus observatrice, aurait aisément provoqué l'annulation de notre séjour de quelques mois à Paris. Un soir, Muv nous avait emmenées voir un film. J'étais assise entre elle et Idden, et dès que la salle avait été plongée dans l'obscurité, je me rendis compte qu'une lutte silencieuse était en cours du côté d'Idden.

« Que se passe-t-il ? murmurai-je.

– Le type à côté de moi me caresse la jambe ! avait répondu Idden sur un ton désespéré. Tu devrais le dire à tante Sydney. Nous devons changer de places.

– Idden, tu sais parfaitement que si je lui en parle, elle va être furieuse et nous ramener en Angleterre. Et puis je tiens vraiment à voir ce film. Il va falloir que tu le supportes en silence. »

La pauvre Idden lutta courageusement pendant les informations, les dessins animés et les deux heures du film. Par sympathie, je lui demandais régulièrement des nouvelles :

« Et maintenant, où est sa main ?

– Oh, Decca, c'est vraiment horrible. Bien au-dessus de mon genou.

– Bon, mais arrête de remuer autant. Je ne peux pas me concentrer. Repousse-le doucement. J'ai peur qu'elle ne t'entende. »

Quand nous sommes sorties du cinéma, le visage d'Idden était rouge de honte et d'indignation, mais ma mère, fort heureusement, était restée parfaitement inconsciente de tout ce qui s'était passé.

Nous fûmes en mesure de nous détendre seulement après le départ de Muv, quand le danger d'être ramenées en Angleterre s'était éloigné avec elle. Mme X, chez qui nous étions logées à Paris, avait fait la meilleure impression pendant que Muv était encore là. Elle avait promis de nous chaperonner en permanence, de superviser nos sorties à la Comédie-Française et à l'Opéra-Comique, de veiller à ce que nous ayons une vie convenable pour deux jeunes écolières anglaises. De notre côté, nous avions juré d'être sages comme des images et d'obéir en tout point à Madame. Toutefois, il devint rapidement évident que, pour notre plus grande joie, Madame n'avait aucune intention de nous accompagner au théâtre ou même de superviser nos activités en aucune façon. Elle était trop occupée par sa propre vie, qui consistait pour l'essentiel à recevoir des dames de son âge en leur faisant servir des tilleuls, des tisanes, du porto et des petits gâteaux secs et durs aux graines de carvi. Elle était souvent *souffrante*[1], restait au lit et consommait de grandes quantités d'énormes comprimés noirs, qui avaient la forme de petits chapeaux.

Idden et moi étions livrées à nous-mêmes. Nous adorions les cours à la Sorbonne, où nous étions entourées d'étudiantes de tous les âges et de toutes les nationalités : des Espagnoles à la peau sombre qui parlaient avec l'accent « cr-cr » selon Idden ; des Allemandes blondes et replètes ; des dames américaines d'un âge indéfini qui terminaient quelque chose qu'elles appelaient des « unités ». L'après-midi, notre professeur d'initiation à l'art nous emmenait au Louvre où il pointait une longue baguette, comme celle d'un chef d'orchestre, sur les chefs-d'œuvre : « *Regardez la ligne, mademoiselle, et voilà les masses*[2]. » Le soir, nous allions à la Comédie-Française et nous étions enchantées par les mises en scène à l'ancienne, très stylisées, des drames et des comédies classiques. Nous profitions au maximum de la négligence de Madame dans son devoir de nous chaperonner et, sans qu'elle le sache, il nous arrivait de substituer le Grand Guignol, une boîte de nuit, ou même les Folies Bergère aux soirées que nous étions censées passer à l'opéra.

Nous avions fait la connaissance de deux jeunes étudiants français à la Sorbonne, bien habillés, joyeux, l'œil pétillant, qui avaient à peine plus de vingt ans. Le dimanche, ils nous emmenaient en voiture au bois de Boulogne ou à la campagne. Après ces excursions, nous revenions dans leur appartement pour de brèves séances de flirt. Nous les avions surnommés « l'Acteur » et « le Beau Parleur ». Le type d'Idden était le Beau Parleur, ainsi baptisé parce que, tout en lui faisant les compliments les plus poétiques – « *Ah ! que tu es belle, je t'adore, ma petite Idden*[3] » – il n'avait

---

1. En français dans le texte.
2. En français dans le texte.
3. En français dans le texte.

jamais tenté de l'embrasser. Le mien était l'Acteur, parce que sa conversation était faite des observations les plus triviales, communiquées entre des baisers passionnés : « *Qu'il fait beau temps aujourd'hui, n'est-ce pas ? J'espère que vous vous amusez bien à Paris, mademoiselle*[1]. » Au bout de quelques-unes de ces expériences, nous en avions eu marre. Idden aurait voulu que son type soit un peu plus un Acteur, alors que je voulais que le mien apprenne à mieux s'exprimer verbalement et à se montrer un peu moins ardent.

Les aventures les plus improbables semblaient se trouver au coin de la rue à Paris, mais rien d'important ne résultait du fait de les poursuivre. Nancy m'avait mise en contact avec quelques vieilles dames intellectuelles qui recevaient certains jours de la semaine chez elles, où artistes et écrivains se retrouvaient pour partager les mêmes petits gâteaux aux grains de carvi, le même porto et la même tisane que ceux que Madame servait à ses copines. Je me présentais fidèlement à ces jours, en espérant que quelque chose d'intéressant se produirait, même si je devais paraître un peu déplacée dans mon pull-et-jupe d'Anglaise et si tous ces gens présents à ces réunions me faisaient l'effet d'être antiques. J'étais cruellement dépassée par la conversation sur les livres, les personnalités et les événements auxquels je ne connaissais rien, mais qui paraissaient fascinants. Si seulement j'avais pu suivre, trouver la clé de ce dont il était question ! Mais je me contentais de rester assise dans mon coin et d'écouter pendant qu'une nouvelle pièce de théâtre était brillamment disséquée, un poète réduit en miettes, une actrice imitée dans cette langue magnifique qui convenait si bien pour de telles conversations.

Je fus invitée à dîner par un Français d'un certain âge que j'avais rencontré à l'occasion d'une de ces réunions. J'avais demandé à Madame la permission de sortir. Elle avait haussé les épaules et dit : « *Ma petite, il vous jettera sur un divan et il vous violera*[2]. »

---

1. En français dans le texte.
2. En français dans le texte.

Mais elle m'avait tout de même autorisée à aller dîner avec lui. Je ne pouvais pas m'empêcher de penser que Madame devait exagérer un peu. Après tout, les gens allaient bien dîner ensemble de temps en temps dans tous les pays, sans que cela aboutisse à ce résultat fâcheux. J'étais allée au Prix Unique et j'avais acheté pour trois fois rien une veste et une jupe en satin noir brillant, et un chemisier blanc, très moulant, en crêpe Georgette. Équipée de tous les attributs de la sophistication, je me sentais aussi mal à l'aise que si j'avais porté un déguisement ridicule.

La soirée avait commencé de manière tout à fait banale. Nous étions allés au Bal Tabarin et avions vu le spectacle de burlesque. J'essayais désespérément d'ajuster ma conversation aux vêtements que je portais et je faisais semblant de comprendre les salves de plaisanteries salaces et de sous-entendus qui me parvenaient depuis la scène. Dans l'ensemble, je trouvais que mon numéro de femme du monde était joliment exécuté – chaleureuse mais énigmatique, pertinente mais pas facile, chaste au fond, mais capable de la plus grande passion si l'occasion se présentait.

Au bout d'une heure au Bal Tabarin, mon compagnon avait suggéré d'aller ailleurs ; il m'avait proposé de me montrer « le vrai Paris ». Me sentant un peu agitée, je l'avais suivi jusqu'à sa voiture. Nous avions roulé dans les rues sombres pendant un certain temps, avant de nous arrêter devant ce qui semblait une maison ordinaire au milieu d'une série d'immeubles ; il avait sonné à la porte et parlé brièvement à son chauffeur, qui à mon grand désarroi était reparti. Nous fûmes accueillis par une vieille dame qui avait l'air gentille dans un salon vide, brillamment éclairé. Je sentais ma sophistication récemment acquise fuir à toute vitesse et je ne fus guère rassurée de voir plusieurs filles nues approcher, apportant des verres et du champagne.

« C'est une des meilleures maisons de Paris, m'a alors expliqué mon compagnon. Voulez-vous voir le reste ?

– Hé bien, il commence à être un peu tard. Madame doit m'attendre à la maison… » Étant venue jusque-là, j'étais en réalité assez curieuse de voir l'endroit et, en proie à des sentiments contradictoires, j'ai suivi la fille qui devait nous guider. Nous pouvions voir à l'intérieur des pièces qui se succédaient dans un long couloir. Notre guide nous a annoncé que chacune était conçue pour répondre à toutes les préférences imaginables. L'une d'elles était couverte de miroirs du sol au plafond ; une autre remplie de statues et de tableaux représentant la Vierge Marie (« pour les Pygmalion », avait-elle souligné) ; une autre encore était une réplique d'un compartiment de Pullman et notre guide nous fit voir avec fierté que la pièce, en tournant un simple commutateur, pouvait se mettre à bouger et à gronder comme un véritable wagon, un décor artificiel se mettant à défiler derrière la fenêtre. J'étais fascinée et en même temps assez mal à l'aise. Comment allais-je pouvoir me sortir de cette situation ?

Une vision incongrue me traversa l'esprit – les silhouettes de mes proches à la maison furent soudain transplantées dans ce décor. Nanny, secouant les épaules comme elle avait l'habitude de le faire quand elle était contrariée, disait : « Pas vraiment un endroit convenable, Jessica, si je puis dire. » Muv me jetait un regard furieux. Allait-elle murmurer quelque chose à propos du Corps sain ? Il y en avait pas mal alentour.

La pièce « pour les sadiques » était la plus étonnante de toutes et j'aurais aimé qu'Idden soit là pour la voir. Elle était décorée comme une chambre de torture, avec des râteliers, des coins, des poteaux pour le fouet, des escargots en carton-pâte très réalistes sur les murs en pierres apparentes. Deux des filles apparurent et commencèrent à se fouetter l'une l'autre de manière un peu désinvolte.

« Je crois vraiment qu'il est temps que nous y allions », ai-je dit d'une voix pleine d'anxiété. Je me demandais si Dieu allait se soucier de moi dans cette situation inextricable. Un petit pugilat s'ensuivit, comme l'avait prévu Madame, que je parvins à remporter grâce à une combinaison d'habileté physique et de prouesses verbales. Mon nouveau tailleur en satin n'était plus portable au moment où je suis finalement arrivée à la maison, seule dans un taxi – mais j'avais une sacrée histoire à raconter à Idden. Nous avons tremblé avec délices à l'idée glaçante de ce que nos parents feraient s'ils apprenaient ce que nous faisions de notre temps à Paris. Mais une véritable fuite paraissait aussi improbable qu'à Londres.

La traditionnelle « année à l'étranger » et la délicieuse sensation de liberté qu'elle avait provoquée allaient bientôt prendre fin. Suivrait à présent, d'une façon aussi inéluctable que le soleil se lève, mais ne se couche jamais sur l'Empire britannique, ma première saison londonienne. Il n'y avait pas d'alternative. L'université, il n'en était pas question – il était impossible d'y être admise à présent. Qu'allait-il se passer ? La saison à Londres pourrait être quelque chose de drôle. Après tout, n'était-on pas censé rencontrer littéralement des centaines de gens ; parmi eux, il y aurait peut-être quelques âmes sœurs, quelques personnes de mon âge cherchant à s'échapper de leur propre forteresse. J'avais pourtant le sentiment pénible que je n'allais pas beaucoup apprécier tout cela, que je savais à l'avance à quoi ressembleraient mes nouveaux compagnons ; et que la seule bonne chose dans toute cette histoire, c'était que je serais enfin une adulte.

Chapitre 10

Dès notre retour en Angleterre, nous apprîmes qu'Esmond Romilly avait de nouveau fait parler de lui. En faisant d'une librairie de gauche à Bloomsbury son quartier général, il avait créé une sorte de centre officieux pour les garçons qui s'étaient enfuis ou avaient été renvoyés des *public schools*. Avec leur aide, il avait organisé la rédaction, la production et la distribution d'*Out of Bounds*. Le journal prospérait, plus ou moins. Son « enfant rédacteur en chef de gauche », comme les journaux avaient surnommé de manière sarcastique Esmond, avait réussi à obtenir le soutien et les contributions financières de nombreux supporters improbables. Bernard Shaw avait envoyé un chèque et ses félicitations ; le *New Statesman* avait loué certains des articles ; certains quotidiens de Londres avaient manifesté une sorte de sympathie goguenarde envers l'entreprise.

Out of Bounds était en vérité une publication assez remarquable. Sous-titré « Journal des *public schools* contre le fascisme, le militarisme et la réaction », il comptait quelque cinquante pages imprimées de commentaires éditoriaux, d'articles, de correspondance, de critiques de livres.

« Nous attaquons non seulement l'immense machinerie de la propagande qui constitue le fondement des *public schools* et les rend si utiles pour la préservation d'une forme de société vicieuse et obsolète ; nous nous opposons non seulement à la nature quasi obligatoire de l'école des élèves officiers, à l'hypocrisie de cette soi-disant formation du caractère – nous nous opposons aussi à chacune des restrictions obscures, des règles et des réglementations mesquines… » C'étaient là les objectifs révolutionnaires d'*Out of Bounds*, présentés dans un éditorial de premier plan.

La plupart des contributions étaient anonymes et écrites par des garçons qui étaient encore des élèves des *public schools* dans différentes régions d'Angleterre. Les articles politiques allaient du général et de l'historique (« Gangsters ou patriotes : comment la Grande-Bretagne a construit son Empire », par Esmond Romilly) au compte rendu d'un témoin d'une réunion de l'Union britannique des fascistes à Olympia signé « T.P., Rugby ». L'élève de Rugby racontait qu'il s'était rendu à la réunion, animé d'un « intérêt considérable pour le fascisme et le communisme, mais sans inclination particulière pour l'un ou pour l'autre », qu'il avait été pris par erreur pour un communiste, qu'il avait été jeté dans les escaliers et rossé par des chemises noires armées. Il finissait sur un ton attristé : « Vous demandez-vous pourquoi je signe cette lettre "Bien à vous, votre antifasciste" ? »

Le livre de Sir Oswald Mosley, *La Plus Grande-Bretagne*, fut expédié sans ménagement dans la rubrique des critiques de livres. Il fut sèchement rejeté, à juste titre, comme un « tissu de mensonges, de jargon, de balivernes, aussi erroné que malsain ». À l'inverse, le livre de John Strachey, *La Menace du fascisme*, fit l'objet d'une approbation enthousiaste, exubérante : « Du début jusqu'à la fin, le livre est rempli de propos extraordinairement importants… une œuvre merveilleusement écrite… vous devez mendier, emprunter ou voler, ou bien, si vous n'y parvenez pas, acheter un exemplaire… »

Les lettres au directeur de la publication, écrites souvent dans un style très proche de celui du directeur, débordaient de controverses pleines d'esprit et exprimaient une variété tout à fait intéressante d'opinions concernant la valeur d'*Out of Bounds* :

« Jamais au cours de ma vie, je n'avais lu une telle accumulation de bêtises… c'est, sans comparaison, le magazine le plus futile jamais publié et je pense que ce qu'il pourrait vous arriver de mieux, ce serait d'être renversé par un tramway… la rumeur veut que vous ayez été renvoyé de Wellington (et c'est une fort bonne chose). » « Rien de comparable à *Out of Bounds* n'a jamais existé auparavant. Nous avons enfin un journal qui n'hésite pas à publier les opinions honnêtes des jeunes gens intelligents. »

Dans le souci d'augmenter les tirages, le directeur de la publication avait inclus sans scrupules un article de son frère, Giles Romilly, intitulé « Matin glorieux : le sexe dans les *public schools* ». L'article traitait des différentes formes de romances homosexuelles qui jalonnaient la vie des élèves des *public schools* et évoquait, grâce à différents témoignages, les mises en garde « prudentes et réticentes » que recevaient les nouveaux venus mystifiés quand ils entraient à l'âge de douze ans à Wellington. Selon Giles, des instructions officielles étaient données par un maître qui rassemblait les petits innocents pour la « discussion sérieuse » qui permettrait de répondre une fois pour toutes aux questions qu'ils pouvaient se poser concernant les réalités de la vie à Wellington : « Il y a des hommes ici qui vont essayer de prendre un avantage sur un homme parce que cet homme est un homme nouveau ici. C'est tout ce que j'ai à vous dire. » Un article sur le sujet très osé des écoles mixtes, un gros mot dans le milieu des *public schools*, était annoncé pour un numéro à venir.

Une chronique intitulée « Notes des *public schools* » rassemblait des contributions provenant de ceux qui étaient « dans la place » et recensait les différentes activités politiques dans les écoles. Cette chronique, plus qu'aucune autre dans *Out of Bounds*, montrait comment les nouvelles idées de pacifisme et de révolte contre l'ordre établi avaient pénétré dans l'univers clos des *public schools*. L'esprit de guérilla contre l'esprit de corps se manifestait avec force :

Aldenham : les activités de l'Union chrétienne ont été considérablement réduites… *Ashford High School :* le 24 mai, des tracts ont été distribués dans l'école, attaquant les célébrations chauvinistes d'Empire Day… *Charterhouse* : de vives protestations se sont élevées contre l'inscription sur le vitrail à l'est de la chapelle : « Qui meurt pour l'Angleterre vit »… *Clifton : Out of*

Bounds pourrait ne plus être distribué au sein du collège… *Eton* : cent vingt exemplaires d'*Out of Bounds* ont été vendus ici au début du trimestre… *Friends School, Saffron Walden* : dans cette école quaker « progressiste », plusieurs élèves ont été menacés de renvoi en raison d'une mauvaise attitude appelée « état d'esprit »… *Highgate* : une motion qui voulait que « les pacifistes devraient être descendus en flammes » a été massivement rejetée au cours d'un débat récent… *Haileybury* : au cours d'un débat consacré au fascisme, ce trimestre, les partisans du fascisme ont été battus par un vote de 103 contre 13… *Stowe* : un débat devait avoir lieu ce trimestre sur le thème "Se battre pour l'Empire". La nouvelle vient de nous parvenir que le proviseur avait interdit ce débat.

La distribution du journal présentait d'énormes difficultés. Sur la une était proclamé avec fierté que le journal avait été « interdit à Aldenham, Cheltenham, Imperial Service College, Uppingham, Wellington ». Dans les écoles où il n'y avait pas d'interdiction officielle du journal, des groupes de patriotes parmi les élèves se faisaient un devoir de détruire tous les exemplaires qui leur tombaient sous la main et de punir tous les supporters d'*Out of Bounds*. Esmond et ses camarades faisaient de fréquentes incursions à Eton, Wellington et dans d'autres places fortes de l'ennemi, et faisaient savoir sur un ton sardonique : « *Out of Bounds* était interdit à Wellington ce dernier trimestre. Mais 142 exemplaires ont été vendus. » En dépit des bains forcés dans les bassins des écoles et des autres formes de représailles contre les vendeurs du journal, les ventes passèrent de mille à trois mille exemplaires.

Les rumeurs concernant ces événements fascinants nous parvenaient de temps en temps à Londres. J'enviais terriblement Esmond et je brûlais de pouvoir le suivre, ou du moins de trouver un moyen approprié et digne de lui faire savoir que j'existais. Entre-temps, les préparations pour ma première saison à Londres suivaient leur cours inexorable. Comme j'étais la cinquième fille de la famille à faire ses débuts dans la société, ces préparations avaient pris un caractère quelque peu routinier. Des listes écornées des gens à inviter pour mon bal étaient ressorties des tiroirs et amendées par ma mère avec l'aide des sœurs aînées :

« Voyons, le petit John Forrester devrait maintenant être en âge de se rendre à des bals.

– Oh, Muv, *vraiment*, vous êtes dans les vapes. Il a au moins quarante-cinq ans aujourd'hui. Et, de toute façon, je crois qu'il est en Inde depuis dix ans. »

Nancy s'était mariée peu de temps auparavant, pendant que j'étais à Paris, avec Peter Rodd et, comme le voulait la coutume à l'époque, elle était venue avec ma mère et moi pour être présentées à Buckingham Palace, elle en tant que jeune mariée et moi en tant que débutante. Un coiffeur était venu placer les plumes d'autruche de rigueur dans nos cheveux et nous étions parties dans une Daimler de location pour le voyage de plusieurs heures le long du Mall, progressant très lentement au milieu d'une procession sans fin de débutantes et de leurs mères. Traditionnellement, des foules de Londoniens venaient juger les nouvelles débutantes. On pouvait entendre leurs commentaires pendant qu'ils vous dévisageaient à travers les vitres de la voiture :

« Hé, c'est pas un beau brin de fille, celle-là ?

– Elle est pas terrible. Regarde plutôt celle-là, ça c'est une beauté !

– Et la mère, c'est pas un dragon ? »

En descendant finalement de la voiture avec difficulté, nous avons titubé sous la pluie et dans l'obscurité jusqu'à un couloir brillamment éclairé, rempli d'une foule aux épaules nues et de l'odeur de renfermé des plumes d'autruche de location. Quelques heures encore de lente progression, cette fois à travers ce qui semblait être des kilomètres de chair humaine légèrement suralimentée. Rares éclats :

« Je crois que je vais m'évanouir !

– Tu ne peux pas. Il n'y a pas assez de place. »

La fille devant moi s'arrête brusquement.

« Oh, à l'aide ! » Dans un murmure angoissé : « Je crois que je suis en train de perdre ma culotte », mais elle s'en débarrasse en faisant gracieusement un pas de côté et la glisse rapidement dans sa pochette en satin.

Enfin, le bout de la route : un magnifique laquais arrange nos traînes, un autre braille : « The Lady Redesdale. The Honourable Mrs Peter Rodd. The Honourable Jessica Mitford. » Nous sommes en présence de ce qui semble être deux grandes silhouettes empaillées, hochant la tête et souriant depuis leurs trônes comme des jouets mécaniques. Une rivière de plus à traverser : les révérences, une pour chacune des silhouettes, puis le départ à reculons sans faux pas jusqu'à ce qu'on se soit éloignée de la Présence.

Le rite de la puberté dans la version de la haute société anglaise est terminé. Je suis désormais une adulte. Vraiment ? Discrètement, je fourre dans mon petit bouquet de fleurs victorien quelques chocolats pris sur le buffet. Après la présentation, nous avons rendez-vous chez une photographe qui va nous immortaliser dans nos robes de cour. Je suis consternée au moment où les chocolats tombent sur le sol alors qu'elle est en train de faire la mise au point…

Chapitre 11

D'une certaine façon, j'avais attendu avec une impatience coupable de devenir une débutante. Même si toute cette procédure allait à l'encontre de mes nouveaux principes, il semblait que de nombreuses opportunités allaient se présenter. L'idée d'une camaraderie illimitée avec des gens de mon âge était en soi une perspective très excitante. Être enfin « dans le monde », pour employer cette expression un peu vague... il était impossible de prévoir ce qui allait bien pouvoir se passer. On pouvait provoquer un scandale en ayant une liaison avec un homme marié fascinant ; on pouvait même se marier soi-même. Je me disais que j'étais à présent pratiquement sortie de la forteresse : n'étais-je pas libérée des contraintes de la salle de classe, libre de me balader dans Londres (du moins dans la journée), libre d'étudier si je le voulais, peut-être dans ce fief mystérieux de la pensée de gauche qu'était la London School of Economics ?

Les réalités quotidiennes de la saison londonienne mirent rapidement fin à la plupart de mes illusions. Pour commencer, je n'avais absolument pas le temps de faire quoi que ce soit en dehors des différentes réceptions auxquelles je devais être présente – déjeuners, thés, *cocktail parties* (qui étaient du dernier cri), dîners, bals – et bien trop peu de temps pour dormir. Les déjeuners étaient exclusivement des affaires de filles. « Du bout de la fourchette », disait-on. Il s'agissait de buffets froids et de toutes sortes de choses crémeuses qui pouvaient être mangés sans avoir à se servir d'un couteau. Le but de ces déjeuners était de donner aux débutantes l'occasion de faire connaissance – chose importante puisque les filles et leurs mères avaient la haute main sur les listes des invités aux dîners, aux bals et aux parties de campagne, le week-end. La conversation avait tendance à se limiter aux bals qui avaient eu lieu, à ceux qui allaient avoir lieu, aux vêtements déjà achetés, aux vêtements à essayer, aux photos prises pour les carnets mondains, aux photos à prendre.

Les bals étaient, bien entendu, la chose essentielle. Il y en avait un au moins tous les soirs, cinq soirs par semaine. Parfois, il pouvait y en avoir trois dans la même soirée. Une succession interminable de salles de bal remplies de fleurs et de très jeunes filles, accompagnées de très jeunes gens, ressemblant à des produits parfaitement prêts pour la commercialisation, avec ici ou là une exception, pas assez mûre ou déjà blette… La chose la plus horrible, c'était que je n'arrivais jamais à me souvenir de leurs noms. Il aurait été plus facile, me disais-je, de reconnaître les visages de moutons dans un ranch australien que de faire correspondre les noms et les visages de cette marée monotone d'êtres humains apparemment interchangeables. Des visages lisses, candides, au teint clair, rayonnants d'une santé procurée par d'innombrables enfances au grand air dans d'innombrables maisons de campagne ; des traits fins ou pleins qui étaient la preuve évidente des années d'une alimentation riche en protéines et en graisses ; des yeux allant du bleu au noisette, des cheveux allant du blond au châtain, une taille supérieure, dans l'ensemble, à celle de la moyenne du genre humain – il n'y avait vraiment pas grand-chose pour les distinguer les uns des autres. « Ce ne sont pas des Angles, mais des anges », est censé avoir dit le pape Grégoire le Grand en voyant pour la première fois les habitants des rivages d'Albion, et les visages et les silhouettes des centaines d'Anglo-Saxons de dix-sept à vingt et un ans qui fréquentaient les bals des débutantes étaient d'un angélisme fastidieux.

La conversation ne fournissait aucune clé concernant l'identité de chacun. Après les présentations, on titubait sur le plancher de la salle de bal dans les bras d'un des moutons australiens. Les gambits d'ouverture se limitaient à deux ou trois sujets : « Vous montez beaucoup à cheval ? », « Vous allez souvent en Écosse ? », « Vous aimez les boîtes de nuit ? » Puisque, dans mon cas, une réponse honnête à n'importe laquelle des trois questions aurait été négative, poursuivre la conversation devenait une tâche impossible. Souvent, les premiers mots étaient les plus effroyables : « Nous nous sommes rencontrés chez un tel, vous vous souvenez ? » (Oh, mon Dieu ! Vraiment ? Hier soir ? Comment s'appelle-t-il ?), et complètement perdue, je répondais sans conviction : « Oh oui, bien sûr, excellente soirée, non ? » Ma mère me reprochait gentiment ma déplorable mémoire : « Tu dois vraiment essayer de te souvenir de certains noms, ma chérie. Tellement déplaisant de ta part. L'ennui, j'imagine, c'est que tu ne vois pas très bien, mais tu dois prendre l'habitude de reconnaître les gens. » J'étais en effet très myope, mais Muv n'aurait jamais envisagé de m'emmener chez un oculiste de peur qu'il ne prescrive des lunettes, qu'elle trouvait à la fois hideuses et coûteuses. Elle trouvait horrible que tant de gens jeunes – et parfois même des enfants – aient pris l'habitude de porter des lunettes. « Le Corps sain finira par corriger cela. Avec le temps, tu seras probablement capable de voir mieux », disait-elle, un peu vague.

La saison londonienne dure environ trois mois pendant l'été. Elle me fit l'effet de durer une éternité. Au milieu de l'été, j'appris qu'Esmond Romilly avait été condamné à une peine de six semaines dans une maison de redressement pour mineurs délinquants. Philip Toynbee, un élève de dix-huit ans qui s'était enfui de Rugby, et lui s'étaient présentés, ivres, chez les Romilly à Londres, et la mère d'Esmond avait appelé la police. Lors de leur comparution devant le juge, le lendemain, elle avait déclaré qu'Esmond était incontrôlable, ce sur quoi le juge avait décidé de le soumettre au traitement disciplinaire adéquat. J'avais pensé me renseigner discrètement sur la procédure à suivre pour devenir visiteur de prison, une forme de bonne action dont j'avais entendu dire qu'elle était pratiquée par des dames un peu âgées qui avaient beaucoup de temps disponible, mais j'avais été retenue par la sensation de ne pas être à la hauteur. Quel bien cela ferait-il à Esmond ? J'étais réellement une communiste de salle de bal à présent. Il raillerait probablement tout effort de ma part pour prouver que j'étais de son côté.

Les réactions de la famille au dernier exploit d'Esmond étaient tempérées cette fois par des critiques de sa mère qui semblait avoir perdu la tête en appelant la police et en ne prenant pas sa défense devant le juge. « Cette Nellie, elle a toujours été hystérique », avait dit ma mère, contrariée. Esmond fut finalement relâché, non pas pour être remis à ses parents, mais placé sous la tutelle d'une cousine plus âgée, Mrs Dorothy Allhusen. Nous apprîmes qu'il était parti vivre chez elle à la campagne et qu'il écrivait un livre.

La saison prenant fin, il devint cruellement évident que cela avait été une perte de temps absolue. Je ne m'étais fait aucun ami véritable, je n'avais rien appris et je n'avais toujours pas la moindre idée de ce que j'allais faire de ma vie. Je me maudissais de ne pas avoir plus de cervelle et de mon incapacité à m'extraire de l'ennui mortel qui m'enveloppait comme un brouillard épais, de la trivialité de mon existence, de la ronde quotidienne lancinante des activités qui m'accaparaient.

Nous rentrâmes à Swinbrook pour un hiver interminable, entrecoupé par une rare invitation à une réception à la campagne ou à un ban après une chasse.

Idden avait la chance d'avoir convaincu ses parents de la laisser s'inscrire à la Royal Academy of Drama et elle vivait désormais à Londres. Je lançais avec peu de conviction une campagne pour être autorisée à la rejoindre. « Little D, tu sais parfaitement bien que tu ne veux y aller que parce qu'elle y est. Tu n'aurais pas le moindre talent pour devenir comédienne. » J'avais l'impression que c'était vrai, mais je soutenais que jouer la comédie n'était pas très difficile et que je pourrais apprendre. Une autre de mes cousines, Sarah Churchill, apprenait elle aussi. Pourquoi n'en serais-je pas capable, moi aussi ? « Hé bien, tu n'iras pas et il est donc inutile d'en parler plus longtemps. »

Je m'enfonçais dans une humeur sinistre sans rémission, me détestant moi-même et le reste du monde, amère et furieuse contre mes sœurs et mes parents.

Chapitre 12

La famille à Swinbrook s'était considérablement réduite. Nancy vivait à Londres, Tom était à l'étranger, Pam quelque part dans la campagne occupée à une chose ou une autre, Boud vivait en Allemagne toute l'année ou presque. Debo et moi étions les seules encore à la maison, elle encore dans la salle de classe pour ses leçons, moi assise dans le salon en attendant le repas suivant.

Pendant cet hiver glacial et sans fin, deux livres furent publiés qui semblèrent cristalliser pour moi toutes les idées qui avaient trotté dans ma tête au cours de ces dernières années. Il s'agissait de *The Brown Book of the Hitler Terror* et d'*Out of Bounds : The Education of Giles and Esmond Romilly*.

The Brown Book racontait en détail et preuves à l'appui tout ce qu'il était alors possible de savoir concernant les exactions révoltantes perpétrées contre les Juifs en Allemagne. Le livre contenait des photos des victimes contusionnées, sanguinolentes, du sadisme des nazis et relatait, en multipliant les détails effrayants, comment les nouvelles lois antisémites étaient mises en œuvre. Mes parents soutenaient que c'était un livre d'inspiration communiste et que les Juifs avaient attiré sur eux ces persécutions, apparemment du simple fait de leur existence. Boud et Diana, lors de leurs rares visites à Swinbrook, justifiaient les atrocités comme une nécessité pour la survie du régime nazi. Elles nous firent voir une grande photo dédicacée d'un de leurs nouveaux amis – Julius Streicher, gauleiter de Franconie, et un des plus déments de ce groupe de déments.

« Emportez loin d'ici ce boucher brutal et répugnant, avais-je exigé, folle de rage.

– Mais, ma chérie ! avait dit Diana d'une voix traînante, en écarquillant ses immenses yeux bleus, Streicher est un petit chaton ! »

Nancy, comme d'habitude, traita tout cela sur le mode de la plaisanterie. Elle prétendit qu'elle avait découvert une arrière-grand-mère nommée Fish rôdant dans notre arbre généalogique et, à la grande colère de Boud et de Diana, elle menaçait de faire courir la rumeur selon laquelle nous avions un seizième de sang juif. Je ne trouvais plus ses pitreries amusantes. Lorsque me sœurs venaient, nos rencontres se terminaient par des scènes pénibles au cours desquelles je me sentais désespérément minoritaire. Je finissais par monter dans ma chambre pour y pleurer.

Une hypothèse me venait à l'esprit régulièrement : je pourrais prétendre m'être soudain convertie au fascisme, accompagner alors Boud en Allemagne et rencontrer le Führer face à face. Au moment où on nous présentait, je sortais un pistolet et je l'abattais de sang-froid. Naturellement, je serais à mon tour abattue par les gardes de Hitler. Mais est-ce que cela ne valait pas le coup ? La chose vraiment horrible serait de le rater et de mourir au cours de cette tentative d'assassinat. Malheureusement, mon désir de vivre était trop puissant pour que je puisse mener à bien ce projet, qui aurait été parfaitement réalisable et qui aurait pu changer le cours de l'histoire. Des années plus tard, quand l'histoire effroyable du régime hitlérien fut entièrement terminée, laissant l'Europe à moitié détruite, j'eus souvent l'occasion de regretter amèrement mon manque de courage.

Il était sans doute inévitable que la parution à peu près au même moment d'*Out of Bounds* fasse une très forte impression sur moi. Le livre fit grand bruit dans les journaux, obtenant presque partout des critiques favorables, que je m'empressais de lire et de découper. Même le *Daily Mail*, à l'origine de l'article sur la menace communiste, admettait qu'*Out of Bounds* témoignait du fait que « les deux jeunes iconoclastes ne manquaient ni de cervelle ni de talent littéraire ». Le *Times Literary Supplement* loua « la simplicité de ses mots et la pertinence de ses phrases ». L'*Observer* souligna « l'intelligence considérable, la modestie et la tolérance de cette série de tableaux clairs, vivants et drôles des écoles, des élèves, des professeurs et des parents ». Le *New Statesman* et le *Spectator* approuvèrent sans aucune restriction. Du jour au lendemain, le livre fut une sorte de best-seller.

Pour la première fois, j'avais l'histoire dans sa totalité – sous la couverture d'un livre et non pas de manière fragmentaire et insatisfaisante grâce aux journaux et aux potins – de la révolte des frères Romilly contre l'école, la famille, la tradition. C'était une histoire tout à fait fascinante.

Out of Bounds était composé de deux sections. La première, écrite par Giles, commençait par ses expériences à l'école privée de Seacliffe, où les deux garçons avaient passé leurs années d'enfance. De manière très amusante, Giles décrivait la routine quotidienne suivie dans cette institution archaïque, les coutumes et les traditions, les excentricités des maîtres et des élèves. Comme on pouvait le comprendre, le jeune auteur avait encore le souvenir vivace et douloureux des méthodes de punition, et il les évoquait avec force détails. Cela rappelait des passages de Dickens. Il y avait un maître, notamment, qui avait l'habitude d'imposer la discipline « en vous tirant les oreilles violemment et en vous pinçant le nez avec un énorme compas en bois ». Un autre maître, « s'il surprenait un garçon en train de mal se comporter, l'attrapait par les cheveux coupés courts et se contentait de le balancer tout doucement d'avant en arrière ; c'était excessivement douloureux ». Un autre encore « reculait sa chaise, attrapait le garçon par la taille, le couchait en travers de ses genoux, relevait le short du garçon et lui donnait plusieurs terribles claques sur les cuisses nues ».

La partie écrite par Esmond m'avait tout particulièrement captivée parce qu'elle révélait tant de parallèles entre sa vie et la mienne. Comme moi, il s'était intensément investi dans la politique du côté conservateur dès son plus jeune âge. « Non seulement j'étais un tory, écrivait-il, mais j'étais aussi plus romantique encore, un véritable jacobite[1]. Pendant un cours de géographie, j'avais établi en l'écrivant sur un bout de papier que le roi George était un imposteur, puisque le prince Rupprecht de Bavière était un prétendant plus légitime au trône. Quand j'inscrivais les rois et les reines sur une table généalogique, au lieu d'ancien prétendant et de nouveau prétendant, j'écrivais Jacques III et Charles III. » Chargé d'attaquer les Russes dans un débat à Seacliffe sur la question de savoir « si le Plan quinquennal est une menace pour la civilisation », Esmond avait écrit à son oncle, Winston Churchill, afin d'obtenir son aide pour ce qui était des faits et des chiffres. Churchill avait répondu qu'il était trop occupé pour « me fournir beaucoup d'informations, mais que le point important à souligner était le fait que les Russes avaient assassiné des millions de femmes et d'enfants ». Comme c'était proche de mes propres vues au même âge sur la révolution russe !

À Seacliffe, Esmond avait eu droit à une analyse des trois grands partis politiques anglais très proche de celle dont nous avait gratifiés oncle Geoff à Swinbrook : « Juste avant les élections générales de 1929, Mr Lancaster nous avait fait un bref exposé sur les différents problèmes qui divisaient les trois partis politiques. Les conservateurs, disait-il, étaient partisans de laisser les choses telles qu'elles étaient et de considérer en premier la Grande-Bretagne. Les libéraux étaient en faveur de la construction de nouvelles routes ; et les socialistes voulaient prendre l'argent de tout le monde et plonger le pays dans le chaos. »

La brusque conversion d'Esmond aux idées communistes s'était produite dans des conditions très semblables à celles de ma propre expérience : « J'éprouvais une violente antipathie pour le conservatisme, tel que je le découvrais autour de moi. Je détestais le militarisme, qui m'obligeait à entrer dans une école d'élèves officiers, et j'avais beaucoup lu la littérature pacifiste. Comme bien des gens, je confondais pacifisme et communisme. Alors que

---

1. Les partisans de Jacques II après sa déposition et de ses descendants dans leur prétention au trône britannique après la révolution de 1688.

j'étais à Londres au début des vacances de Pâques de 1933, juste avant de partir pour Dieppe, un marchand des rues m'a vendu un exemplaire du *Daily Worker*. J'étais excité et intrigué, et j'ai demandé qu'on m'envoie le journal tous les jours pendant que je séjournais à Dieppe. Même si je n'ai pas appris grand-chose sur le communisme, j'ai découvert qu'il existait un autre monde que celui dans lequel j'avais grandi. » Cet autre monde ! Et maintenant qu'Esmond s'y était lancé, je l'enviais de tout mon cœur.

Il existait d'autres parallèles. Pendant qu'on se moquait de moi en me traitant de communiste de salle de bal, Giles et Esmond avaient droit à des piques similaires : « Mon oncle [Winston Churchill] trouvait que c'était une formidable plaisanterie que Giles soit considéré comme un "Rouge" ; à l'époque j'étais encore un ardent jacobite. "La Rose rouge et la Rose blanche[1], avait-il l'habitude de nous appeler. »

Nanny et ma mère me faisaient souvent remarquer que, si j'étais véritablement une communiste, je devrais avoir plus de considération pour les membres de la classe ouvrière qui se trouvaient autour de moi : « Little D, j'aimerais qu'une communiste range mieux ses affaires et ne donne pas du travail supplémentaire aux domestiques », disait Muv. De toute évidence, Esmond avait été confronté au même problème avec ses parents : « Il faut garder à l'esprit que, pendant tout ce temps, j'ai vécu dans un monde conservateur très conventionnel. Le conflit entre ce monde et celui qui me rapprochait de mes amis communistes devait inévitablement se produire pour un élève qui s'intéressait à la politique de la gauche. Mes parents voyaient l'absurdité de ma position sans essayer de m'aider. La plupart du temps, ils insistaient scrupuleusement sur la contradiction que je vivais. Si j'étais un communiste, disaient-ils, je devrais sûrement vouloir travailler avec mes camarades. Pour commencer, on me suggérait de faire un peu du travail domestique,

1. Allusion à la guerre des Deux-Roses, la guerre civile qui a déchiré l'Angleterre de 1455 à 1485.

la proposition concrète étant que je fasse les lits et que je cire les chaussures et les bottes. »

En lisant *Out of Bounds*, j'avais l'impression de connaître Esmond. Rebelle, certainement – la « véritable terreur » de l'époque de Chartwell avait grandi, mais il était aussi bien plus que cela. Il était devenu une personne pleine de ressources, avec cette dose supplémentaire d'humour qui vient d'une confiance absolue dans toutes les situations, indestructible, impavide…

Il y avait dans *Out of Bounds* une photo des frères Romilly que je regardais inlassablement. J'avais vu d'autres photos d'Esmond dans les journaux, jugeant la plupart des instantanés insatisfaisants parce qu'ils ne révélaient pas grand-chose de sa personnalité. Sur le frontispice d'*Out of Bounds*, on voyait Giles assis, le regard tourné vers le monde avec une expression légèrement sardonique sur le visage. Esmond était debout, l'air assez sérieux, ses sourcils épais rapprochés, une mèche de cheveux barrant partiellement le front, ses traits assez familiers en raison de la ressemblance avec les enfants Churchill.

Mon exemplaire d'*Out of Bounds* fut pieusement placé dans un endroit privilégié de ma bibliothèque communiste et je revins à ma mauvaise humeur et à ma bouderie.

Chapitre 13

Ma mère n'était pas particulièrement encline à l'inquiétude en ce qui concernait ses enfants. C'était encore une époque très simple pour ce qui était de l'éducation des enfants, bien avant que les idées de la psychologie moderne se soient imposées et aient fait peser sur les parents le fardeau à la fois inquiétant et frustrant de l'inconnaissable. Si de telles idées commençaient à circuler dans certains milieux progressistes, elles n'étaient certainement pas encore arrivées à Swinbrook House.

Les filles devaient être formées, par le précepte et par l'exemple, aux vertus normales de la chasteté, de l'économie, de la bonté envers les animaux, de la considération des domestiques et du bon sens. Elles devaient en général acquérir une bonne connaissance de l'anglais et du français, de l'arithmétique élémentaire et de tout ce qu'elles pouvaient attraper au passage, en savoir assez en matière de cuisine et de domesticité pour être capables de superviser une équipe plus ou moins grande de domestiques après leur mariage. Si, à cette formation, la Nature jugeait bon d'ajouter ces qualités concrètes et universellement appréciées qu'étaient la beauté, le charme et l'esprit, il n'en serait que mieux.

Les objectifs ultimes de cette éducation étaient : le mariage d'amour et non d'intérêt (mais dans les limites de sa propre classe, cela allait sans dire, et de sa nationalité et de sa religion, sauf quelques cas très exceptionnels) ; la fondation d'un foyer honnête et bien tenu ; le dévouement à la communauté et au pays, le caractère spécifique et l'étendue de ce dévouement étant déterminés par ses propres intérêts et par la position particulière de son mari dans la société.

Pour que les six sœurs puissent poursuivre ces objectifs, ma mère avait dépensé une énergie et un temps infinis, et tous les revenus de son élevage de poulets. Mais, en 1935, il devenait parfaitement clair que nous n'étions pas toutes en train de suivre la trajectoire prévue. Pam, il est vrai, avait montré de l'intérêt et des capacités pour la vie dans la campagne anglaise, était pleinement capable de s'occuper d'une maison et avait même géré une ferme pendant quelque temps. Fidèle à son amour précoce des chevaux, elle allait épouser un jockey du nom de Derek Jackson et, à ce jour, elle s'assure les services d'une société d'avocats du nom de Withers. Nancy avait enfin trouvé le bonheur dans le mariage, même si elle faisait définitivement partie d'un milieu très fermé. Peter Rodd, son mari, aimait jouer le rôle du réprouvé. Le scandale du divorce de Diana avait été surmonté, mais elle était toujours regardée d'un œil désapprobateur par l'ensemble de la « vieille génération ». Les activités extrémistes de Boud étaient une chose contre laquelle on ne pouvait pas faire grand-chose, même si on l'avait voulu, et il était évident que la seule pensée d'essayer de dévier cette volonté de fer de la direction choisie pour la diriger vers un domaine plus paisible et plus approprié, était au-dessus des forces de quiconque et même de ma mère.

Alors que ma mère acceptait philosophiquement le fait que ces quatre-là étaient, bien ou mal, plutôt lancées et suivaient leurs trajectoires respectives, j'étais encore dans ses jambes. Ce qui est si bien décrit par l'expression « l'âge difficile » durait, dans mon cas, trop longtemps pour être supportable et je ne donnais cependant aucun signe de pouvoir m'en sortir rapidement. Ma mère ne cherchait jamais à avoir une conversation avec moi sur ce qui pouvait provoquer cette mauvaise humeur insensée. D'une part, elle l'aurait considéré comme une invasion de ma vie privée ; d'autre part, chaque fois que le sujet de mon état d'esprit était abordé, même de façon oblique, cela déclenchait des larmes et des récriminations de ma part sur le fait que je n'avais pas été autorisée à aller à l'école. Mon communisme de salle de bal était considéré comme une plaisanterie sans gravité. Je n'en parlais plus très souvent parce que cette question devenait trop douloureuse et trop sérieuse pour moi.

Les idées selon lesquelles « les filles sont habituellement impatientes et malheureuses jusqu'à ce qu'elles se marient » et « les filles ne se stabilisent vraiment qu'après leur mariage » étaient profondément ancrées dans la conception que ma mère se faisait de l'existence. Elle aurait à juste titre rejeté l'idée selon laquelle ces opinions avaient quoi que ce soit à voir avec le fait, grossièrement formulé, que « cette fille aurait bien besoin d'un homme ». D'après ma mère, tout l'intérêt du mariage, c'est qu'il vous donnait quelque chose à faire, une *façon d'être*[1], une maison à diriger, une routine à suivre ; il procurait le cadre, à la fois constructif et satisfaisant, dans lequel une vie et un avenir pouvaient être projetés.

Non seulement je ne faisais aucun progrès dans cette direction, mais je n'avais même pas constitué un cercle d'amis ou intégré un milieu qui pourrait éventuellement m'y conduire. Il était clair que j'avais besoin de changer d'air, ce bon vieux remède contre les souffrances physiques et émotionnelles. Des préparatifs furent faits pour que Muv, Boud, Debo et moi partions pour une croisière en Méditerranée au printemps 1936.

Naturellement, nous étions toutes enchantées par l'idée. Il m'était même passé par la tête que ce serait une opportunité pour moi de m'enfuir – un coup de foudre avec un paysan sicilien, un berger grec ou un Nord-Africain basané…

La croisière que ma mère avait choisie avait un aspect semi-culturel. La plupart des passagers étaient des élèves d'Eton et d'autres *public schools*, et des gens des universités. Il y avait à bord un chanoine de l'Église d'Angleterre qui faisait des conférences sur l'art mauresque, la philosophie grecque et d'autres thèmes. Il y avait aussi toutes sortes d'autres gens qui, comme nous, s'embarquaient pour quelques semaines de soleil intense et de

---

1. En français dans le texte.

culture superficielle, parmi lesquels un pair du royaume, aux cheveux roux et du nom de Lord Strathmilton. J'écrivis à Nancy, un peu ironique et consciente des intentions de ma mère en nous amenant faire cette croisière : « Il y a un Lord à bord. » Elle me répondit immédiatement :

Il y a un Lord à bord,
Un Lord à bord, a rugi la pauvre Decca,
Mais le Lord à bord est un drôle de cas
Parce que Maud est l'épouse à terre du Lord à bord,
Il y a un Lord à bord…

C'était la première fois au cours de ces dernières années que Boud, Debo et moi nous rendions ensemble quelque part et, malheureusement, cette situation fit pleinement apparaître la « bizarrerie » de notre famille. J'insistais pour organiser un tournoi de « Hure, Hase, Hure, Commencement » pour déterminer le seuil de tolérance à la douleur de nos compagnons de voyage. À la fin d'une conférence du chanoine sur la démocratie, Boud exigea formellement de pouvoir prendre la parole pour louer les vertus de la dictature nazie.

Notre comportement fut continuellement à la limite du tolérable, essayant cette fois de voir jusqu'où nous pourrions aller pour choquer ma mère et les autres passagers de la croisière. Debo et moi prétendions être follement amoureuses de Lord Strathmilton. « Strathmilton le Roux, couche avec nous », chantions-nous sans vergogne, à distance tout juste suffisante pour ne pas être entendues. Nous prenions nos repas à la table du commissaire de bord et c'était chaque fois une occasion de nous montrer insupportables.

« C'est un petit Écossais tellement charmant, disait ma mère. Vraiment, mes enfants, vous devriez vous comporter un peu mieux. Que doit-il penser de vous ? » Mais ses efforts ne faisaient que nous encourager dans l'outrage. Après une journée passée à Gibraltar, où on nous avait montré les fortifications, Debo avait clamé pendant le dîner : « Tu as vu ces boules et ce canon, Decca ? » Nous explosions de rire toutes les trois et les coups de pied sous la table se multipliaient. Ma mère essayait de prévoir et de prévenir les dérives probables de la conversation. À Alger, elle nous mit en garde :

« Écoutez-moi, petites idiotes, vous n'allez pas commencer à parler de ces histoires de trafic de Blanches. On dirait que vous avez toujours ce genre d'histoires à l'esprit. »

Mais le véritable défi à son autorité se produisit à Constantinople. On nous avait fait visiter le palais où l'une des « attractions » était le dernier eunuque, un vieil homme, minuscule et tout ratatiné, avec un visage qui faisait penser à une pomme fripée et une voix aiguë et ronchonne à la fois. Ce soir-là, Muv me demanda de faire venir Boud et Debo dans sa cabine. Elle avait quelque chose de très important à nous dire. À en juger par son visage pétrifié de solennité et par le ton de sa voix, je m'étais dit qu'elle avait sans doute reçu de mauvaises nouvelles de chez nous – peut-être un décès dans la famille – et j'avais le cœur battant de peur quand j'étais partie à la recherche de mes sœurs. Une fois que nous fûmes réunies, ma mère avait annoncé sur le ton le plus grave :

« Bien, mes enfants, il n'est pas question que vous mentionniez cet eunuque pendant le dîner. »

Nous avions hurlé de rire et, même si nous n'avions pas osé lui désobéir, nous n'avions pas cessé de faire référence pendant le dîner au « tu sais quoi » avec des regards entendus et un fou rire réprimé.

En dépit de tous ces rires et de toute cette insolence, mes rapports avec Boud étaient sous-tendus par une aigreur croissante. Celle-ci s'enflamma pour devenir une hostilité ouverte à la fin du voyage, lorsque nous fîmes escale dans un port du Sud de l'Espagne et fûmes conduites en voiture jusqu'à Grenade pour voir l'Alhambra. Boud avait tenu à porter son svastika épinglé sur la poitrine. Les voitures de la croisière se garèrent sur la grande place d'un blanc éclatant. Des Espagnols curieux s'approchèrent pour voir de plus près les touristes. Leur intérêt sympathique tourna rapidement à la rage quand ils virent le svastika de Boud. Elle fut rapidement entourée par une foule hostile, qui l'insultait bruyamment, tirait sur ses vêtements et tentait d'arracher le symbole tellement haï. Les autres membres de la croisière remontèrent rapidement dans les voitures et nous prîmes le chemin du retour, long et misérable, au bateau. Pendant le trajet, Boud et moi eûmes une violente querelle qui se termina par des coups de poing et des cheveux tirés, et ma mère, fort contrariée, nous consigna dans nos cabines dès que nous fûmes remontées à bord.

Allongée sur ma couchette, inconsolable, je passais en revue les différentes décisions que j'aurais pu prendre. Avais-je loupé une occasion idéale de m'enfuir ? Aurais-je pu disparaître dans cette ville ensoleillée et chaude, qui embaumait l'ail si attirant et si peu familier, me perdre au milieu de cette foule animée et de ces visages sombres, me mêler à eux et vivre ma vie avec eux ? Peu probable, pensais-je tristement. Des visions de la police locale et des consuls britanniques lancés à ma poursuite me vinrent immédiatement à l'esprit et il me fallut admettre qu'ils n'auraient pas eu à être de fins limiers pour retrouver ma trace dans mon tailleur en lin blanc, mon panama, mes chaussures Oxford toutes neuves, et ignorant totalement la langue espagnole…

Chapitre 14

Après la croisière, nous passâmes plusieurs mois à Londres, la maison de Swinbrook ayant été louée pratiquement pour toute l'année.

Autour du piano après le dîner, où nous étions souvent rassemblées pour chanter accompagnées par ma mère, nos vieilles chansons favorites comme *Grace Darling*, *The Last Rose of Summer*, *I'll Sing Thee Songs of Araby* et *I Dreamed that I Dwelt in Marble Halls* avaient été remplacées. Le salon résonnait désormais des accords de *Horst-Wessel-Lied*, *Deutschland über alles*, *Die Wacht am Rhein*. Boud et moi avions appris des paroles rivales pour les mêmes airs et pendant que son énorme voix faisait retentir le dernier hymne à la gloire du Führer : « *Und jeder S.A. Mann ruft mutig : Heil Hitler ! Wir stürzen den Jüdischen Thron* », je contrais en tentant vainement de noyer sa voix : « Et chaque hélice rugit Front rouge ! Défense de l'URSS. »

Nous étions obsédées par la politique. Des batailles quotidiennes avaient lieu pour la possession des dernières éditions des journaux. L'écoute rituelle des nouvelles de la BBC était souvent le signal du déclenchement des hostilités avec Boud, si elle était à la maison ou, quand elle était absente, avec mes parents.

C'était certainement une année riche en événements. Aussi terrifiants que les premières secousses précédant un tremblement de terre majeur, comme les premières gouttes de pluie extraordinairement lourdes qui annoncent un orage énorme, les événements de l'année 1936 dessinèrent l'allure générale de la décade à venir.

Le fascisme était passé à l'attaque un peu partout. Au printemps, l'Éthiopie était tombée entre les mains des Italiens et Hitler avait occupé la Rhénanie. Les *Tories* britanniques observaient nerveusement, ceux qui étaient au pouvoir disant aussi peu que possible. Stanley Baldwin, le Premier ministre, le plus silencieux d'entre eux, avait acquis le surnom de « Bouche cousue ». D'autres qui se trouvaient dans des positions moins influentes espéraient à voix haute qu'il serait possible de lâcher Hitler sur la Russie, avant que d'autres attaques plus gênantes ne soient lancées en direction de l'Europe occidentale. Lloyd George avait averti que le renversement du nazisme pourrait conduire à une menace plus grande encore : une Allemagne communiste. Le *Daily Mail*, jusque-là méprisé par mes parents comme un des exemples les plus horribles de la presse populiste, se mit soudain à refléter parfaitement leurs opinions dans ses éditoriaux : « Les vaillants jeunes nazis d'Allemagne sont les gardiens de l'Europe contre le danger communiste. Une fois que l'Allemagne aura acquis le territoire supplémentaire dont elle a besoin en Russie occidentale, le problème du corridor de Dantzig pourra être résolu sans difficulté. »

Winston Churchill, depuis longtemps éloigné du gouvernement et une épine dans le flanc de son parti, tonnait : « Sommes-nous une foule qui fuit devant des forces contre lesquelles elle ne peut résister ? »

Ma mère disait que Winston était un homme dangereux et que c'était une bonne chose qu'il eût si peu d'influence parmi les conservateurs. Les communistes, souvent rejoints par des porte-parole du Parti travailliste et des libéraux de tous les partis, réclamaient à hauts cris un plan de sécurité pour l'Union soviétique contre la menace hitlérienne.

En juillet, Franco lança son attaque contre le gouvernement du Front populaire espagnol. Des noms mélodieux, peu familiers, de villes espagnoles remplissaient les bulletins d'informations (mal prononcés dans la tradition de la diction de la BBC, comme s'ils avaient été des noms anglais) : Malaga, Cueva, Badajoz, Casablanca ; et à chaque nom correspondait une nouvelle offensive fasciste. Considérée au départ comme une rébellion insignifiante, menée par des généraux mécontents, la guerre civile prit rapidement des proportions dramatiques. « Le terrain d'essai pour une seconde guerre mondiale », disaient certains commentaires politiques éclairés. La rumeur courut et fut vite confirmée que des troupes et des avions italiens et allemands étaient envoyés en masse en Espagne.

Les différents membres de la famille choisirent leur camp. Nancy et Peter Rodd étaient fortement en faveur des loyalistes ; Peter avait même évoqué de manière désinvolte la possibilité pour lui de rejoindre les Brigades internationales tout juste créées. Il s'imaginait assez bien en mercenaire et prétendait avoir passé une grande partie de sa jeunesse à organiser des révolutions dans divers pays d'Amérique du Sud. Les oncles et les tantes étaient modérément partisans de Franco, les Révérés fortement, Diana et Boud violemment. Elles annoncèrent que Hitler avait proclamé Franco « Aryen honoraire », un titre qu'il avait déjà accordé à Mussolini et à l'empereur du Japon. « Je suppose donc que les mercenaires maures sont des Aryens honoraires honoraires honoraires ? »

La guerre en Espagne devint inévitablement ma préoccupation majeure. Dès lors, je fus complètement obsédée par le moyen de m'y rendre. Je méditais sans fin des plans d'action que je finissais par abandonner. Cela devait pourtant être possible. L'idée du monstre du loch Ness me faisait l'effet à présent d'être incroyablement puérile et dénuée de sens. Elle aurait été vouée à l'échec, je m'en rendais bien compte. Mais j'avais mûri et mon compte Fuite sans retour avait pris des proportions tout à fait satisfaisantes – j'avais presque cinquante livres. Je découpais des photos de femmes de la guérilla dans les journaux, des femmes à l'air déterminé, résolu, tendu, aux regards acérés, aux visages émaciés, certaines ayant une quarantaine d'années, d'autres encore des petites filles ou presque. Comment prendre place à leurs côtés ? J'avais pensé demander son avis à Peter Rodd. Mais non, il en ferait sûrement un sujet de plaisanterie et les Révérés finiraient par tout découvrir. La sensation désormais familière de l'envie me transperçait comme un coup de poignard chaque fois que j'entendais un cousin ou une cousine dire à ma mère :

« Pauvre Nellie, elle traverse une drôle d'épreuve avec ses garçons. Naturellement, Esmond a toujours été le plus intenable des deux. Elle me disait l'autre jour qu'elle redoutait de le voir perdre la tête. Il va partir se battre en Espagne à présent ; il a rejoint les Rouges… »

Quelque chose de plus proche de chez nous, une sorte de sombre pressentiment, visant plus directement l'ordre établi que ces affrontements à l'étranger, occupait les pensées et les conversations de la société londonienne. La monarchie britannique était maintenant menacée et, au milieu de tous les périls possibles, par une femme américaine au nom improbable et extraordinairement peu avenant de Wallis Simpson.

« Elle ne peut pas avoir pour prénom Wallis. Les journaux ont dû se tromper. Vous savez bien qu'ils font des erreurs sur tous les sujets. »

« Les enfants ! Je vous interdis de parler de cette horrible femme devant les domestiques. Et je ne veux pas que vous apportiez à la maison ces magazines américains. »

En fait, les exemplaires non censurés du *Time*, la première publication à avoir fait état du scandale, étaient très difficiles à trouver. Seuls ceux qui avaient la chance de connaître quelqu'un qui était abonné au magazine en Amérique étaient en mesure de suivre les progrès de cette aventure choquante, semaine après semaine. Pour les exemplaires qu'on trouvait sur les stands de journaux, toutes les références qui y étaient faites avaient été soigneusement découpées aux ciseaux.

Peter Nevile, une de mes relations récentes, m'apportait les derniers exemplaires non censurés du *Time*. Peter était un jeune homme, grand et maigre, avec un accent américain très artificiel ; il était allé une fois aux États-Unis passer quelques semaines et il était devenu un grand fanatique de tout ce qui était transatlantique. La grande fascination qu'il exerçait pour moi ne résidait pas dans son allure peu recommandable et son étrange façon de parler, mais dans le fait qu'il était un ami des deux frères Romilly, un ardent défenseur des loyalistes et un grand admirateur d'Esmond. Ce dernier était évidemment le mentor politique de Peter et comme il n'était pas disponible pour une consultation, Peter essayait d'imaginer quelle direction prendrait son action dans la crise politique qui secouait l'Angleterre à propos du roi et de Mrs Simpson. La confrontation n'allait pas tarder : Mrs Simpson avait obtenu son divorce et simultanément la rumeur voulait que Baldwin et l'archevêque de Canterbury aient fait pression sur le roi pour qu'il choisisse entre Wallis et le Trône. Je me fichais pas mal de savoir quelle serait l'issue de la crise. Les aspects romantiques me paraissaient intensément ennuyeux : deux personnes qui n'étaient plus toutes jeunes et qui n'avaient rien fait d'exceptionnel, c'était bien moins intéressant que la star de cinéma ordinaire. De plus, Edward avait récemment confessé son admiration pour le régime de Hitler. Mais Peter insistait :

« Le temps de l'action est venu ! Une manifestation devant Buckingham Palace – ce serait le truc parfait.

– Comment organiser la manifestation ?

– Nous partirons de Hyde Park, le dimanche après-midi – nous n'aurons pas besoin d'être nombreux, parce que, une fois que nous aurons démarré, des milliers de gens vont se joindre à nous. Tu peux visualiser la scène ? "À bas, Baldwin !" sera leur cri. Les journaux du lendemain seront remplis de photos et d'articles sur cette foule immense. Comme un feu de forêt, les nouvelles de notre manifestation se déploieront dans les provinces. Le surlendemain, le gouvernement tory tombera… »

L'enthousiasme de Peter était contagieux. Était-il possible que lui et moi puissions tout simplement provoquer la chute des conservateurs ? Pourquoi pas ? J'aimais tout particulièrement l'idée des nouvelles se déployant dans les provinces comme « un feu de forêt », une façon d'évoquer la campagne anglaise qui ne me serait jamais venue à l'esprit, mais paraissait si juste dans le contexte – c'était une image qui semblait tirée d'un livre d'histoire.

J'ai retrouvé Peter au point convenu dans Hyde Park, le dimanche suivant. Il avait convaincu quelques autres personnes de participer à la manifestation et nous avons brandi nos pancartes fabriquées à la maison et couvertes de slogans du genre « Edward a raison, Baldwin a tort », « Baldwin – démission ! », « Longue vie à Edward ! » J'éprouvais un certain malaise en pensant que tout cela était une forme de royalisme et un malaise plus prononcé à l'idée que mes parents puissent découvrir que j'avais participé à la manifestation.

Nous étions un petit groupe de gens bizarrement assortis. Peter avait réuni quelques amis en pull à col roulé, quelques filles de la haute société, quelques poètes jamais publiés. Après avoir attendu pendant une heure environ que les autres arrivent, tapant des pieds pour nous réchauffer dans l'atmosphère glacée, nous avons entamé notre marche en direction de Buckingham Palace. À ma grande surprise, nous avons réussi à attirer, non pas les milliers que Peter avait imaginés, mais quelque cinquante curieux qui se sont joints à nous. Une fois devant le palais, nous avons clamé : « Nous voulons Edward ! » Quelques badauds se sont arrêtés pour nous regarder d'un œil hébété.

« Tu vois, le truc est en train de prendre », a murmuré Peter, très excité. Au bout d'une demi-heure, quand il devint évident qu'Edward ne ferait aucune apparition et que certains d'entre nous commençaient à avoir vraiment froid, j'ai suggéré d'emmener la manifestation devant le 10 Downing Street.

« Cela fait du sens, politiquement, et puis cette marche va nous réchauffer », ai-je dit d'une voix pressante.

Peter a pensé que c'était une excellente suggestion. Il s'est tourné vers ses sympathisants. « À Downing Street ! » s'est-il écrié, les mettant en marche avec un grand geste du bras et prenant la tête de la manifestation en direction de Constitution Hill. Des murmures de doute se sont fait entendre parmi les manifestants :

« Je ne crois pas que ce soit le bon chemin pour Downing Street, non ? »

À la fin, nous avons dû arrêter un policier à cheval.

« Pouvez-vous nous indiquer la direction de Downing Street, mon bon ? » a demandé Peter, de la manière la plus condescendante possible. Le policier a tiré sur les rênes et salué respectueusement. « Certainement, monsieur. Oui, monsieur. J'ai bien peur que vous n'ayez pris la mauvaise direction. » D'une main gantée, il a indiqué la bonne. Sans la moindre gêne, Peter est reparti en sens inverse et a répété son geste de ralliement. « À Downing Street ! » s'est-il écrié de nouveau et tous, nous l'avons suivi docilement. Mais lorsque nous y sommes arrivés, Downing Street était bloquée. « Manœuvre typique de la classe dominante ! » a dit Peter, même si j'ai eu l'impression qu'il s'agissait de simples travaux de voirie dans la rue. Les manifestants, murmurant que c'était l'heure du thé, se sont lentement dispersés.

L'expérience m'a fait perdre toute foi dans les qualités de dirigeant politique de Peter. S'il s'était au moins renseigné à l'avance sur le chemin à suivre pour se rendre à Downing Street, nous n'aurions pas eu à nous adresser à un policier, Ennemi Traditionnel de la Classe Ouvrière. De plus, les provinces étaient restées d'un calme inquiétant et très peu ébranlées par nos efforts. Quant au gouvernement tory, loin de tomber, il a remporté la victoire peu de temps après, quand Edward a abdiqué conformément à ce que souhaitaient les conservateurs.

Cependant, Peter est resté mon unique contact avec les partisans des loyalistes et je m'accrochais à lui avec toute l'énergie dont j'étais capable. Je le consultai ouvertement sur les façons et les moyens de se rendre en Espagne et il proposa immédiatement de me faire rencontrer Giles Romilly.

Nous nous sommes retrouvés à Lyons Corner House près de Marble Arch, cet immense et anonyme salon de thé qui a les dimensions d'un stade, où les probabilités de tomber sur une de vos connaissances sont vraiment réduites. J'aurais reconnu Giles n'importe où. Il était assis, légèrement penché sur son thé, jetant autour de lui des regards un peu amusés sur le monde, ce regard que j'avais observé si souvent sur le frontispice d'*Out of Bounds*. Il m'a annoncé qu'il pensait partir en Espagne pour rejoindre les Brigades internationales.

« C'est ce que je veux faire. Vous pourriez arranger ça pour moi ? » ai-je demandé, un peu réticente, gênée à l'idée qu'il puisse rire de moi secrètement (je ne lui avais pas raconté que, quelques jours auparavant, j'avais téléphoné au quartier général du Parti communiste pour demander s'il avait besoin de femmes pour s'engager dans la guérilla – une voix à l'accent cockney m'avait répondu sèchement : « Nous ne savons rien de tout ça ici ! »).

Giles a répondu qu'il essaierait de m'aider. Il m'a dit avoir un ami, traducteur de poésie française, qui était en contact avec les partisans des loyalistes à Paris. Je l'ai supplié d'obtenir de son ami une lettre d'introduction pour moi.

« Que dois-je leur dire que vous voudriez faire en Espagne ? a-t-il demandé.

– Je pourrais être infirmière », ai-je répondu de manière peu convaincante, pensant qu'une fois là-bas il ne serait pas difficile de rejoindre la guérilla. Giles partageait mon avis et quelques jours plus tard, quand nous nous revîmes, il avait ma lettre d'introduction. Je m'effondrai quand je lus : « *Mademoiselle Mitford est une nourrice expériencée*[1]. »

« Votre ami ne doit pas être un très bon traducteur, ai-je dit, un peu contrariée. *Nourrice* veut dire que je suis prête à allaiter. Il aurait dû écrire *infirmière*. Comment puis-je aller en Espagne et me présenter comme nourrice ? » J'ai toutefois gardé la lettre, au cas où. Giles m'a fait savoir qu'il me faudrait passer au moins deux semaines à Paris et que rien ne garantissait que je pourrais me rendre en Espagne.

Entre-temps, notre séjour à Londres touchait à sa fin et nous devions partir pour l'Écosse. J'étais paralysée par l'indécision, ne sachant si je devais ou non utiliser cette lettre de recommandation comme « nourrice ». La difficulté principale serait les deux semaines à passer à Paris. Il était fort probable que mon départ allait provoquer des cris outragés de tout le monde et que je serais ramenée chez moi de force, pensée qui m'était intolérable.

---

1. En français dans le texte (sic).

Pour finir, j'accompagnai mes parents en Écosse.

Une fois là-bas, mes problèmes devinrent pleinement évidents. C'était encore plus ennuyeux que Swinbrook, parce qu'il n'y avait pas grand-chose à lire. Mes cousines écossaises me faisaient l'effet d'être insupportablement paysannes et elles refusaient de se joindre à nous pour notre sport préféré : « choquer les adultes ». En fait, c'étaient des filles parfaitement gentilles et bien élevées. Les cousins Joe et Bridget Airlie, les parents de ces filles charmantes, nous rendaient visite très souvent. D'un point de vue politique, les Airlie étaient en général d'accord avec mes parents ou pourraient être décrits plus précisément comme étant situés légèrement à gauche d'eux, parce qu'ils ne pensaient pas beaucoup de bien de « ce type, Hitler ». Ils désapprouvaient l'attitude de Boud et la publicité qu'elle faisait à la famille en participant à tous ces rassemblements fascistes.

Cousine Bridget et ma mère allaient passer de longues heures à discuter, j'en étais sûre, de moi et du problème que j'étais en train de devenir. Résultat probable de ces discussions, ma mère avait pris des dispositions pour nous emmener, Debo et moi, faire une croisière autour du monde, accompagnées d'une fille de mon âge du nom de Dora Stanley. Cet excitant projet de voyage fut gâché par ma mauvaise humeur. Je me souviens d'avoir passé toute une soirée à débattre amèrement pour savoir si nous serions autorisées à descendre à Port-Saïd. Ma mère soutenait que ce serait tout à fait « inconvenant » pour nous, mais j'insistais pour voir les types qui faisaient le trafic des Blanches dans leur habitat naturel (nous étions toutes sûres qu'ils composaient la majorité de la population de Port-Saïd). Et j'avais même marmonné que tomber entre leurs mains serait un changement bienvenu après l'Écosse – ce qui eut pour effet de mettre un terme à la soirée.

« Tu es très stupide, Little D », déclara ma mère en s'éloignant d'un pas décidé pour aller se coucher.

Après chacune de ces disputes, j'étais furieuse contre moi-même parce que je comprenais vaguement que ma mère essayait seulement de m'arracher aux accès de mauvaise humeur dans lesquels je sombrais régulièrement. En fait, toute cette histoire de croisière autour du monde avait été planifiée pour mon seul bénéfice, essentiellement, puisqu'il faudrait attendre encore au moins deux ans avant d'avoir à s'inquiéter du sort de Debo qui n'avait que seize ans. Elle avait cessé les leçons depuis un certain temps parce qu'elles lui donnaient mal à la tête, avait-elle dit. Elle était toujours formidablement heureuse cependant à la campagne et n'avait jusqu'à présent donné aucun signe alarmant.

En lisant et en écoutant les nouvelles concernant le front de Madrid, la farce de la politique de « non-intervention » de l'Angleterre et la cruauté barbare des forces nazies et fascistes en Espagne, j'avais l'impression de trahir tout ce qu'il y avait d'honnête dans le monde. Je me méprisais de vivre dans ce luxe, soutenue et entretenue par les gens mêmes qui rendaient possible cette politique de non-intervention.

Peu de temps avant Noël, les journaux publièrent un autre article à propos d'Esmond, cette fois sous la forme d'une dépêche de lui dans le *News Chronicle* :

« Il y a douze jours, nous avions 120 hommes – aujourd'hui 37 », annonçait le titre. « Le neveu de Winston Churchill envoie un message de guerre parfaitement clair ».

L'histoire était envoyée d'Albacete : « Esmond Romilly, âgé de dix-huit ans, neveu de Winston Churchill et membre d'une des plus anciennes familles d'Angleterre, récolte tous les lauriers pour son courage devant l'ennemi. Il sert dans les Brigades internationales qui se battent pour le gouvernement espagnol et la défense de Madrid. » L'histoire se poursuivait en reproduisant les propres mots d'Esmond :

« Nous venons de rentrer de douze jours passés sur le front de Madrid. Expériences à ce jour :

Bombardements aériens de nos positions.

Traversée à découvert de champs labourés sous le feu des mitrailleuses et des fusils ennemis.

Bombardements imprévus par nos propres chars.

Trop de morts partout…

Notre compagnie a commencé, il y a douze jours, avec 120 hommes. Effectifs aujourd'hui : 37.

Le bout de conversation qui suit est un bon résumé de la façon dont cette guerre est menée :

"Tu as du feu pour allumer ma grenade ?

– Désolé, vieux. Pas d'allumettes…"

C'est le pays de *mañana*. Parfois, on se rend sur le mauvais front et on revient. Madrid, bien entendu, n'a pas fière allure – avec les bombardements aériens constants et les tirs d'artillerie continus. Trois de nos hommes ont été tués par des balles dum-dum.

Hier, à Madrid, nous avons vu une délégation du Parlement britannique. Ils avaient l'air incroyablement déplacés – des *Tories* et des libéraux en train de poser des questions à propos du café chaud.

La section dans laquelle nous nous trouvions est allemande. Certains d'entre eux sont terriblement courageux. Leur idée est de marcher devant les chars d'assaut comme les hommes avec les drapeaux rouges devant les trains en 1840.

Pire expérience jusqu'à présent : creuser une tranchée derrière des arbres dans un champ labouré sous le feu d'une mitrailleuse. Puis nous avons reçu l'ordre de revenir nous mettre à couvert. J'ai glissé dans un trou d'obus et je suis tombé – ensuite, un rugissement assourdissant qui a failli me crever les tympans. C'était un de nos chars qui tirait cinq mètres derrière moi.

La plupart des gens qui sont ici ont à présent abandonné l'idée de pouvoir un jour rentrer en Grande-Bretagne. Les chiffres des pertes dans notre compagnie expliquent pourquoi.

Naturellement, nous faisons des prisonniers, mais tout le monde de notre côté préférerait se tirer une balle dans la tête plutôt que d'être fait prisonnier.

Lorsque nous sommes arrivés ici, je pensais que nous serions dans des tranchées, mais il n'y en a pas une dans tout notre secteur…

La milice n'existe plus officiellement et je suis par conséquent un soldat de l'Armée républicaine espagnole à présent.

Pourtant, je suis sûr que nous allons gagner… Mais quelle victoire ce sera. »

J'ai découpé l'histoire et je l'ai rangée dans mon exemplaire d'*Out of Bounds*. Quelques soirs plus tard, les Airlie ont donné un « bal pour les domestiques », qui faisait partie des festivités de Noël à Cortachy. Les gardes-chasses, les palefreniers, les valets, les cuisinières, les femmes de chambre et leurs familles se sont réunis au château pour l'occasion. Tous les hommes portaient des kilts et les femmes, leurs plus belles robes. À un moment bien déterminé, la famille Ogilvy et nous sommes descendus au bal. J'ai réprimé des larmes pendant que j'observais mon cousin Joe Airlie, en tant que « chef de famille », ouvrir le bal avec la première femme de chambre et ma cousine Bridget avec le majordome. Tout paraissait si joyeux et déplacé que c'en était révoltant, un contraste choquant avec les titres des quotidiens. Tandis que les cornemuses endiablées s'éloignaient, je me suis assise, pétrifiée d'ennui et silencieuse.

Ce soir-là, il y a eu une discussion concernant l'article du *News Chronicle* : « Pauvre Nellie, elle doit être bien inquiète ; ces deux garçons sont absolument horribles ; deux misérables. Dommage que leur père ne les ait pas mieux pris en main quand ils étaient petits. » Comme d'habitude, la suggestion d'une bonne série de coups de cravache concluait la discussion.

Peu de temps après, la nouvelle nous parvint qu'Esmond Romilly était « invalide » pour la guerre d'Espagne et, de retour en Angleterre, était convalescent dans un hôpital.

Notre séjour en Écosse touchait à sa fin et les deux mois qui allaient suivre seraient consacrés à notre intense préparation de la croisière autour du monde. Nous allions toutes avoir besoin de nouveaux vêtements pour toutes sortes de climats, du tropical à l'arctique. Ma mère, Debo et moi allions repartir vers notre maison du 26 Rutland Gate pour procéder aux indispensables préparatifs afin de pouvoir nous embarquer en mars.

Juste avant notre départ, me parvint une invitation à venir passer un week-end à Havering House, la maison de notre cousine Dorothy Allhusen, près de Marlborough. Lorsque ma mère me fit part de l'invitation, une idée excitante me traversa l'esprit. Peut-être qu'Esmond y serait. Cousine Dorothy était la parente plus âgée qui s'était portée volontaire pour être sa tutrice quand il avait été libéré de la maison de redressement. Je savais qu'il avait fait de longs séjours chez elle et avait même écrit *Out of Bounds* pendant qu'il vivait chez elle. Par conséquent, continuais-je à raisonner, elle doit être une des rares adultes avec qui il est encore en bons termes. Devrais-je enfin le rencontrer ? Superstitieuse, je tentais de chasser la pensée de mon esprit, craignant de ressentir une déception si je m'y laissais aller.

Chapitre 15

La maison de cousine Dorothy était plaisante et d'un confort délirant. À la différence de la plupart des maisons de campagne anglaises, les chambres étaient superbement bien chauffées. Vous aviez le sentiment que les feux flambaient en permanence dans les cheminées pendant tout l'hiver. Comme c'était une maison sans enfants, il y régnait une atmosphère hors du temps, pure, qui faisait souvent défaut dans les maisons des autres tantes et cousines. Il y avait quelques touches désuètes : des oranges piquées de clous de girofle dans les tiroirs des commodes, le thé très tôt le matin dans les chambres, et des choses savoureuses à la fin du dîner – champignons ou foies de poulet enrobés de bacon. Cousine Dorothy aimait la compagnie et elle était particulièrement gentille envers les jeunes gens, à la différence là encore de la plupart des adultes.

Je fus la première des invités à arriver pour le week-end, ayant pris un train tôt le matin qui arriva à destination en début d'après-midi, le vendredi. Pendant que nous prenions le thé dans le salon, cousine Dorothy m'a fait savoir qui étaient les autres invités : « Un très gentil couple américain (elle avait la réputation d'avoir "un faible pour les Américains"), et ton cousin, Esmond Romilly. Il vient de rentrer d'Espagne. J'imagine que tu l'as lu dans les journaux. »

Un instant, j'ai cru m'évanouir.

Bien sûr, j'avais été amoureuse d'Esmond depuis des années, dès que j'avais entendu parler de lui. J'étais convaincue qu'on peut rendre amoureux n'importe qui si on se concentrait suffisamment

– mes sœurs aînées me l'avaient dit et j'avais le sentiment que c'était vrai. Maintenant que j'allais enfin le rencontrer, j'étais pleine de doutes et d'appréhension.

J'ai pensé sombrement à la compétition de toutes les amies inconnues qu'il avait et que je devais affronter. J'ai imaginé des sylphides à la Elisabeth Bergner dans l'East End, des femmes plus âgées et séduisantes s'activant dans les mouvements de gauche et même de courageuses combattantes de la guérilla sur le front en Espagne. Toutes indubitablement et magnifiquement minces.

J'ai passé un temps exceptionnellement long à me préparer pour le dîner. Dans la lueur rose projetée par les jolis abat-jour de ma chambre, je me suis dit que je n'étais vraiment pas si mal. Je pouvais entendre la rumeur excitée des invités qui arrivaient à l'étage au-dessous.

Ma robe était en lamé mauve et descendait jusqu'au sol ; elle était très jolie, mais elle n'était pas très confortable. J'ai remarqué, à ma grande gêne, qu'elle sentait un peu. Lorsque j'ai quitté ma chambre bien chauffée pour me retrouver sur le palier et dans les escaliers glacials, j'avais la peau parcourue de picotements et je transpirais légèrement.

Les autres invités étaient rassemblés autour du feu dans le salon.

« Decca, Mrs Scott et Mr Scott, ma jeune cousine, Miss Mitford. Et ton cousin, ma chère, Esmond Romilly. Tu dois avoir un peu froid. Je te sers un verre de sherry ? »

Les présentations faites, j'ai commencé à bavarder avec Mr Scott, un jeune instituteur américain, tout en observant Esmond du coin de l'œil. Il était plus petit que je ne l'avais imaginé, très mince, avec des yeux très brillants et des cils étonnamment longs.

Au dîner, j'étais assise entre Esmond et Mr Scott. Ce ne fut qu'au milieu du dîner que j'eus la chance de pouvoir lui parler.

« Esmond, avez-vous l'intention de retourner en Espagne ? ai-je demandé.

– Oui. Je crois que je vais repartir dans une semaine environ. »

Aucune raison de tourner autour du pot – c'était maintenant ou jamais. Éprouvant une étrange sensation, comme si je m'étais apprêtée à plonger d'une grande hauteur dans des eaux inconnues, j'ai dit à voix basse :

« Euh… Je me demandais s'il vous serait possible de m'emmener avec vous.

– Oui, je pourrais. Mais n'en parlons pas maintenant », a-t-il répondu, en jetant des coups d'œil autour de lui pour vérifier que personne ne nous écoutait. Il donnait l'impression de s'être attendu à ma question et d'avoir déjà pris sa décision quant à la réponse à donner. Par la suite, j'ai appris que Peter et Giles avaient raconté à Esmond que j'avais essayé sans succès de me rendre en Espagne. Avec son enthousiasme habituel pour tout compagnon d'évasion, il avait déjà réfléchi à différentes manières de m'aider.

Cousine Dorothy traitait Esmond avec la plus grande affection, un peu comme une mère très aimante traiterait un petit garçon espiègle. Lui, à son tour, jouait le jeu et les plaisanteries fusaient entre eux à propos de l'état répugnant de ses chaussettes, découvertes par la femme de chambre qui avait défait ses bagages et sur la question de savoir si son état de santé lui permettait d'ingurgiter d'énormes quantités de pudding comme il le faisait.

Après dîner, elle avait insisté pour qu'il raconte ses expériences au sein des Brigades internationales ; mais il s'intéressait plus à la politique de la Grande-Bretagne concernant la guerre civile et à la façon dont elle pourrait être modifiée. Il refusait d'être traité comme « quelqu'un d'influent » ou de se vanter en aucune façon de ses exploits. Le couple des Scott était de toute évidence très impressionné par lui. Je me contentais d'observer et d'écouter, parce que j'avais l'impression que l'objectif de toute une vie était sur le point d'être atteint. Pour une raison quelconque, je ne m'étais pas inquiétée un instant qu'Esmond puisse changer d'avis ou que quelque chose aurait pu nous empêcher de partir.

Cette nuit-là, je restai étendue sur mon lit, tendue par l'excitation et l'attente. Je me suis réveillée avant l'arrivée du thé et des toasts à sept heures trente et j'étais la première à la table du petit-déjeuner. Esmond est descendu peu de temps après. « Nous allons parler de nos plans tout à l'heure », a-t-il dit entre deux bouchées d'œufs et de saucisses.

Après le petit-déjeuner, il y a eu le rassemblement un peu machinal des invités dans le salon, froissant les journaux du matin et allumant des cigarettes.

Esmond avait l'air de guetter le moment opportun pour m'attirer à l'écart, comme un joueur de mikado relevant un bâtonnet d'ivoire sans faire bouger l'enchevêtrement des autres. Il a suggéré d'aller faire une promenade. Les Scott ont levé la tête avec une lueur d'espoir dans le regard. « Nous ne serons pas longs », a dit Esmond d'une voix ferme et avec une détermination suffisante pour les empêcher de nous accompagner.

Nous avons marché dans la campagne boueuse et glacée, Esmond parlant nerveusement et rapidement, la tête penchée dans le vent. Il en est venu immédiatement aux plans pour notre fuite. Le *News Chronicle* lui avait déjà proposé une avance de dix livres pour être son correspondant en Espagne. Je pouvais l'accompagner en tant que sa secrétaire. « Mais je ne sais pas taper à la machine », ai-je dit, me sentant désespérément bête et inadéquate. Esmond m'a assuré que cela n'aurait vraiment aucune importance, dans la mesure où il tapait tout lui-même de toute façon. Je lui ai parlé de mes cinquante livres sur mon compte Fuite sans retour. Son visage s'est éclairé, enchanté. « C'est absolument merveilleux », a-t-il dit avec un intérêt et un enthousiasme intenses. On aurait dit que c'était une compensation pour mon incapacité à taper à la machine.

Le problème vraiment pressant était de savoir comment j'allais pouvoir exécuter ma part du plan. Comment allais-je pouvoir m'éloigner de chez moi pendant un certain temps sans attirer les soupçons ? Bien entendu, je n'avais cessé d'y penser pendant toute la nuit et j'avais fièrement révélé à Esmond ce que j'avais l'intention de faire. J'allais mettre dans la confidence ma cousine Robin, qui était maintenant mariée et vivait à la campagne, et je dirais à ma mère que je partais passer le week-end chez ma cousine. Et je convaincrais Robin de me couvrir si quelqu'un tentait de me joindre chez elle.

Esmond opposa immédiatement son veto à ce projet. Il m'expliqua patiemment combien de règles primordiales d'une fuite réussie il violait. Pas une âme ne devait être au courant, ce serait trop risqué ; un week-end ne serait pas une période de temps suffisante pour se rendre en Espagne, car des circonstances inattendues pourraient fort bien nous retarder. J'étais légèrement déçue, parce que j'avais anticipé une longue conversation avec Robin et Idden et savouré le délice de pouvoir les choquer, dès que j'aurais été de retour à Londres.

Nous approchions d'un champ qui avait été moissonné.

« Crois-tu que tu pourrais traverser ce champ en courant avec tout ton équipement sur le dos ? a soudain demandé Esmond.

– Oh… je suis sûre que oui », mais j'avais dû pâlir légèrement, parce qu'il avait ri et dit :

« Bon. Tu n'auras peut-être pas à le faire. Mais ce ne serait pas une mauvaise idée de t'entraîner dans les jours qui viennent, au cas où. »

J'ai été soulagée quand il a abandonné le sujet pour revenir aux méthodes d'évasion. Nous aurions besoin, insistait-il, d'au moins deux semaines de tranquillité. Je devais penser à une excuse qui me permettrait d'être loin de chez moi sans être soupçonnée pendant ce laps de temps, à quelque chose qui obtiendrait l'entière approbation de mes parents, de manière à réduire au mieux leur suspicion.

Soudain, une idée m'a traversé l'esprit. Je venais de recevoir une lettre des jumelles Paget, des filles qui avaient été débutantes en même temps que moi. Elles me disaient qu'elles allaient passer plusieurs mois en Autriche. Il n'y avait donc aucun risque que ma mère puisse tomber sur elles à Londres. Elle connaissait à peine leur tante chez qui elles vivaient, ce qui diminuait le risque de ce côté-là aussi. Je pourrais imiter leur écriture et écrire une lettre dans laquelle les jumelles m'invitaient à les rejoindre en Autriche.

Esmond fut immédiatement enthousiaste. Il examina l'idée sous tous les angles, en discuta à sa manière bizarre et désordonnée, l'élagua et l'amenda. Plutôt que d'Autriche, l'invitation devait venir de Dieppe, où la tante Paget aurait pu louer une maison pour quelques semaines. De cette façon, mon trajet jusqu'à Dieppe serait payé par mes parents et je pourrais ainsi épargner quelques livres sur mon compte Fuite sans retour. J'étais fascinée par l'aspect extraordinairement pratique de sa vision des choses, par le réalisme avec lequel il appréciait les difficultés qui se dressaient sur notre parcours et par l'ingéniosité de ses méthodes pour les surmonter.

Esmond proposa de m'aider à rédiger le brouillon de la lettre des jumelles Paget. J'étais soulagée parce que je ne me sentais pas capable de mener à bien la moindre partie de notre plan.

Lorsque nous sommes rentrés de notre promenade, le salon était désert et nous nous sommes mis au travail avec du papier et un crayon.

« Que complotez-vous, tous les deux ? » Cousine Dorothy venait de faire son entrée.

« Oh… je montrais à Decca une partie de l'article que je suis en train d'écrire. » Je fus fortement impressionnée par l'aisance avec laquelle Esmond avait menti, en dépit du fait qu'il était agacé par l'interruption. Conformément aux instructions d'Esmond, je lui adressais à peine la parole quand les autres étaient présents. Notre prochaine occasion de discuter notre plan se présenta le lundi matin dans le train qui nous ramenait à Londres.

Esmond me conseilla de ne dire à personne qu'il était présent chez cousine Dorothy pour le week-end. Il était extrêmement prudent et redoutait toute fuite possible.

« Après tout, il y a des gens qui savent déjà que tu veux te rendre en Espagne, a-t-il dit. S'ils découvrent que nous étions ensemble chez Dorothy, cela pourrait leur donner à réfléchir. »

Nous avions décidé de partir le dimanche suivant, ce qui nous laissait une semaine pour obtenir les papiers nécessaires à l'ambassade d'Espagne et réunir notre équipement.

« Est-ce que ton père a un compte dans un grand magasin ? J'aurais besoin d'un bon appareil de photo et nous ne voulons pas dépenser ton argent tant que nous n'aurons pas à le faire. »

Je fus secrètement choquée par la suggestion, mais j'acceptai immédiatement.

Nous nous sommes séparés à la gare, après avoir convenu que je l'appellerais chez sa mère à Pimlico Road, tous les matins à dix heures précises. Si Esmond téléphonait chez moi et que ma mère ou mon père répondait, il aurait sans doute à se présenter. En cas d'urgence, toutefois, s'il devenait nécessaire pour lui de m'appeler, nous avions convenu qu'il se présenterait sous le nom de Robert Brandon, un jeune homme que j'avais rencontré l'été dernier à un bal.

J'ai pris un taxi jusqu'à notre maison de Rutland Gate. Je me sentais très bizarre. Enfants, mes sœurs et moi avions souvent débattu du problème : comment savoir si on est amoureuse ? Apparemment, d'autres filles se posaient la même question, car les rubriques de courrier du cœur étaient remplies du même conseil réconfortant : « Ne vous faites pas de souci. Vous saurez immédiatement quand vous rencontrerez le prince charmant. » Ou le « duc charmant », avait l'habitude d'ajouter Debo, pleine d'espoir. Je pouvais mesurer à présent la justesse de ce conseil. J'étais entièrement, profondément, éprise. Je n'avais pas pu détacher mon regard d'Esmond pendant tout le week-end, j'avais observé les Scott en train de succomber à son charme, comme des arbres abattus par un grand vent. Esmond avait beau être le plus jeune de cette petite assemblée, il avait fait l'effet d'être l'étoile autour de laquelle tout gravitait. Un vent, une étoile, il représentait pour moi tout ce qui était brillant, séduisant et puissant, et je me demandais ce qu'il pouvait bien penser de moi. Je ne disposais que d'une vague indication : un soir, chez cousine Dorothy, nous avions joué à un jeu de société un peu primitif, assez en vogue à ce moment-là, où chaque invité devait attribuer des notes aux autres convives pour leurs diverses qualités – beauté, sens de l'humour, intelligence, sex-appeal, etc. Les différents scores étaient additionnés et le vainqueur désigné, mais les notes données par chacun restaient anonymes. Terrifiée à l'idée de me faire prendre, j'étais descendue dans ma robe de chambre après que tout le monde était allé se coucher pour récupérer les pages froissées dans la corbeille à papier. J'avais rejeté deux feuilles à l'écriture soignée comme étant celles des Scott ; une autre, couverte des pattes de mouche d'une écriture désuète, devait être celle de cousine Dorothy ; et je reconnus sans difficulté la mienne. Cela laissait une dernière feuille gribouillée au crayon sur laquelle j'avais obtenu la note 10 dans tous les domaines. Ce devait être la feuille d'Esmond. En dehors de cela, je ne savais rien.

Il me paraissait surprenant que rien n'eût changé à la maison. Ma mère faisait ses comptes, assise à son bureau dans le salon.

« Coucou, Little D. Tu as passé un bon moment chez cousine Dorothy ?

– Oui, très bon. Et la nourriture était délicieuse.

– Il y avait beaucoup de monde ?

– Non… seulement une couple d'Américains, Mr et Mrs Scott.

– Bien. Il faut maintenant que nous commencions à penser à nos vêtements pour cette croisière autour du monde. Il y a des soldes intéressants en ce moment et demain Dora et sa mère viennent déjeuner. J'ai pensé que Dora et toi, vous pourriez aller faire des courses ensemble, alors ne fais pas d'autres projets. » J'étais profondément ennuyée, ayant compté sur une semaine sans aucune interruption pendant laquelle je pourrais me concentrer sur les millions de choses qu'il me fallait faire pour mettre au point le projet Fuite sans retour.

« Cela ne peut pas attendre la semaine prochaine ?

– Hé bien, pour commencer, la mère de Dora insiste pour qu'elle se fasse vacciner contre la typhoïde. Je me dis toujours que c'est tellement absurde. Il ne me viendrait jamais à l'idée de vous faire injecter cette horrible chose dans votre Corps sain. Et Dora veut avoir terminé ses courses avant d'aller se faire vacciner. »

C'était une mauvaise nouvelle, mais en faire toute une histoire n'aurait fait qu'éveiller la suspicion. Nerveuse, je passai la journée entière à traîner, incapable de me concentrer sur quoi que ce soit. Cousine Bridget vint prendre le thé et il y eut comme d'habitude l'échange des potins familiaux.

« J'ai vu la pauvre Nellie l'autre jour, a dit cousine Bridget. Bien entendu, elle est bouleversée et inquiète au sujet d'Esmond. Quelle créature terrifiante il est ! »

Par la suite, j'ai appris que cousine Bridget avait trouvé mon comportement très étrange, avait remarqué que j'avais été envahie par une « pâleur mortelle » et que j'étais sortie de la pièce précipitamment.

Ce soir-là, je devais accomplir la première partie du plan Fuite sans retour. Le dernier courrier arrivait en général vers vingt et une heures trente. J'avais la fausse lettre des jumelles Paget dans la poche de ma robe de chambre et j'ai descendu les trois étages qui séparaient ma chambre de la porte d'entrée. Il ne pouvait pas se produire le moindre incident ; je devais jouer chaque détail de l'action. Je me suis même accroupie pour faire semblant de ramasser la lettre. Le cœur battant à tout rompre, je suis remontée jusqu'à la chambre de ma mère et j'ai frappé à la porte.

« Entrez… C'est toi, Little D ? » Ma mère était assise dans son lit et lisait, ses cheveux défaits sur les épaules. Heureusement que la lampe de chevet projetait une ombre vers l'endroit où je me tenais, parce que je sentais que j'avais le visage rouge comme une tomate. J'ai maudit ma voix tremblante au moment où je disais :

« Regarde, je viens de recevoir une lettre des jumelles. Elles me demandent de venir passer quelques jours avec elle à Dieppe… Tiens… »

Je lui tendais la lettre en espérant qu'elle ne remarquerait pas que je tremblais de tous mes membres. Allait-elle reconnaître mon écriture ? Je m'étais appliquée, penchant dans la direction opposée mes lettres avec de longs et fins jambages. J'avais choisi comme adresse plausible à Dieppe le « 40, rue Napoléon », ayant oublié de demander à Esmond le nom d'une rue réelle. La lettre était remplie de commentaires appropriés sur les conditions du séjour : « Notre tante a loué une adorable petite maison blanche au bord de la mer… Nous allons être une jolie bande, des garçons d'Oxford vont venir avec une voiture de location et nous pourrons donc aller nous promener… » Ce dernier point avait été suggéré par Esmond, afin que je puisse écrire à ma mère depuis différents endroits en France sans éveiller sa suspicion, pendant que nous descendrions vers le sud.

« Hé bien, tout cela paraît charmant, a dit ma mère d'une voix un peu hésitante. Le seul ennui, c'est que tu as tant de choses à faire pour préparer cette croisière. Tes vêtements, par exemple ? Franchement, je trouve que deux semaines, c'est trop long…

– Oui, je sais… » Mon débit était très rapide. « Je pensais que je pourrais trouver de jolis vêtements français à Dieppe. J'aimerais tant y aller, cela semble paradisiaque, comment pourrais-je ne pas y aller ?

– Je vois qu'elles t'attendent dimanche prochain. Hé bien, je pense que cela pourrait se faire. Tu ne pourras peut-être pas rester deux semaines cependant. »

C'était un succès ! Cela paraissait incroyable.

« Oh, parfait. Je vais leur répondre tout de suite. Et je me demandais si je pourrais avoir une avance sur l'argent de mes vêtements, afin de pouvoir acheter des choses pour la croisière pendant que je serai à Dieppe. (Cette idée avait surgi dans ma tête à l'instant même et je savais qu'Esmond aurait été content de moi.)

– Oui, cela me semble raisonnable. Bien, bonne nuit, ma chérie, nous pourrons en parler demain matin. »

Je me suis enfuie, soulagée, l'excitation montant en moi comme un orage. « Je pars pour l'Espagne avec Esmond Romilly » : ces mots magiques sont revenus d'eux-mêmes dans ma tête, toute la nuit.

« Que diable fais-tu debout à cette heure ? a exigé de savoir Nanny, le lendemain à sept heures.

– Rien du tout, ma chérie. » Je l'ai soulevée du sol en la serrant dans mes bras.

« Cesse ces bêtises, Jessica. Viens avec moi. Je veux faire le tri de tes sous-vêtements pour la croisière. »

Dix heures du matin semblait être à des années-lumière.

« Je ne peux pas te voir avant demain, ai-je dit à Esmond à voix basse.

– Quoi ? Pourquoi ?

– Je ne peux pas t'expliquer. En tout cas, la lettre a bien fonctionné. »

Encore une éternité avant le déjeuner. Tout, ce jour-là, faisait l'effet de se produire au ralenti – l'arrivée de Dora et de sa mère ; les quelques minutes passées dans le salon à siroter du sherry avant le déjeuner ; la femme de chambre venant annoncer que le déjeuner était servi – tout cela s'est déroulé dans le brouillard d'une normalité qui n'avait plus rien de naturel. La conversation, pendant le déjeuner, a tourné autour de la croisière ; j'avais beaucoup de mal à y prêter attention et, deux ou trois fois, ma mère avait dû me secouer pour me ramener à la réalité.

« Que t'arrive-t-il, Little D ? Tu as l'esprit ailleurs aujourd'hui. »

Le déjeuner terminé, Dora, sa mère et moi sommes parties faire les boutiques. Je dois dire que je me suis sentie un peu coupable en les regardant choisir des chapeaux tropicaux à trois guinées et des vêtements adaptés au climat de l'Inde, vers laquelle je savais que nous n'irions jamais.

« À demain donc, vers une heure, a dit Dora quand nos courses ont pris fin.

– Quoi ?

– Oui. Lady Redesdale m'a invitée de nouveau à déjeuner demain, tu n'as pas entendu ? » Je n'avais pas entendu et j'étais décidée à ne pas passer une autre journée comme celle-là. Je décidai de trouver un subterfuge à la Esmond pour me débarrasser de Dora le plus rapidement possible.

Il était impératif que, le lendemain, Esmond et moi puissions nous rencontrer. « Deux heures et demie à l'entrée de Peter Jones », lui fis-je savoir.

Pendant le déjeuner, Dora annonça : « Allons voir un film cet après-midi.

– Oh, non, je ne peux pas… J'ai encore des courses à faire.

– Je vais venir avec toi.

– Mais c'est très ennuyeux… des choses comme des bas.

– Très bien, je te suis. Je n'ai rien d'autre à faire. »

Tous mes efforts pour me débarrasser d'elle ayant échoué, je l'ai emmenée avec moi chez Peter Jones. Nous avons passé un moment à regarder des gants et des collants au rez-de-chaussée.

« Je viens de me souvenir que j'ai une facture à payer à l'étage au-dessus, lui ai-je dit. Tu peux m'attendre ici ? Ne bouge pas. Je reviens tout de suite. Mais ne t'éloigne pas, sans quoi je ne te retrouverai jamais dans cette foule. »

Je me suis discrètement éclipsée vers l'entrée principale ; heureusement, Esmond était déjà là et nous sommes partis d'un pas rapide en direction de l'ambassade d'Espagne.

Un Espagnol très beau et très grand a examiné les papiers d'Esmond et ma demande de visa.

« Et dans quel but voulez-vous voyager en Espagne, Miss Mitford ? » a-t-il demandé.

Esmond a répondu pour moi. « Elle m'accompagne pour être ma secrétaire. Vous comprenez, je pense que je vais être très occupé sur le front pour collecter la matière de mes reportages, et je vais avoir besoin de quelqu'un pour taper mes textes à la machine. Miss Mitford me suit régulièrement dans mes missions, et elle sera aussi mon assistante… »

« Oui, oui, je comprends tout à fait… Vous avez toute ma sympathie. » Le visage de l'Espagnol s'est festonné d'un large sourire et j'ai été un peu consternée quand il a fait un clin d'œil appuyé.

« Toutefois, la requête est un peu inhabituelle. Je crains qu'elle ne puisse être traitée que par le señor Lopez. Vous pourrez le contacter à notre ambassade à Paris. »

« Qu'allons-nous faire ? ai-je demandé à Esmond quand nous sommes repartis.

– J'essaie de réfléchir. Il va falloir que nous allions à Paris pour commencer, je suppose. Allons acheter l'appareil de photo maintenant et retirer l'argent de ton compte Fuite sans retour. »

Je lui ai parlé de l'avance que j'avais reçue pour mes vêtements et il a été enchanté de constater que j'étais une fugueuse pleine de promesses.

« Trente livres de plus. C'est vraiment excellent », a-t-il dit.

Après avoir mis sur le compte de mon père à Army & Navy Stores un appareil de photo très perfectionné et très cher, nous avons choisi une bonne tenue pour ma fuite en Espagne. Ayant observé pendant des semaines dans les hebdomadaires les photos des femmes espagnoles qui participaient à la guérilla, je savais parfaitement ce que je voulais et j'ai trouvé ce qui me convenait : une combinaison de ski en velours côtelé marron et une veste couverte de poches d'allure très militaire. Nous avons aussi acheté des étiquettes portant la mention « Decca Mitford, Inglesa », ce qui, m'a assuré Esmond, éviterait que mes affaires ne soient subtilisées.

Lorsque je suis arrivée à la maison, Debo s'est empressée de me dire : « Dora a téléphoné tout l'après-midi. Elle était absolument furieuse, elle a dit que tu l'avais laissé tomber quand vous étiez chez Peter Jones. Où étais-tu tout ce temps ? »

J'ai composé le numéro de Dora.

« Dora, vraiment, je t'avais bien dit de m'attendre ; tu sais combien de temps il faut pour régler ces histoires de factures. » Elle a déclaré qu'elle avait attendu plus d'une heure et demie. « On a dû se croiser alors. Je suis vraiment désolée. Bonne chance avec les vaccins pour la typhoïde, j'espère que ça ne fait pas trop mal… »

Les autres jours de cette semaine-là, Esmond et moi avons réussi à nous voir sans difficulté. Le samedi, nous avons pris les dernières dispositions pour le lendemain.

« Je serai à l'autre bout de la gare, a dit Esmond. Pour l'amour du ciel, ne regarde même pas dans ma direction. Le plus sûr est de ne pas nous parler tant que nous ne serons pas à bord du bateau. Tout le reste est prêt, non ? À demain. »

Le lendemain matin, assise sur mon lit, j'ai regardé Nanny faire ma valise. Elle m'a questionnée à propos de la tenue de fugueuse :

« Franchement, ma chérie, que vas-tu faire de ces horribles vêtements ? Je trouve que ce ne sont pas des choses à emporter à Dieppe.

– Oh, Nanny, c'est simplement ma tenue pour faire de la voiture. Laisse-moi la prendre. »

Mes parents m'ont accompagnée à la gare en taxi. J'ai aperçu Esmond à l'autre bout de la gare.

« Fais un bon séjour, ma chérie, et écris-nous, je te répondrai. C'est bien 40, rue Napoléon, n'est-ce pas ? Laisse-moi vérifier que j'ai bien l'adresse. » Ma mère fouillait son sac à la recherche de la lettre. « Hé bien, au revoir. Tu n'as pas oublié de télégraphier aux jumelles ton heure d'arrivée, tu es sûre ? »

Une fois installée dans mon compartiment, j'ai eu le temps de rassembler mes pensées et d'évaluer la situation. J'étais tout à fait sûre d'avoir quitté définitivement la maison de mon père, ce qui se révéla être le cas. Et même si je n'avais aucun regret concernant la décision que je venais de prendre, j'étais en proie au remords de ne pas avoir laissé le moindre message, pas même à Robin, pour expliquer ce que j'avais réellement l'intention de faire. J'avais l'estomac retourné en imaginant la scène à la maison quand ils découvriraient ce que j'avais fait. Mais, pire, il y avait aussi la possibilité qu'ils aient pu découvrir prématurément que je ne me rendais pas chez les Paget. Supposons que ma mère soit tombée sur la tante Paget quelque part dans Londres ? C'était peu probable, mais pourtant… Les jumelles étaient en Autriche pour encore deux mois, il n'y avait donc pas de risque de ce côté-là… De toute façon, si un désastre devait se produire, j'étais tout à fait certaine qu'Esmond trouverait une solution.

Pendant la brève semaine de notre rencontre, les opinions que je m'étais faites de lui en lisant *Out of Bounds* avaient été amplement confirmées. Il faisait l'effet d'être en possession d'une combinaison magique de détermination, d'intelligence et de courage, qui pourrait le conduire partout où il aurait envie d'aller, et j'avais déjà une confiance inébranlable en lui. Il semblait aussi se considérer pleinement responsable de l'exécution du projet que j'avais fait de m'enfuir. Je m'inquiétais de paraître inexpérimentée et même puérile à ses yeux – même si j'avais presque un an de plus que lui. Comme je regrettais à présent de ne pas avoir appris à parler l'espagnol ou à taper à la machine, de ne pas être une journaliste, pendant toutes ces années gâchées à Swinbrook ! Au cours de ma dernière semaine à Londres, je m'étais levée de bonne heure tous les matins et j'avais fait de la gymnastique pour me préparer au terrible jour où il me faudrait courir à travers un champ labouré, chargée de tout mon équipement ; mais les exercices avaient consisté à tenter sans succès de me plier en deux pour toucher mes orteils, et je n'étais pas sûre que ce serait d'un grand secours…

Une seule fois pendant le trajet jusqu'à Folkestone, Esmond était passé dans mon wagon pour me faire un sourire d'encouragement ; et nous nous étions vite retrouvés sur le bateau, après avoir passé la douane et l'inspection des passeports, vraiment partis cette fois.

Nous avions pris des chambres dans un petit hôtel de la rive gauche à Paris. Et, le lendemain matin, nous nous étions présentés à l'ambassade d'Espagne.

« Désolé, le señor Lopez est parti pour Londres hier soir.

– Mais… ce n'est pas possible ! On nous a dit à votre ambassade à Londres que nous pourrions le trouver ici !

– Vraiment désolé. Il ne sera pas de retour avant deux semaines. Mais vous pouvez le joindre à Londres. »

Esmond fulminait. Il insista, supplia qu'on le laisse voir quelqu'un d'autre au sujet de mes papiers. Mais on nous assura que le señor Lopez était la seule personne susceptible de nous aider. Nous partîmes en direction du bois de Boulogne. Esmond allait et venait, en proie à une grande agitation.

« Il faut réfléchir… Quelle est la meilleure chose à faire ? Nous pouvons soit descendre vers le sud et tenter de traverser les Pyrénées… non, je crois que cette frontière est fermée à présent… ou bien rentrer à Londres et essayer de trouver Lopez… » Il pesait l'alternative à voix haute plutôt qu'il ne s'adressait à moi, comme s'il avait su qu'il était seul à pouvoir prendre toutes les décisions. Cet après-midi-là, nous avons pris le premier train pour Dieppe. La seule chose à faire était de retourner à Londres et d'essayer de trouver Lopez.

Il y avait quatre heures d'attente pour le premier bateau à destination de Folkestone. Soudain, Esmond a eu une idée.

« Voyons s'il y a une rue Napoléon ici, a-t-il suggéré. Il y en a probablement une dans toutes les villes de France. »

Nous avons demandé dans un café et appris qu'il y avait bien, en effet, une rue Napoléon, à moins de deux kilomètres du port dans le quartier résidentiel. Non seulement il y avait une rue Napoléon, mais aussi un numéro 40. Nous avons sonné. Un Français vieille France, courtois, dans une robe de chambre de brocart rouge, a ouvert la porte.

« Auriez-vous par hasard reçu une lettre pour Miss Jessica Mitford ? ai-je demandé. J'ai donné à mes amis un mauvais numéro de rue et j'espérais que peut-être…

– Mais oui, il y en a une. En fait, je m'apprêtais à la redonner au facteur – il va arriver d'une minute à l'autre. Vous avez de la chance. » Il m'a donné une lettre où j'ai reconnu l'écriture ronde et familière de ma mère sur l'enveloppe.

Nous sommes entrés dans un café sur le quai, un peu sidérés par notre bonne fortune. C'était un signe favorable pour le succès de nos plans. La lettre, écrite le jour où j'étais partie, était pleine des nouvelles insignifiantes de la maison : « Tante Weenie est venue prendre le thé aujourd'hui et Debo est allée faire du cheval dans le parc… » Nous avons demandé une feuille de papier et j'ai écrit : « Bien arrivée… Je suis contente que vous ayez vu tante Weenie, j'espère qu'elle va bien… J'espère que Debo a profité de sa promenade à cheval… » Dans un état d'exultation, nous avons posté ma lettre. Elle arriverait sûrement le lendemain avec un cachet de Dieppe. Ce qui devrait rassurer mes parents quelque temps.

Chapitre 16

Nous avions encore deux heures ou presque à attendre avant le départ du bateau. Soudain, Esmond eut l'air préoccupé et devint silencieux. Puis, il suggéra d'aller marcher sur le quai. Nous longeâmes une série de terrasses de café sur le front de mer avec leurs façades bien peintes et leurs menus alléchants écrits à la main sur les portes. Nous nous sommes accoudés à la balustrade pour observer les bateaux de toutes tailles et formes manœuvrer sur la Manche agitée par le vent.

« Il y a une chose dont il faut que je parle avec toi », a-t-il dit sur un ton très sérieux. Avait-il décidé après tout que se mettre en quête du señor Lopez était trop difficile et prendrait trop de temps, qu'il valait mieux pour lui se rendre seul en Espagne ?

Un long silence a suivi.

« Je crains d'être tombé amoureux de toi. »

Nous avons choisi un café convenable pour célébrer nos fiançailles avec des fines à l'eau.

Quelques marins se sont joints à la fête, offrant verre après verre aux fiancés et nous avons failli rater le départ du bateau.

Une nouvelle difficulté venait donc s'ajouter à nos projets déjà compliqués.

« Comment pourrions-nous marier ? ai-je demandé. Il nous faudrait sans doute, tous les deux, obtenir la permission de nos parents.

– Oh, nous ne nous préoccupons pas de ça, a répondu Esmond, sardonique. Quantité de gens disent que de longues fiançailles, c'est ce qu'il y a de mieux. »

Nous sommes arrivés à Londres tard dans la nuit et, à la suggestion d'Esmond, nous avons pris un taxi pour aller chez Peter Nevile.

Peter est venu nous ouvrir en robe de chambre, l'air endormi et assez furieux. Un bref moment, il a même été encore plus furieux d'apprendre la nouvelle. J'ai appris depuis que le « meilleur ami » de qui que ce soit est toujours agacé d'entendre l'annonce de fiançailles qu'il n'a en rien contribué à promouvoir.

Cependant, il s'est montré plus joyeux quand nous avons commencé à parler de la réaction probable de ma famille.

Nous avons décidé que je devrais écrire une lettre à ma mère que Peter remettrait en temps utile. Esmond était un peu contrarié par ce plan, dans la mesure où il allait à l'encontre d'un certain nombre de ses principes avérés concernant une fugue réussie, comme le fait de « n'en parler à personne » ou de « ne jamais rien mettre par écrit ». Mais j'ai souligné que mes parents allaient nécessairement remarquer que je ne reviendrais pas de Dieppe pour m'embarquer pour la croisière autour du monde. J'étais très décidée à mettre fin à leur inquiétude concernant l'endroit où je pouvais bien être et avec qui.

La lettre débutait de manière assez dramatique : « Muv chérie, au moment où tu recevras cette lettre, je serai mariée à Esmond Romilly. »

Peter, on pouvait le comprendre, était très anxieux à l'idée d'avoir à remettre ce message étrange.

« Tu veux dire que je vais devoir affronter le baron nazi dans son repaire ? a-t-il dit d'une voix traînante et sardonique, avec son vague accent américain.

– Oh, je t'en prie, Nevile. Tu sais bien que tu vas adorer ça… Bien entendu, ils vont sans doute te donner quelques coups de cravache, a ajouté Esmond, pensif, mais ce n'est pas trop te demander. Je vais te dire une chose : Decca est effroyablement riche, tu sais, elle a quelque chose comme quatre-vingts livres ou, du moins, elle les avait avant que nous ne nous mettions à faire ces allers et retours ridicules sur la Manche. Nous allons donc t'inviter à déjeuner au Café Royal, pour fêter l'événement. »

C'était un gros risque à prendre, car parmi les centaines d'habitués qui s'y rendaient à l'heure du déjeuner, il y en aurait peut-être quelques-uns que nous connaissions. Pendant les deux heures que nous y passâmes à boire du vin et à manger de l'omelette (le plat le moins cher du menu – Esmond économisait ce qui restait des quatre-vingts livres), j'ai pu voir un couple d'amis de Nancy et Esmond a vu des gens qu'il connaissait. Hilares, nous les avons salués de loin, abandonnant toute prudence pour une fois. Notre chance ne nous a pas abandonnés et ces rencontres de hasard n'ont rien déclenché.

L'insaisissable señor Lopez n'était nulle part à Londres et nous sommes donc repartis pour Paris le soir même.

Les deux semaines suivantes ont été passées à rencontrer divers diplomates espagnols. Le temps filait et nous avions l'impression de ne parvenir à rien. Nous sommes descendus à Bayonne en postant des lettres à ma mère tout au long du trajet. « Je passe un moment merveilleux avec les jumelles… Nous visitons maintenant la France dans la voiture d'un des garçons d'Oxford… »

Esmond était de plus en plus agité. Les deux ingrédients indispensables de notre plan – le temps et l'argent – étaient vite dépensés. J'avais l'impression que ma mère allait, d'un jour à l'autre, apprendre ma fugue par quelqu'un de la famille.

À bien des égards, ce n'était pas une lune de miel idéale. Esmond était tourmenté par les problèmes pratiques et je me sentais tout à fait incapable de l'aider à les résoudre. Mais nous avons appris à nous connaître plus rapidement que cela n'aurait été possible dans des circonstances normales. Esmond avait un nez infaillible pour trouver les logements les moins chers et, à Bayonne, nous avions trouvé un petit hôtel envahi par les familles de réfugiés basques espagnols. Jour après jour, nous nous rendions au consulat pour voir si j'étais autorisée à passer la frontière et quels étaient les moyens de transport. Nous faisions de longues promenades dans la ville, au cours desquelles Esmond me racontait ses expériences sur le front à Madrid.

Quelques semaines après l'annonce de la rébellion fasciste, il était parti pour l'Espagne de sa propre initiative, sans rien en dire à ses amis, redoutant d'être renvoyé en raison de son manque d'entraînement militaire. Pour la première fois dans sa vie, il regrettait de ne pas avoir fait l'école des officiers aspirants à Wellington. Ne sachant rien à ce moment-là des Brigades internationales, il était descendu en vélo à Marseille dans l'espoir de monter à bord d'un cargo à destination de l'Espagne. C'était là qu'il avait appris que des jeunes gens venus de tous les pays rejoignaient le front espagnol et il était tombé sur un groupe hétéroclite de volontaires – des Français, des Allemands, des Italiens, des Yougoslaves, des Belges, des Polonais –, avait fait la traversée avec eux jusqu'à Valence et avait été envoyé dans un camp d'entraînement à Albacete.

Il n'y avait pas encore de bataillon anglais, Esmond et quinze autres Anglais avaient été rattachés à la brigade allemande Thälmann. Il avait été soulagé de constater que la plupart de ses camarades n'avaient pas non plus reçu d'instruction militaire. Ils venaient d'horizons les plus divers – ouvriers de l'industrie automobile, fermiers, propriétaires de restaurants, étudiants. La période d'entraînement à Albacete avait été extrêmement brève et, quelques jours plus tard, le bataillon avait été envoyé sur le front de Madrid. Dès lors, ils avaient été presque constamment sous le feu de l'ennemi et avaient connu sans délai la vie dans la boue, dans le sang et dans la confusion qui est celle du soldat d'infanterie. Une semaine avant Noël, au cours d'une seule bataille désastreuse, presque tous les Anglais de son groupe avaient été massacrés. Deux seulement, dont lui, avaient survécu. Esmond et l'autre, atteints de dysenterie et épuisés par la bataille, avaient été rapatriés en Angleterre, avec la mission incommode d'aller rendre visite aux familles de leurs compagnons morts sur le champ de bataille.

En Espagne, il s'était essentiellement soucié de détails pratiques, comme s'assurer que sa cartouchière était bien attachée, qu'il ne perdait rien de son équipement, qu'il apprenait bien à être efficace jusqu'au plus petit détail.

Esmond faisait l'effet d'être né sans avoir le moindre sens du monde physique autour de lui. On avait l'impression qu'il n'avait jamais vraiment appris à lacer ses chaussures. Le geste le plus simple qui consistait à ouvrir ou fermer une valise parfaitement ordinaire constituait un mystère pour lui. Un jour, à une autre époque, Peter Nevile s'était plaint du fait qu'Esmond était incapable d'ouvrir ou de fermer une porte parce qu'il n'avait jamais compris le mécanisme grâce auquel la poignée de porte faisait levier sur le pêne. Il devenait furieux, frustré qu'il était par sa machine à écrire, ne comprenant rien au mécanisme de défilement du ruban ou de la fermeture de sa mallette. Inutile de dire que l'appareil de photo compliqué et onéreux que j'avais sans vergogne mis sur le compte de mon père à Army & Navy Stores était resté inutilisé après un ou deux essais infructueux.

La rencontre avec le fascisme en Espagne et, par-dessus tout, son horreur face au dernier engagement dans la bataille de Boadilla ont grandement contribué à solidifier la direction qu'il avait prise dès l'âge de quinze ans. Il n'était plus un dilettante s'amusant à la périphérie des conflits de sa génération, ni même un enfant terrible, un détracteur des traditions des riches et des puissants de ce monde. Il était devenu un partisan engagé de la lutte contre le fascisme.

Quant à moi, j'hésitais encore. Mes intentions étaient sérieuses ; ma fugue était quelque chose de plus sérieux qu'une folle aventure pleine d'excitation (mais elle l'était aussi). En secret, j'étais choquée et troublée par la conviction d'Esmond que je ne reverrais jamais ma famille. La vie chez moi, avec toutes nos plaisanteries stupides et nos langues secrètes, nos grands rassemblements pour Noël, les clowneries géniales de Nancy et la personnalité forte, démesurée, de Boud, tout cela avait encore beaucoup de sens pour moi. J'étais assez impatiente de présenter Esmond à ma famille, de voir mon père fulminer et grincer des dents comme il le faisait toujours en présence de ses gendres, d'entendre Esmond démolir les arguments de Boud et de Diana au cours d'une discussion. Mais la détermination extraordinaire et la concentration absolue d'Esmond auraient rendu tout cela impossible. Il considérait ma famille comme l'ennemi et décourageait toute conversation à son sujet.

Il était irrité par ce qu'il appelait ma supériorité de classe. Esmond avait quelque chose d'un caméléon dans ses relations avec les gens qui se trouvaient autour de lui ; il avait une capacité à s'intégrer dans n'importe quel groupe. À Bayonne, il avait rapidement pris l'accent du Midi, plus guttural que celui du Nord, et adopté sans difficulté l'argot le plus récent. Nous nous mêlions aux marins et aux ouvriers dans les cafés, et Esmond était immédiatement l'un des leurs. À l'opposé, mon français d'écolière appris à la Sorbonne et avec des gouvernantes françaises quand j'étais enfant avait une sonorité irritante et aigrelette.

Un débordement de ma « supériorité de classe » conduisit à la première et unique querelle de nos vies ensemble. Nous étions assis, un soir, dans un café français bondé, à boire du vin avec des gens dont nous venions de faire la connaissance. Un type à l'allure brutale, coiffé de l'inévitable béret basque, était entré accompagné d'un chien, muselé et en laisse. Il avait commencé à frapper le chien sur le museau avec une baguette de bois ; le chien avait poussé des petits cris et puis gémi, et les gens dans le café s'étaient mis à rire et à encourager le type. J'étais furieuse.

« Dis-lui d'arrêter, ai-je crié en direction d'Esmond. Quelle brute ! Tu ne vas rien faire ? »

Esmond était furieux à son tour.

« Viens. Allons-nous-en. » Il m'avait tirée par le bras et entraînée dehors.

« De quel droit oses-tu imposer ton souci des animaux d'aristocrate déplaisante à ces gens ? Tu te comportes comme la touriste anglaise typique. C'est pour cette raison que les Anglais sont tant détestés à l'étranger. Tu ne sais pas comment les Anglais de ta classe traitent les gens en Inde et en Afrique, et partout dans le monde ? Et tu as le culot de venir ici… dans leur pays, qui plus est, et de vouloir leur donner des ordres sur la façon de traiter leurs chiens. » Esmond était enragé. « Je vais te dire une chose, quand tu vas arriver en Espagne, tu vas voir beaucoup de choses horribles, des enfants qui meurent dans les rues après les bombardements.

Unity et Jessica Mitford âgées de huit et quatre ans respectivement.

À Asthall en 1921.
De gauche à droite : Muv,
Nancy, Diana, Tom, Pam,
Farve.
Devant eux : Unity (Bobo
ou Boud), Decca, Debo.

Jessica, à l'âge de quatorze ans (avec Tray).

Esmond Romilly, vers l'âge de seize ans.

Janvier 1935. De gauche à droite : Unity

om, Debo, Diana, Jessica, Nancy, Pam.

Jessica et Esmond Romilly faisant du porte-à-porte pour vendre des bas de soie, Washington, D.C., 1939.

Jessica et Esmond dans leur appartement de Greenwich Village, 1939.

Jessica, vendeuse dans un magasin de mode à New York, 1939.

Esmond et Jessica au Roma Bar à Miami.

Les Français et les Espagnols se fichent des animaux et pourquoi s'en soucieraient-ils ? Ils pensent que les gens sont plus importants. Si tu t'apprêtais à faire des scènes aussi effroyables à cause des chiens, tu aurais mieux fait de rester en Angleterre où ils donnent du steak à leurs chiens et laissent les gens mourir de faim dans les bas quartiers… »

Je n'avais pas reculé et nous nous étions querellés toute la nuit.

Le lendemain, l'air contrits et pleins de regret pour toutes les choses déplaisantes qui avaient été dites, nous nous sommes réconciliés. Je commençais à comprendre vaguement la vérité dont Esmond voulait me convaincre.

Enfin, alors que nous étions pratiquement désespérés à cause des difficultés pour nous rendre en Espagne, un mystérieux messager du consulat basque est venu nous apporter une missive qui disait :

« *Se autoriza a embarcar en el vapor Urbi para ser trasladado a Bilbao por su cuenta y riesgo a la dadora de la presente* DNA *JESSICA MITFORD.*

Bayonne, 13 Febrero 1937. »

« Ce bateau est à Basens. »

L'*Urbi*, un bon bateau, était à quai, à notre grande surprise, à l'endroit indiqué sur la missive – au port de Basens, près de Bayonne. C'était un minuscule cargo. Pour autant que nous puissions en juger, la cargaison était composée d'une douzaine de poules, qui grattaient le pont et avaient l'air déjà bien malades. Guidés par le capitaine espagnol, qui ne parlait pas un mot d'anglais, nous sommes descendus dans un grand carré, où le dîner nous attendait. L'équipage d'une quinzaine d'hommes était assemblé et nous avons eu droit à un repas somptueux. Les plats se succédaient : soupe de légumes basque, écrevisses, ragoût de bœuf, poulet, gâteau, fruits, accompagnés de bonbonnes de vin rouge et de grands verres de cognac. Je voyais bien que j'allais adorer le voyage. Le capitaine et l'équipage ne parlaient que l'espagnol, et Esmond lançait quelques phrases qu'il avait apprises à Madrid. La soirée finissant, tout devint prétexte à lever son verre pour un nouveau toast, depuis « le couple des fiancés » à « Mort aux *fascistas* ! » Il y eut des chansons magnifiques, d'autres plats arrivèrent, d'autres toasts furent bus…

Vers minuit, les convives se séparèrent et l'équipage se rendit à ses diverses obligations. Le capitaine nous fit signe de le suivre et, grâce à une série de signes, nous fit comprendre que nous allions occuper sa cabine, la seule du bateau, l'équipage dormant dans des hamacs sur le pont.

La cabine était meublée comme la chambre d'un hôtel modeste. Il y avait une grande et lourde commode ancienne, un fauteuil et quelques chaises.

Peu après que nous nous étions retirés, le ronronnement des moteurs et les craquements du bois se sont fait entendre, signalant que la traversée commençait et que le bateau prenait la direction de la baie de Biscaye.

Nous avons soudain été réveillés par une série de grincements et de cognements sourds. Le bateau roulait et tanguait violemment ; tous les tiroirs de la commode étaient par terre et glissaient dans tous les sens. Au rythme du roulis, ils repartaient se cogner contre les murs, accompagnés par le cadre de la commode, qui dansait follement. Les chaises, nos valises, nos chaussures et tout ce qui bougeait dans la cabine – à peu près tout, semblait-il – se sont joints à la danse, le cadre de la commode et les tiroirs avançant contre le lit avant de repartir bruyamment vers le mur. Je suis parvenue à ramper hors du lit, évitant le mobilier dans ma progression jusqu'au lavabo, où j'ai dit adieu à la soupe de légumes, aux écrevisses, au ragoût, au poulet, aux gâteaux, aux fruits, au vin et au cognac…

Le mouvement du bateau était tellement violent qu'Esmond et moi devions, chacun son tour, retenir l'autre dans le lit. Et en dépit de nos efforts, nous en sommes tombés plusieurs fois. D'autres voyages jusqu'au lavabo ont été entrepris jusqu'à ce qu'il n'y ait plus rien dont lui et moi puissions nous débarrasser.

Toute la journée du lendemain, la collision et le fracas du mobilier ont continué. Esmond est monté sur le pont un moment et il en est redescendu pour m'informer que les marins considéraient que la brise était assez forte. Je me demandais vaguement comment le capitaine parvenait à empêcher la destruction de toutes ses affaires. Les bateaux sur lesquels j'avais été auparavant avaient tous des compartiments bien verrouillés pour tout ce qui pouvait bouger en cas de tempête – y compris une petite pince pour coincer les brosses à dents.

Cette nuit-là, l'alarme a été déclenchée parce qu'un sous-marin de Franco avait été repéré à faible distance. Toutes les lumières avaient été éteintes. Je n'ai pas pu m'empêcher d'espérer, de façon coupable, que le sous-marin puisse trouver sa cible et mettre fin à notre misère. Esmond se faisait du souci pour moi et m'apportait des verres d'eau que je vomissais immédiatement, trop faible à présent pour faire l'effort d'aller jusqu'au lavabo. J'étais vivement consciente et reconnaissante de l'inquiétude qu'il manifestait – un aspect de la personnalité d'Esmond rarement visible à ce moment-là et certainement absent pendant les longs trajets des dernières semaines en France et en Angleterre. La brutalité organisée de Wellington, le vice de la maison de redressement, le chaos de la vie solitaire à Londres pour un garçon de son âge, tout cela n'avait pas renforcé la tendresse chez Esmond. Comme la plupart des gens à dix-huit ans, sa personnalité était encore instable. Il me faisait l'effet d'être à la fois un héros, un aventurier, un mauvais garçon – exactement comme je l'avais toujours imaginé, en fait. Allongée, à demi consciente en raison du mal de mer, j'étais contente d'observer quelques signes fugitifs de bonté.

La cabine puait le vomi, le mobilier continuait à patiner et à grincer en tous sens sur le plancher... Mais, le troisième jour, un calme plat, soudain et béni, s'est miraculeusement instauré. Le mobilier, toujours renversé et dispersé dans la cabine, n'a plus bougé. Nous étions arrivés à Bilbao.

J'ai fait un grand effort pour me lever et m'habiller, encore un peu tremblante des trois jours de mal de mer violent.

Inutile à présent de me soucier de ma supériorité de classe. Mes vêtements étaient dégoûtants et froissés, mes cheveux sentaient mauvais. Deux semaines loin de Nanny avaient déjà produit leurs effets désastreux. Les papiers de soie soigneusement glissés dans mes sous-vêtements pliés pour éviter qu'ils ne se froissent avaient depuis longtemps disparu. Un jour, alors que nous étions encore à Bayonne, Esmond, un peu distrait, avait essayé de voir si une paire de ciseaux fonctionnait sur mon meilleur tailleur dont la jupe était désormais entaillée à plusieurs endroits.

Nous avons tout jeté dans nos valises et titubé jusque sur le pont.

Les poules avaient l'air plus déprimées que jamais, je le remarquai. Elles ne grattaient plus le pont à la recherche d'une quelconque nourriture, mais elles se serraient tristement les unes contre les autres près de leur poulailler.

Nous avons fait nos adieux au capitaine et à l'équipage qui, étonnamment, n'avaient pas l'air d'avoir souffert de l'horrible expérience des trois derniers jours. Un Espagnol, dans un costume immaculé, s'est précipité vers la passerelle à notre rencontre.

« Mr Romilly et Mrs Mitford ? On m'a fait savoir que vous arriviez aujourd'hui. Nous sommes toujours très honorés et ravis de l'opportunité d'accueillir des journalistes étrangers. Permettez-moi de me présenter, señor …, ministre des Affaires étrangères de la République basque. Et comme vous êtes Anglais, je suis sûr que vous êtes impatients de voir de la boxe. Fort heureusement, le match ne commence que dans quelques minutes. Si nous ne perdons pas de temps, nous pourrons arriver pour le début. » Nous avons souri et nous l'avons remercié, et suivi avec réticence, en pensant combien un bon bain chaud et un lit propre auraient été plus appropriés.

Une longue limousine noire nous a emmenés au stade où se déroulait le match de boxe. Comme l'avait prédit le ministre des Affaires étrangères, nous n'avons pas manqué une minute. Pendant quatre heures étouffantes de chaleur, nous avons regardé les silhouettes minuscules danser adroitement sur le ring au-dessus de nous et ne se frapper qu'à de rares occasions. La foule basque criait à tue-tête et nous espérions que le ministre des Affaires étrangères attribuerait notre silence pétrifié au stoïcisme bien connu des Anglais.

Chapitre 17

La vie à Bilbao avait pour moi bien plus la qualité d'un rêve que d'un rêve devenu réalité. Cela paraissait tellement extraordinaire d'être là, avec Esmond, de comprendre que c'était bien moi qui vivais en Espagne ; et de penser qu'il y avait, quelques centaines de kilomètres au-delà de la mer, dans Rutland Gate inchangé, la vie paisible, tranquille, de ma famille qui se poursuivait sans vague, marquée par la seule succession du petit-déjeuner, du déjeuner, du thé, des informations à six heures du soir sur la BBC, du dîner, du coucher, dans une progression inaltérable... Je pouvais voir mes tantes arriver pour le thé, demandant à ma mère : « Où est Decca ?

– Elle est chez les jumelles Paget à Dieppe, répondait ma mère, placide. Elle a l'air de bien s'amuser, à en juger par ses lettres. »

La réalité me faisait l'effet d'être toujours centrée sur la maison que j'avais quittée, sur la famille, et de ne pas avoir grand-chose à faire avec les wagons bringuebalants de troisième classe en France, l'hôtel bondé à Bayonne, le cargo qui roulait et grinçait des dix derniers jours. Ou encore avec la ville sombre et sérieuse de Bilbao. J'avais l'impression de vivre au cœur d'une hallucination qui se prolongeait.

J'étais perplexe, j'avais l'impression d'être convalescente, à peine remise d'une anesthésie après une opération majeure qui, d'un grand coup de bistouri, avait tranché les liens, les habitudes et les comportements d'autrefois.

Esmond, au contraire, s'était habitué sans tarder aux conditions de vie et de travail à Bilbao. J'étais dans son sillage, marchant à grands pas en direction des bureaux du gouvernement, des salles de rédaction des journaux, des centres d'informations, organisant des rendez-vous pour des interviews et de nouveaux articles. J'essayais d'avoir une vision nette de ce grand flou gris qu'était ce port, de comprendre l'héroïsme de ses habitants au teint pâle et à l'air décidé, qui continuaient à vaquer à leurs affaires quotidiennes tout en sachant obscurément que la prochaine attaque n'allait pas tarder.

Au cours de ce mois de février, le front était encore paisible. Les armées qui s'affrontaient étaient entièrement mobilisées par la bataille de Madrid. Il y avait peu de journalistes étrangers à Bilbao et ceux qui s'y trouvaient étaient traités de façon royale par le gouvernement. Nous découvrîmes, surpris, que nous avions droit à une pension complète dans un des grands hôtels, payée par le Bureau de la presse étrangère.

Les combats avaient beau se dérouler au loin, la ville était au bord de la famine. Il était absolument impossible de se procurer de la viande, du lait, des œufs et du beurre. Le petit-déjeuner, le déjeuner et le dîner étaient indistincts, puisqu'ils étaient composés immanquablement de riz et de haricots blancs. Dans les cafés, on pouvait acheter un chocolat noir, épais et sucré, servi dans des tasses, accompagné de tartines d'un pain gris. Des enfants affamés entouraient les clients des cafés, mendiant une cuillerée de chocolat ou une tranche de pain.

Après quelques jours passés à Bilbao, des gens du Bureau de presse nous ont emmenés sur le front. Ce fut un long trajet dans une Jeep de l'armée sur des kilomètres et des kilomètres de routes de montagnes difficiles. Nos compagnons du Bureau de presse basque pointaient les campements tout le long du chemin.

« Ça, c'est un bataillon communiste, là-bas sur la droite… Un peu plus loin, vous pouvez voir une compagnie des anarchistes… Sur la gauche, il y a un bataillon du Parti catholique nationaliste basque… » De toute évidence, l'armée dans cette partie de l'Espagne était disposée en fonction des croyances politiques.

La ligne de front courait au sommet d'une petite montagne, au-dessus d'un ravin profond. De l'autre côté du ravin, à un kilomètre à peine, on pouvait voir les soldats ennemis et leurs canons. « Des Italiens », a dit le type du Bureau de presse et il a craché par terre.

Quelques canons et des mitrailleuses étaient disposés à des intervalles importants de notre côté.

Notre compagnon a suggéré que j'aimerais peut-être tirer quelques coups de fusil. Il m'a montré comment viser les silhouettes minuscules de l'autre côté du ravin. J'ai appuyé sur la gâchette et le coup est parti avec une détonation énorme et m'a projetée en arrière. La balle était allée se loger dans un arbre tout près de nous. Ma « salve » a eu droit à une réplique immédiate de l'ennemi, tout aussi désinvolte. L'étrange sensation d'irréalité s'approfondissait.

Sur le chemin du retour, nous nous sommes arrêtés dans un village situé dans le no man's land, une bande de plusieurs kilomètres de large entre les lignes ennemies dans un autre secteur.

Les ordures étaient entassées dans les rues et le village paraissait presque entièrement déserté. Quelques vieilles femmes en longues robes noires fouillaient les ordures. On nous a dit qu'elles refusaient d'être évacuées avec les autres réfugiés et préféraient rester chez elles, survivant avec les rares légumes qu'elles cultivaient et les poules qu'elles élevaient.

Une certaine routine commençait à rythmer notre séjour à Bilbao. Le matin, nous nous rendions au Bureau de presse pour les nouvelles ou pour interviewer les représentants du gouvernement et obtenir des informations sur le contexte. L'après-midi était consacré à la rédaction des articles à envoyer au *News Chronicle*. Il ne se passait pas grand-chose à Bilbao à ce moment-là. La ville entière semblait en proie à une attente pleine d'anxiété. Les cafés étaient remplis de gens qui écoutaient les nouvelles à la radio, se levant par respect pour chacun des hymnes du Front uni, chaque fois qu'ils étaient joués – l'hymne national basque, l'hymne espagnol, l'Internationale et l'hymne anarchiste.

J'étais folle de curiosité et d'anxiété à la fois en pensant à ce qui pouvait bien se passer à présent chez moi.

Un jour, en rentrant à notre hôtel, nous fûmes informés de la visite du proconsul basque au consulat britannique. Nous en fûmes alarmés. Que nous voulait-il ? Nous avions prudemment évité tout contact avec les consulats britanniques au cours de notre voyage.

Le lendemain matin, le proconsul était de retour. C'était un jeune Basque, beau, qui parlait l'anglais avec un fort accent. Il nous a expliqué qu'un proconsul était un fonctionnaire du pays où se trouvait le consulat et que son travail consistait à faire la liaison entre le consulat et les autorités locales.

« J'ai reçu un télégramme, a-t-il dit avec un grand sourire. Le télégramme est codé. Il vous concerne tous les deux, je crois.

– Nous pouvons le voir ? a demandé Esmond.

– Oui, certainement. Le voici et voici le livre des codes. Voyons si nous pouvons le décoder ensemble. » Nous avons eu l'impression que c'était une procédure assez peu orthodoxe, mais nous avons immédiatement accepté de l'aider à décoder.

Le télégramme disait : « *Trouvez Jessica Mitford et persuadez-la de rentrer.* » Il était signé Anthony Eden.

« Et il me faut maintenant répondre à ce télégramme. Que dois-je dire ? » a demandé le proconsul. Nous l'avons aidé à rédiger et à coder la réponse : « *Avons trouvé Jessica Mitford. Impossible de la persuader de rentrer.* »

« Normalement c'est Mr Stevenson, le consul britannique, qui s'occupe de ce genre de choses. Malheureusement, il est à Bayonne ces jours-ci pour des affaires consulaires et il ne sera pas de retour avant quelques jours. »

Nous avons rassuré le proconsul en lui disant qu'il avait traité l'affaire dans la plus grande tradition de la diplomatie britannique et que personne n'aurait mieux fait à sa place. Toutefois, nous attendions le retour de Mr Stevenson avec une grande appréhension. Nous imaginions qu'il allait nous donner du fil à retordre.

Notre rencontre avec le proconsul nous a permis de nous concentrer une nouvelle fois sur l'urgence de nous marier. Nous avons enquêté auprès des autorités basques et, à notre grande surprise, nous avons été informés que, même en pleine guerre civile, les personnes de moins de vingt et un ans ne pouvaient pas se marier sans le consentement de leurs parents. Des anarchistes que nous avions rencontrés dans un café nous ont offert les services d'un prêtre qu'ils avaient fait prisonnier (« Nous avons les moyens de le forcer à le faire », nous ont-ils dit), mais il aurait fallu voyager pendant deux jours et nous n'étions pas sûrs de la légalité d'une telle cérémonie de mariage.

Quelques jours plus tard, nous avons été convoqués au consulat britannique pour une audience avec Mr Stevenson.

Le consul, un homme entre deux âges, à la moustache rousse et au front dégarni, vêtu de tweed, était assis à un grand bureau dans ce terne petit coin d'Angleterre sur un sol étranger. La propreté et l'ordre anglais l'enveloppaient, exsudant une absence de charme typiquement anglaise, qui contrastait fortement avec le délicieux proconsul. Il ne s'est pas levé pour nous accueillir.

« Vous nous avez causé bien des ennuis, a-t-il annoncé sur un ton sec et officiel. J'ai reçu des instructions pour vous renvoyer immédiatement en Angleterre, Miss Mitford. Quand pouvez-vous être prête à partir ?

– Mais je reste ici. Je n'ai aucune intention de partir.

– Monsieur Stevenson, vous savez, je le suppose, que vous n'avez ni l'autorité ni le pouvoir de contraindre Miss Mitford à partir contre son gré », a déclaré Esmond en prenant son ton plus consulaire que tous les consuls réunis.

Il produisait un tel effet d'autorité et de maîtrise de la situation que je me suis surprise en train d'éprouver un peu de pitié pour Mr Stevenson. Comment pouvait-il espérer l'emporter contre un tel adversaire ? Nous avons argumenté pendant une demi-heure avant de repartir pour notre hôtel. La première reprise avec Mr Stevenson s'était achevée, avions-nous l'impression, sur un match nul. Même s'il n'avait pas atteint son objectif, notre sécurité était sérieusement menacée.

Le lendemain, Mr Stevenson vint nous voir.

« Miss Mitford, je viens d'apprendre que votre sœur et votre beau-frère sont à bord d'un destroyer britannique et débarqueront à Bermeo demain pour venir vous voir. Vous devez sûrement être consciente de la très grande inquiétude provoquée dans votre famille par votre comportement. Je crois que le moins que vous puissiez faire est de rencontrer votre sœur demain. Elle vient d'Angleterre avec son mari tout spécialement pour vous voir et pour s'assurer que vous allez bien et que vous n'êtes pas en danger.

– De quelle sœur s'agit-il ? ai-je demandé.

– Mrs Peter Rodd. Je dois me rendre moi-même à Bermeo pour rencontrer le capitaine du destroyer. Je passerai vous prendre à six heures, demain matin.

– Nous vous ferons savoir ce que nous avons décidé », a dit Esmond avec fermeté, en le reconduisant à la porte.

Nous avons passé de longues heures à débattre de l'opportunité pour moi d'y aller ou non. Si je refusais, Nancy et Peter allaient probablement venir à Bilbao et provoquer une confrontation gênante. D'un autre côté, c'était peut-être un plan pour m'enlever et me conduire de force à bord du destroyer.

« Bien sûr, j'ai plus de force que Nancy, mais Mr Stevenson a l'air d'être salement musclé. Peter et lui n'auraient sans doute aucun mal à me traîner jusque sur le destroyer. » Nous avons finalement décidé que je ferais mieux d'y aller, la perspective de Nancy et Peter débarquant dans notre hôtel étant trop horrible à envisager.

Le port de Bermeo n'était qu'à une cinquantaine de kilomètres de Bilbao, mais le trajet en voiture sur les petites routes de montagne a pris près de deux heures.

Comme d'habitude, il pleuvait à verse. Le proconsul nous avait raconté que les Espagnols blâment les enfants anglais pour les pluies incessantes au Pays basque, à cause de la comptine : « *Rain, rain, go to Spain and never, never come back again.* »

Mr Stevenson m'a accompagnée jusqu'à un banc sur le quai et a disparu pour aller s'occuper de ses affaires.

Des heures entières se sont écoulées sans le moindre signe d'un destroyer. Je n'avais rien à lire, personne à qui parler et l'attente paraissait sans fin.

Le destroyer est enfin apparu et a accosté. Des officiers et des hommes d'équipage sont descendus à terre. En réalité, j'étais très excitée à l'idée de voir Nancy et très impatiente d'avoir des nouvelles de la maison. Peter Nevile avait-il remis ma lettre comme convenu ? Muv et Farve comprenaient-ils qu'il n'y avait aucune raison de se faire du souci ? Avaient-ils été exagérément inquiets ? Étaient-ils absolument furieux ou simplement contrariés ? J'avais mille questions à poser à Nancy.

J'ai observé le groupe qui descendait du destroyer. Pas de Nancy et de Peter à l'horizon. Le grand et séduisant capitaine du destroyer s'est approché de moi, avec un air terriblement anglais et familier après toutes ces semaines passées au milieu d'une race plus basanée. Il aurait pu être un des moutons de l'époque des bals de débutantes.

« Miss Mitford ? Je suis vraiment désolé. Votre sœur n'est pas venue avec nous en fin de compte. Pas très bien de sa part. Mais nous serions ravis de vous avoir à bord pour le déjeuner. Vous devez être affamée. » Je l'étais en effet, je n'avais rien mangé de toute la journée, puisque nous étions partis trop tôt pour que je puisse avoir mon petit-déjeuner de riz et de haricots blancs.

« J'aurais été enchantée, mais je ne peux pas.

– Oh, c'est dommage. Nous aurions vraiment aimé vous avoir à bord. Poulet rôti, sauce blanche, petits pois, purée de pommes de terre, gâteau au chocolat, toutes sortes de choses, vous savez. » Il faisait traîner les mots, insistant sur chacun d'eux pour me tenter. « En fait, le cuisinier a fait un effort tout particulier en l'honneur de votre visite. Nous étions sûrs que vous monteriez à bord. »

Je pouvais sentir le suc gastrique dans mon estomac à la pensée du poulet rôti et du gâteau au chocolat, mais je tins bon. Je ne pouvais pas y aller. J'étais venue avec Mr Stevenson. Il aurait pu trouver mal élevé de ma part d'aller déjeuner sans lui. Mais le capitaine avait une réponse pour anéantir chacune de mes objections.

« Bon, je vais vous dire la raison véritable de ma réticence. J'ai l'horrible pressentiment que vous allez m'enfermer quand je serai à bord et me ramener en Angleterre. »

Il était outré. « Quelle idée effroyable ! Pour qui nous prenez-vous, des kidnappeurs ? Écoutez. Je vous donne ma parole d'honneur que nous ne ferons jamais une chose pareille. Vous pouvez monter à bord pour le déjeuner, puis nous vous ramènerons à terre, à temps pour que vous puissiez repartir avec Mr Stevenson. »

J'ai examiné attentivement son visage juvénile et honnête. Ses yeux bleus très sérieux ont fixé les miens ; aucune trace de dissimulation dans les siens. Il n'avait rien d'un fourbe – il aurait été incapable de la moindre ruse, ai-je rapidement décidé, tout en me demandant dans un coin de mon cerveau quel genre de sauce accompagnerait le poulet.

« Bon… Laissez-moi voir si je peux joindre Esmond au téléphone. Je lui ai promis de ne monter à bord du bateau sous aucun prétexte. »

J'ai joint Esmond à l'hôtel et je lui ai répété ce que le capitaine venait de me dire.

« N'y va pas, a dit Esmond. C'est un piège, de toute évidence. Dis-leur de t'apporter le poulet sur le quai – et, au fait, tu pourrais m'en rapporter un peu. »

J'ai dit au capitaine qu'il me fallait décliner l'invitation et son expression offensée m'a mise tellement mal à l'aise que je n'ai pas voulu en rajouter en suggérant qu'on me serve le repas sur le quai.

L'après-midi n'en finissait plus. Je suis restée assise bien droite sur le banc du quai jusqu'au coucher du soleil, raidie par la faim et le froid. J'ai rejoint Mr Stevenson pour le trajet du retour à Bilbao. J'étais secrètement furieuse contre Esmond et sa prudence exagérée concernant ce déjeuner. Ce gentil capitaine ne m'aurait certainement jamais trahie, après avoir donné sa parole d'honneur.

J'ai trouvé Esmond qui faisait les cent pas, d'une humeur massacrante. Il venait de recevoir un télégramme de Hasties, les avocats de mon père. Il disait : « *Miss Jessica Mitford est sous tutelle judiciaire. Stop. Si vous l'épousez sans le consentement du juge vous serez passible d'une peine d'emprisonnement.* » J'étais horrifiée et extrêmement troublée. Au cours des heures passées à me demander quel type de mesures mes parents allaient prendre et quels efforts ils allaient faire pour me faire revenir à la maison, il ne m'était jamais venu à l'esprit qu'ils pourraient proférer une menace de prison. Cela signifiait donc que la guerre totale était déclarée. Je commençais à m'apercevoir que l'attitude intransigeante d'Esmond vis-à-vis de ma famille, loin d'être exagérément dramatique et inutilement rigide, était bien plus réaliste que la mienne.

Peu de temps après, Mr Stevenson s'est manifesté de nouveau. Cette fois, il sortait l'atout qu'il avait en réserve et contre lequel il n'y avait aucune parade. Il nous a fait savoir que le gouvernement basque comptait beaucoup sur l'appui des Britanniques pour évacuer les femmes et les enfants, tous les réfugiés dans la perspective d'une offensive imminente. Il avait menacé de refuser toute coopération dans le programme d'évacuation si nous n'acceptions pas de quitter de notre plein gré le territoire basque. Comme nous étions à Bilbao les invités du Bureau de presse du gouvernement et que nous dépendions d'eux pour obtenir nos articles, il allait exiger du Bureau de presse qu'ils cessent tout rapport avec nous, sans quoi il mettrait un terme à l'assistance des Britanniques aux réfugiés.

Ce fantastique épisode de marchandage me fit comprendre clairement quelles étaient la puissance et l'absence de scrupules des forces qui s'opposaient à nous. Au cours d'une discussion houleuse avec Mr Stevenson, nous capitulâmes, mais pas avant qu'Edmond n'eût obtenu que nous retournerions non pas en Angleterre, mais dans le Sud de la France. Nous avons embarqué le lendemain sur un destroyer à destination de Saint-Jean-de-Luz.

Chapitre 18

Nancy et Peter Rodd nous attendaient à Saint-Jean-de-Luz.
Nous les avons aperçus en bas de la passerelle, Nancy, grande et
belle, agitant ses gants dans notre direction, Peter, carré et presque
trapu, les mains dans les poches dans son attitude habituelle de
« dur ». Ils étaient entourés de photographes de la presse et nous
avons descendu la passerelle sous une explosion de flashes.

« Pouvez-vous faire une déclaration, Mr Romilly ? Êtes-vous
mariés ? Quels sont vos projets ? »

Nous nous sommes rapidement faufilés à travers la foule des
journalistes et empilés dans un taxi qui nous attendait.

« Decca, tu es vraiment une petite coquine, a dit Nancy
immédiatement, nous faire faire un tel souci. La pauvre Muv est
en larmes depuis que tu es partie et Nanny aussi. Nanny répète
inlassablement que tu n'avais même pas emporté de bons vêtements
pour aller à la guerre.

– C'est faux, ai-je répliqué, indignée. Je me suis acheté un
costume spécialement pour ça à Army & Navy. Elle ne voulait
même pas que je l'emporte. »

Peter s'est tourné vers Esmond. « Je vois, mon vieux, que vous
voulez rejoindre les rangs des gendres du vénérable Redesdale.
Je ne peux certainement pas vous y encourager. Tout ce qui brille
n'est pas d'or, souvenez-vous de ça… »

« Nous étions tous sidérés que tu ne sois pas rentrée la semaine
dernière avec l'autre destroyer, a poursuivi Nancy. Tout avait été
organisé avec le capitaine pour t'attirer à bord sur la promesse

de choses délicieuses à manger, mais il nous a dit qu'il n'avait rien pu faire.

– J'ai compris sur-le-champ cette ruse stupide, ai-je rétorqué, en souhaitant secrètement que cela fût vrai. Perfide Albion – c'était exactement ce à quoi ressemblait le capitaine ; il avait cet air de traîtrise caractéristique sur le visage. En tout cas, vous avez tous été parfaits, d'une bestialité absolue, et Hasties l'a été aussi en menaçant de faire mettre Esmond en prison. »

L'armée des photographes de presse nous attendait aussi devant l'hôtel où Nancy avait pris des chambres pour la nuit et nous avons dû les affronter une nouvelle fois.

D'après ce que Nancy m'a raconté et ce que j'ai pu apprendre par la suite, j'ai été en mesure de reconstituer le puzzle de ce qui s'était passé à la maison depuis mon départ.

Ma mère avait été surprise et assez inquiète de recevoir des lettres de moi postées de Bayonne. Elle était préoccupée par le fait que le voyage avec les jumelles Paget soit si long, au moment où le départ pour la croisière autour du monde approchait. Au bout de deux semaines, elle tenta de téléphoner au 40, rue Napoléon à Dieppe et elle finit par apprendre que personne ne connaissait ni les jumelles ni moi. Elle avait alors téléphoné à la tante Paget à Londres et, après une conversation remplie de malentendus, compris que les jumelles étaient en Autriche et qu'il n'avait jamais été question que je les rejoigne.

J'avais apparemment disparu sans laisser de traces. Mes parents avaient alors appelé Scotland Yard et le Foreign Office pour lancer des recherches. La nouvelle de ma disparition avait commencé à se répandre parmi les parents et amis.

« Tout le monde a envoyé des fleurs – c'était comme s'il y avait eu un enterrement, a dit Nancy. La pauvre Muv dans le salon se tordait les mains, Nanny pleurait à l'idée de ce à quoi tes sous-vêtements pouvaient bien ressembler à l'heure qu'il était sans personne pour en prendre soin, des visiteurs et des fleurs arrivaient toutes les cinq minutes… La maison ressemblait à une serre. »

Un journal influent de Londres avait eu vent de l'histoire. Un reporter fut envoyé pour offrir les services du journal en question. Les correspondants à travers toute l'Europe pouvaient être alertés et aider à me retrouver, si mes parents voulaient bien fournir tous les détails de l'affaire. Ils promettaient de ne faire absolument aucune publicité. Mes parents, pleins de confiance, leur racontèrent tout. Le lendemain, l'histoire faisait les gros titres de la une – si ce n'était que, dans leur précipitation, ils avaient fait de Debo la fugueuse. Cela fit l'objet d'une plainte pour diffamation, jugée en faveur de Debo qui se vit accorder mille livres de dommages et intérêts. Esmond ne se remit jamais véritablement de cette injustice : « C'est toi qui as fait tout le travail et c'est Debo qui en tire mille livres ! Allons voir un juge. Je suis sûr que n'importe quel juge pourrait voir l'injustice absolue de l'affaire et nous attribuer l'argent ! »

Peter Nevile, qui était à la campagne, avait lu l'histoire dans le journal et était rentré précipitamment à Londres. Le moment était venu de remettre la lettre.

Il avait trouvé la famille plongée dans une profonde tristesse. À ce moment-là, ils étaient persuadés que j'étais réellement devenue la victime du trafic de Blanches anti-*honnish*.

Peter avait remis la lettre à mon père.

Idden m'a raconté par la suite qu'elle était dans les écuries aménagées, où elle vivait depuis quelques mois, quand Peter était venu voir mes parents. Elle avait soudain entendu un bruit qui lui avait fait penser que la vieille chaudière explosait enfin. C'était en réalité Farve, qui réagissait à la nouvelle apportée par Peter Nevile.

« Pire que ce que je croyais ! avaient été les premiers mots de mon père. Mariée à Esmond Romilly ! »

Peter était reparti en toute hâte – juste à temps, semblait-il. Une conversation avait eu lieu juste après son départ pour charger Tuddemy de cravacher Peter pour le punir de sa complicité dans cette affaire. Au grand soulagement de Peter, cette résolution ne fut pas suivie d'effet.

Les conseils de famille allaient désormais commencer pour de bon. Peter Rodd avait tout de suite proposé ses services. C'était lui qui avait conçu l'opération de la mise sous tutelle judiciaire. Si j'étais sous tutelle judiciaire, avait-il avancé, un juge aurait à statuer sur chacun de mes mouvements. Le juge pourrait recourir à toute la machinerie des contraintes légales, veiller à me faire extrader de n'importe quel pays étranger, prendre des décisions me contraignant à agir de telle ou telle façon, me faire placer dans une institution pour jeunes filles délinquantes si j'y désobéissais…

Tantes et cousins étaient venus apporter leurs suggestions. Je devrais être autorisée à me marier sur-le-champ ; on obtiendrait ensuite un divorce et on m'installerait dans un appartement à Londres pour y vivre le reste de mes jours en paria… Même Hitler avait eu son mot à dire. Boud lui avait dit :

« Ma sœur Decca s'est enfuie en Espagne pour rejoindre les Rouges. »

Hitler s'était pris la tête dans les mains. « *Armes Kind*[1] *!* » avait-il soupiré.

Debo, attristée, ne cessait de chanter des paroles nouvelles sur un air populaire à ce moment-là : « Quelqu'un a volé ma Hon. Quelqu'un a volé ma Hon. Quelqu'un est venu et elle s'est envolée. Elle s'est envolée sans rien dire… »

Entre-temps, les journaux se régalaient.

« Tu es la première de la famille à apparaître sur des affiches, m'avait dit Nancy. Boud est terriblement jalouse. »

Les spéculations les plus folles sur notre périple faisaient la une des journaux tous les jours. « La fille du pair du royaume et son fiancé cachés dans une hutte ? » « Jessica Mitford perdue dans les Pyrénées ! » « Mr Romilly et Decca auraient été vus à Barcelone… »

Notre arrivée à Saint-Jean-de-Luz fut le prétexte à d'autres folles élucubrations. Des journalistes de Londres, se proclamant nos « amis intimes », livrèrent leurs récits imaginaires de nos aventures :

---

1. « Pauvre enfant ! »

« Le soir qui a précédé leur départ, nous les avons invités pour un dîner d'adieu dans le West End. Ils étaient très excités et n'avaient presque rien mangé. Ils s'étaient contentés de boire du champagne et de manger des petits sandwichs au foie gras. Oui, ils sont allés aux courses de lévriers à Clapton. Ils ont eu de la chance. Ils ont gagné quelque chose comme dix livres. »

« Je les ai aidés à organiser leur fugue amoureuse. Trois semaines après, j'ai reçu un télégramme d'Esmond qui disait : "*Divinement heureux. D'autres nouvelles plus tard.*" »

Ces divagations rendaient Esmond fou de rage. Un des journalistes « chargés » de nous suivre à Saint-Jean-de-Luz était particulièrement assidu. Il nous suivait jusque dans la salle à manger de l'hôtel, venait coller son oreille à la porte de notre chambre. Esmond l'a trouvé un jour en train de m'espionner pendant que je passais un coup de téléphone dans une cabine.

« Vous avez intérêt à nous laisser tranquilles, sinon je vais vous mettre mon poing dans la figure », avait menacé Esmond. Le lendemain, cet ultimatum était curieusement paraphrasé : « "Je suis avec la fille que j'aime", m'a confié Romilly hier soir. »

À Saint-Jean-de-Luz, Nancy et moi avons eu de longues et difficiles conversations sur la question de savoir si je devais rentrer ou non. Ses arguments n'étaient absolument pas convaincants :

« Pauvre Dora, elle a eu une réaction tellement grave aux vaccins contre la typhoïde qu'elle a dû rester à l'hôpital pendant des jours et des jours. Si tu ne rentres pas, la croisière va devoir être annulée et elle aura subi toutes ces épreuves pour rien. »

J'étais pleine d'amertume et de plus en plus en colère devant l'attitude de ma famille et la radicalité de leurs manœuvres pour nous empêcher, Esmond et moi, de nous marier. Je savais, bien évidemment, que ma fugue allait déclencher un esclandre dans ma famille – une tempête qu'il faudrait traverser. Mais j'étais sidérée de voir quelles horribles mesures mes parents avaient prises, quel stratagème pervers ils avaient cautionné pour me forcer à rentrer, quelles menaces ils avaient proférées contre Esmond, comment

Nancy et Peter se joignaient à présent aux adultes pour faire front contre moi.

Nancy et Peter repartirent le lendemain, ayant totalement échoué dans leur mission. Esmond et moi partîmes pour Bayonne à quelques kilomètres de là sur la côte.

Les armées de photographes et de reporters avaient disparu. Peter et Nancy avaient disparu. La chasse avait pris fin, nous étions victorieux. Et désormais nous avions du temps pour évaluer notre situation.

Après avoir pris une chambre à l'Hôtel des Basques, nous avons marché d'un pas lent le long de la rivière, discutant de l'avenir. Il semblait particulièrement sombre. Il nous restait neuf shillings, à peine de quoi payer deux jours de pension à l'hôtel. La loi française interdisait aux étrangers de travailler sans permis de travail et les permis étaient pratiquement impossibles à obtenir. Aurions-nous à nous traîner jusqu'en Angleterre, affamés ? Nous étions loin d'avoir encore l'argent nécessaire pour le trajet de retour. Il était impensable de demander de l'aide à ma famille, compte tenu de la façon dont elle s'était comportée. Repartir en Espagne impliquait la répétition de ce qui s'était passé au cours des dernières semaines – nous passerions notre temps à éviter les consuls britanniques et les reporters. De plus, nous avions le sentiment que toute la publicité récente faite autour de nous avait nui à la cause de la République espagnole. Les histoires sans fin concernant nos aventures avaient relégué les nouvelles de la guerre loin des unes des journaux, tout en donnant des allures de farce à nos convictions.

Nous ressentions notre misère et notre infortune en marchant sur la rive sombre et ventée de la rivière. C'était comme si nous étions arrivés au bout d'une impasse. Nous ne doutions aucunement du fait que nous serions ensemble pour finir, mais il semblait que j'allais devoir envisager de télégraphier à des amis pour obtenir l'argent de notre retour.

« Rentrons à l'hôtel, a fini par suggérer Esmond. Peut-être que demain matin nous aurons une idée nouvelle. »

C'était le genre de situation dans laquelle Esmond excellait. On pouvait presque entendre les rouages de son cerveau tourner pendant qu'il essayait de résoudre quelque chose qui relevait de l'impossible. C'était dans ces moments-là qu'on pouvait prendre la pleine mesure de son ingéniosité.

Le lendemain matin, il s'est présenté au bureau local de l'agence Reuters. En moins d'une heure, il les a convaincus de l'engager pour servir d'interprète des dépêches envoyées depuis le front basque, qui ne pouvaient être entendues que sur la radio de Bayonne. Il a insisté sur le fait que, même si tout était encore paisible sur le front, une offensive pouvait commencer à tout moment et qu'il pourrait alors traduire les messages diffusés tous les soirs par les camps opposés.

Reuters s'engagea à le payer deux livres par semaine – ce qui était, par une coïncidence bienvenue, le prix exact d'une semaine en pension complète pour nous deux à l'Hôtel des Basques. Tous les jours, Esmond devait écouter les messages diffusés à six heures du soir, taper sa traduction et la donner à Reuters. Heureusement, ils ne s'étaient pas rendu compte que ni Esmond ni moi ne parlions l'espagnol.

Esmond est revenu à l'hôtel et a expliqué à M. Erramuzpe, le propriétaire basque, que pour pouvoir lui payer la pension hebdomadaire, nous aurions besoin de son aide pour traduire les messages diffusés à la radio en espagnol. Nous pourrions alors faire la traduction anglaise. M. Erramuzpe a compris immédiatement. Tous les soirs, nous nous sommes retrouvés tous les trois devant la radio. Les loyalistes diffusaient les premiers, suivis par les dépêches du camp franquiste. Les nouvelles se réduisaient à rien puisqu'il ne se passait pas grand-chose. M. Erramuzpe écoutait et transmettait :

« Tirs isolés sur le front d'Oviedo… quelques escarmouches… quatre hommes et leurs mules faits prisonniers… »

Une fois les nouvelles diffusées par les loyalistes terminées, M. Erramuzpe éteignait la radio.

« Mais nous sommes censés transmettre les dépêches des deux camps. Cela faisait partie de notre accord avec l'agence de presse.

– *Nada, nada*, répliquait M. Erramuzpe, catégorique. Du côté fasciste, ils ne disent que des mensonges. Pourquoi est-ce que je perdrais mon temps ? »

Il nous fallait donc inventer les dépêches franquistes du mieux que nous pouvions, en nous inspirant des nouvelles données par les loyalistes :

« Tirs isolés sur le front d'Oviedo… quelques escarmouches… quatre hommes et leurs mules faits prisonniers… »

Une fois de plus, une routine s'est mise en place. Esmond avait commencé à écrire *Boadilla*, un livre consacré à la guerre d'Espagne. Il travaillait tous les matins, en maudissant le mécanisme incompréhensible de sa machine à écrire portable. À midi, on nous servait un énorme déjeuner basque : des hors-d'œuvre, l'inévitable soupe au chou, de la viande nageant dans une sauce grasse et épicée, du vin rouge à volonté. L'après-midi, nous allions parfois à la plage de Biarritz ou de Saint-Jean-de-Luz avec un journaliste dont nous avions fait la connaissance. Le soir, notre duel nocturne avec les messages radiophoniques ; puis, un nouveau repas énorme, pris très tard, en compagnie des réfugiés de Bilbao ou de Guernica, qui avaient envahi l'hôtel. La plupart étaient des femmes un peu âgées, vêtues de longues robes noires comme si elles avaient été en deuil. Des enfants pâles et maigres les rejoignaient pour profiter du riche repas et ils étaient souvent emportés au milieu du dîner, un peu ivres de vin rouge.

J'ai souvent réfléchi à ce moment-là et par la suite à l'étrange commencement de notre vie commune. Les lunes de miel, en général, sont précédées par une période de rencontre, de présentation des familles, de fiançailles. Nous, nous étions des étrangers l'un pour l'autre quelques semaines auparavant et, soudain, nous nous retrouvions ensemble, seuls contre le reste du monde – ou du moins contre nos familles ! C'était un peu comme si nous avions été des naufragés se rencontrant pour la première fois sur une île déserte ou des explorateurs tombant l'un sur l'autre au milieu de la jungle.

J'observais Esmond pendant qu'il travaillait avec acharnement sur *Boadilla*, sa tête brune penchée sur la machine à écrire, les feuilles de papier répandues autour de lui sur le parquet, en me demandant à quel point il était préoccupé d'être loin du front en Espagne.

Il a rarement parlé de sa décision de ne plus retourner en Espagne, même s'il y fait allusion une seule fois dans *Boadilla* :

« Le premier bataillon britannique était à l'entraînement à Albacete. Il faisait partie de la section de mille Anglais qui, au mois de février, devaient défendre les positions les plus vitales le long de la route de Valence, pendant les douze jours du bombardement d'artillerie le plus important de la guerre, puis contre-attaquer et assurer la sécurité de la route de Madrid pendant des mois – peut-être pour toujours. J'aurais pu retourner et rejoindre ces hommes, qui sont les véritables héros des combats en Espagne. Mais je ne l'ai pas fait. Je me suis marié et j'ai vécu heureux… »

Il était évident, à en juger par ses accès de mauvaise humeur, que cette décision avait été difficile à prendre. Une vieille contradiction avait été ranimée en partie : « Vivre matériellement dans un monde et spirituellement dans un autre. » Les nouvelles du front de Madrid, au moment où la bataille de Teruel faisait rage, le plongeaient dans une humeur très sombre.

Un soir, assis au milieu des réfugiées tout en noir dans la salle à manger de l'hôtel, nous avons entendu à la radio que Guernica, capitale de la République basque, avait été totalement détruite par les bombardiers allemands. Une vieille Basque s'était levée, le visage déformé par la colère et le désespoir :

« *Alemanes ! Criminales ! Animales ! Bestiales !* » criait-elle, la voix montant à chaque mot.

La misère des réfugiés contrastait fortement avec le monde brillant et bruyant des journalistes anglais et américains, que nous fréquentions de temps en temps.

Une de ces incursions les plus réussies eut lieu à l'occasion de la célébration du couronnement du roi George VI. Nous avions appris que le champagne coulerait à flots à la réception donnée par le consul britannique – et que tous les Anglais étaient évidemment invités. Nous étions partis à sept, dont notre ami journaliste qui avait une voiture et sans qui nous ne nous déplacions que rarement s'il y avait une certaine distance à parcourir.

Nous avons, tous les sept, consommé quatorze bouteilles de champagne. Très vite, nous nous sommes mis à entonner des chants révolutionnaires espagnols, levant le poing pour saluer quiconque s'approchait de notre table, levant nos verres pour des toasts comme : « Liberté pour l'Afrique ! », « À bas l'impérialisme ! » Ce dernier slogan avait donné une idée à Esmond. Il avait demandé du papier et une enveloppe. Il avait écrit, de manière presque illisible, une lettre à Winston Churchill.

Churchill était alors un journaliste extrêmement bien payé de l'*Evening Standard*. Ses articles sur l'Espagne étaient profranquistes. Le duc d'Albe, l'envoyé de Franco en Angleterre et un vieil ami de la famille de Churchill, était constamment en visite à Chartwell. En même temps, les opinions antiallemandes de Churchill lui avaient attiré l'hostilité de l'aile dominante du Parti conservateur, dirigée par Chamberlain, et du Cliveden Set de Lady Astor.

Esmond voulait attirer l'attention de son oncle sur les contradictions qui affaiblissaient sa position. Esmond soulignait que si Franco gagnait en Espagne, l'Allemagne et l'Italie pourraient avoir le contrôle du détroit de Gibraltar, « l'accès britannique à la Méditerranée ». Il poursuivait en défendant l'argument selon lequel les meilleurs défenseurs de l'Empire britannique étaient aujourd'hui les loyalistes espagnols.

Nous n'avons jamais reçu de réponse à cette lettre. Mais, trois mois plus tard, Churchill a radicalement changé de position et, dès lors, ses articles ont chanté les louanges des courageux loyalistes, défenseurs de la démocratie en Espagne.

La lettre d'Esmond, cela ne fait aucun doute, n'avait absolument rien à voir avec le changement d'attitude de Churchill. Peut-être ne lui était-elle jamais parvenue et, si cela avait été le cas, la déchiffrer aurait exigé les services d'un expert en décodage. Mais la lettre en question était une preuve de la compréhension instinctive d'Esmond pour les subtilités de la politique.

Peu après notre arrivée à l'Hôtel des Basques, j'avais écrit une lettre au juge qui était devenu mon tuteur. J'y avançais qu'il ne pourrait me faire extrader dans la mesure où je n'avais commis aucun crime et que j'avais appris, en lisant des romans policiers, qu'il fallait au moins un an pour obtenir l'extradition d'un meurtrier avéré. Je suggérais que s'il me fallait attendre jusqu'à l'âge de vingt et un ans, il y aurait de fortes chances que je sois mère de famille à ce moment-là. Par conséquent, par souci de la bienséance, mon mariage devait être autorisé le plus tôt possible. C'était Esmond, dans sa capacité à être « meilleur juge qu'un juge », qui m'avait aidée à rédiger la lettre.

Le juge me donna son autorisation par retour de courrier et c'est ainsi que je gagnai la dernière reprise contre ma famille.

À notre grande surprise, nos deux mères vinrent à Bayonne pour le mariage. Nous fûmes mariés par le consul britannique, qui prononça un discours tout à fait particulier en la circonstance : « Au nom du secrétaire d'État du Foreign Office, je certifie par la présente déclaration que, selon la loi d'Angleterre, vous êtes mari et femme. » Nos mères assises avaient l'air, comme l'avait dit Esmond, « d'une famille en deuil à des funérailles plutôt que des invitées à un mariage ». Mais elles s'étaient animées après la cérémonie et nous ont emmenés, nous et quelques-uns de nos amis présents au consulat britannique, pour un délicieux déjeuner de mariage.

Chapitre 19

Après le mariage, nous avons été de nouveau, selon les critères d'Esmond, riches. Les cadeaux de mariage et une avance de l'éditeur de *Boadilla* avaient fait grimper nos fonds à des hauteurs inespérées : plus de cinquante livres.

J'étais prête à acheter de nouveaux vêtements, à aller chez le coiffeur et dans de bons restaurants, mais Esmond avait d'autres idées en tête.

« J'ai beaucoup pensé à la boule ces derniers temps », a-t-il annoncé. La boule est un jeu qui se pratique dans les casinos français, réservé la plupart du temps à des gens qui, comme nous, ont moins de vingt et un ans et ne sont donc pas autorisés à jouer à la roulette.

Quand Esmond s'est mis à parler de la boule, son visage a pris cette expression absente de celui qui a une vision du bonheur, celle d'un enfant qui va pour la première fois au cirque, celle d'une mère qui montre son nouveau-né pour la première fois. Il avait un regard tendre et rayonnant à la fois, plein d'excitation et d'espoir dans l'avenir, un regard que j'allais apprendre à reconnaître au cours des années suivantes.

Esmond avait mis au point une martingale qui lui permettrait de gagner à coup sûr. Quand il m'en avait parlé, insistant sur les possibilités de gain illimitées, j'avais été convaincue. C'était extraordinairement simple et absolument fiable ! Il y a un choix de sept numéros à la boule. Nous devions choisir un numéro, disons le 4, et jouer une petite somme pour démarrer – un franc.

Chaque fois que le 4 ne sortait pas, il fallait multiplier notre investissement par 7 – jusqu'à 49, 343, 2 401, etc. En réalité, notre fortune potentielle allait augmenter en fonction de la tendance du numéro 4 à ne pas sortir ; car il ne pouvait manquer de sortir un jour et, ce jour-là, nous aurions des milliers et des milliers de francs placés dessus. Il paraissait étonnant que personne n'y ait pensé auparavant.

Nous avions choisi Dieppe comme l'endroit idéal pour faire fortune à la boule. À plusieurs centaines de kilomètres au nord de Bayonne, ce serait très pratique pour notre retour triomphal en Angleterre. Nous pensions pouvoir, après le premier gain important, miser cette fois deux francs, pour passer ensuite à 14, puis 98, et ainsi de suite jusqu'à un nouveau gain.

Notre ami journaliste était parti pour Bilbao et il nous avait demandé de veiller sur sa voiture, une antiquité qu'il avait laissée dans un garage de Bayonne.

« Je ne sais pas si on peut vraiment faire confiance à ces garagistes en France, avait-il dit. Alors, allez y jeter un coup d'œil de temps en temps, d'accord ? »

Esmond m'avait fait remarquer que nous ne pourrions pas tenir notre promesse si nous partions sans la voiture et qu'il valait donc mieux la prendre pour aller à Dieppe.

Pour notre périple, nous avons acheté une petite tente, deux grands sacs en coton que l'on remplirait de paille et qui serviraient de matelas, deux poêles à frire, deux fourchettes, un petit réchaud à pétrole.

« Au fait, tu sais faire la cuisine ? m'a demandé Esmond.

– Euh, j'ai pris une leçon au Cordon Bleu à Paris, mais ils nous ont seulement appris à séparer les jaunes des blancs. Ça ne servira pas à grand-chose pour aller camper. Et puis je ne me souviens plus de ce qu'on est censé faire avec, une fois qu'on les a séparés. Je vais demander à Mme Erramuzpe de m'apprendre. »

Comme nous devions partir le lendemain, Mme Erramuzpe a dit qu'elle n'aurait que le temps de m'apprendre à faire des œufs et un steak. Et nous eûmes donc droit à des œufs et des steaks tous les jours, pendant les deux semaines qu'il nous a fallu pour remonter la côte jusqu'à Dieppe.

La partie camping était idyllique. Chaque soir, nous plantions notre tente au bord d'une rivière pour pouvoir nous laver. Nous achetions du lait et des œufs dans les fermes le long de la route, et des steaks et du pain quand nous traversions des petites villes. Nous nous servions d'une poêle pour les steaks et de l'autre pour les œufs. « De cette manière, avait souligné Esmond, nous n'aurons jamais à nous préoccuper de les laver. »

Nous économisions notre argent pour le grand jour à Dieppe. Edmond avait repéré une pancarte devant une ferme qui disait : « Huile faite maison. » Il avait demandé au fermier si son huile pouvait fonctionner pour la voiture, qui avait besoin d'être alimentée à chaque arrêt. Le fermier avait répondu que son huile serait une excellente huile de moteur et, comme elle était incroyablement bon marché, nous en avions acheté tout un stock. Après cela, la voiture s'était mise à rouler de plus en plus lentement. Tout d'abord, nous avons été dépassés par tous les autres véhicules motorisés, puis par des cyclistes et, enfin, alors que nous approchions de Dieppe, par des petites filles qui faisaient filer leurs cerceaux le long de la route.

Dans les faubourgs de Dieppe, nous avons garé notre voiture près d'une rivière comme d'habitude, déchargé nos valises et monté notre tente. Puis, nous sommes repartis au ralenti vers la ville. Nous sommes allés boire des cognacs dans un café, en attendant que le casino ouvre au crépuscule. Nous avions déjà choisi le restaurant onéreux où nous irions célébrer nos gains pendant le dîner.

Le casino a enfin ouvert et nous nous sommes précipités vers la table de boule. Tout d'abord, le 4 n'a pas arrêté de sortir. Cela ennuyait considérablement Esmond puisque, s'il voulait jouer sa martingale, il ne pouvait doubler la mise que lorsqu'il perdait. Il a gagné six fois de suite et six francs.

« Ça ne marche pas. Je vais changer et miser sur le 3. Il n'est pas sorti une seule fois pour l'instant. Si je continue sans rien faire, il va nous falloir passer la nuit ici pour gagner vraiment. »

Il avait raison pour le numéro 3 : il n'était pas encore sorti une seule fois et il ne sortit jamais tout au long de cette nuit-là. Quelque chose avait complètement raté. Nous avons compris par la suite que cela avait à voir avec le fait de multiplier par 7. Si vous faites ça, vous atteignez rapidement un chiffre astronomique – astronomique surtout en francs, au taux favorable où nous avions échangé nos cinquante livres.

Il ne fallut pas beaucoup de temps pour que nous soyons complètement lessivés. Au bout de deux heures interminables, nous n'avions plus un sou. L'air sombre, nous étions repartis en voiture sous la pluie battante. Le trajet d'une quinzaine de kilomètres jusqu'à notre tente prit plus d'une heure. Quand nous étions arrivés, la rivière avait débordé avec la marée du soir et nous avons trouvé notre tente, nos matelas et nos valises inondés dans trente centimètres d'eau. Nous avons sauvé ce qui pouvait l'être et nous sommes repartis vers Dieppe pour attendre le matin.

« Nous devrions discuter de ce que nous allons faire », a dit Esmond.

C'était peu de le dire, me semblait-il.

Nous sommes entrés dans un café ouvert toute la nuit. Le patron est venu nous demander ce que nous voulions boire, mais nous n'avions même pas assez d'argent pour un verre de vin. Après avoir été le témoin, un certain nombre de fois déjà, de la capacité d'Esmond à se tirer des situations les plus inextricables, je n'étais pas vraiment contrariée par cette nouvelle crise.

Esmond était en train d'évoquer la possibilité d'échanger la voiture pour un bateau de pêche quand nous avons entendu le grand cri de quelqu'un qui venait de le reconnaître. Un de ses amis, autrefois reporter pour *Out of Bounds*, venait d'entrer dans le café, sa silhouette se découpant sur la pluie toujours battante. Esmond fit les présentations. Il s'appelait Roger Roughton et il était sur le point de rentrer en Angleterre après des vacances en France.

Roger nous a payé un verre et nous avons commencé à discuter du caractère diabolique du jeu et des failles des différentes martingales.

Roger considérait que pour gagner de l'argent au jeu, il fallait l'organiser soi-même et être « la banque ». Esmond a admis qu'il partageait son avis et a proposé d'organiser une partie hebdomadaire de vingt-et-un, pour lequel on n'avait pas besoin d'un équipement coûteux. Nous avons même dressé la liste des « pigeons possibles » : Giles, Robin et Idden, les jumelles Paget, Philip Toynbee, Nancy et Peter Rodd, Tuddemy et quelques autres amis et relations. C'est à cet instant précis que Roger nous a fait savoir qu'il venait de prendre une énorme maison meublée à Rotherhithe surplombant le fleuve – un endroit idéal pour une maison de jeux.

Esmond fut immédiatement enthousiasmé. « Je ne savais pas que tu avais une maison ! Combien de chambres a-t-elle ? » a-t-il demandé en me lançant un de ses clins d'œil complices sous ses beaux cils. La maison avait quatre niveaux et sept chambres, entièrement meublée avec un piano à queue, des lits, des poêles à bois, et le loyer n'était que de deux livres par mois.

À regret, nous avons décidé de laisser la voiture garée dans une rue de Dieppe. Elle ne roulait plus. « Ces journalistes ne savent vraiment pas prendre soin de leurs affaires », a dit Esmond.

Vivre avec Esmond faisait penser à une promenade dans un conte de fées, ai-je décidé. On ne savait jamais si un sinistre lutin déguisé en consul britannique ou en croupier n'allait pas surgir au coin de rue suivant ou bien si la forêt de ronces n'allait pas s'ouvrir pour vous laisser entrer dans un palais enchanté. Un jour plus tard, après avoir emprunté à Roger l'argent de la traversée, nous nous installions au 41 Rotherhithe Street.

Chapitre 20

Le trajet en bus depuis Rotherhithe jusqu'aux quartiers plus familiers de Londres (Kensington, Hyde Park, Oxford Street) prend plus d'une heure. Le bus serpente sur des kilomètres et des kilomètres au milieu de quartiers ouvriers qui portaient des noms aussi incongrus que Devon Mansions et Cornwall Homes. Hautes de cinq étages, ces sinistres structures de brique rouge abritent une race de gens plus petits et plus pâles que les habitants du West End de Londres. Par leur apparence, leurs vêtements et leur façon de parler, ils contrastent radicalement avec le reste des Londoniens et donnent l'impression d'appartenir à un groupe ethnique différent.

Notre maison dans Rotherhithe Street était coincée entre deux entrepôts, en face de ces logements ouvriers surpeuplés. Le salon occupait un niveau entier et donnait directement sur le fleuve. Aux étages supérieurs se trouvaient les différentes chambres où Roger (et d'autres, très souvent) dormait. Esmond et moi dormions au troisième étage où se trouvaient deux chambres et une cuisine.

J'avais la vague ambition de me montrer une épouse à la hauteur dans ce contexte ouvrier, en faisant que tout soit propre, brillant et plaisant. Mais les prédictions d'Idden selon lesquelles je ne serais pas très douée pour ce genre de choses furent confirmées après quelques efforts avortés. À grand bruit, balai en main, je passais des heures à balayer les escaliers, finissant par être remarquée par Roger qui, sur un ton critique, me rappelait : « Tu es censée balayer depuis le haut de l'escalier vers le bas. » Il m'expliquait patiemment que ma méthode pour faire la vaisselle après les repas, qui consistait à savonner, rincer et sécher chaque ustensile, chaque assiette, chaque couvert, manquait un peu de rationalité et encourageait le travail à la chaîne : tout savonner, puis tout rincer et enfin tout sécher. Comme je n'avais pas l'air de piger et comme Esmond ne faisait jamais attention à l'état dans lequel était la maison, j'avais vite renoncé et cédé la place à Roger.

Faire la cuisine posait quelques problèmes, puisque nous ne mangions que rarement à la maison. Quelqu'un m'avait donné un livre de recettes de Boulestin, mais comme la plupart des recettes exigeaient une livre de beurre, un litre de lait, un verre à vin de cognac, un blanc de poulet, un homard et d'autres ingrédients encore, nous ne pouvions nous permettre de dîner à la maison qu'en de rares occasions, et la plupart du temps nous finissions par aller manger des *fish and chips* au Lyons du coin.

Esmond a trouvé un travail de rédacteur dans une petite agence de publicité sur le Strand. Son salaire de cinq livres par semaine couvrait largement nos dépenses grâce à une méthode très simple : nous n'achetions jamais rien. Esmond essayait constamment d'accumuler un capital suffisant pour lancer une boîte de nuit ou acheter un milk-bar, ou bien une voiture, et pour y parvenir nous prenions ce qui restait de son salaire hebdomadaire et nous allions aux courses de lévriers tous les vendredis soir. Mais ces expéditions tournaient habituellement au désastre. Esmond, prenant l'expression que je lui avais vue quand il avait joué à la boule, avait cette foi presque touchante du joueur invétéré dans le chien de son choix, mais immanquablement, alors que la course touchait à sa fin, un désespoir incrédule venait remplacer son optimisme enthousiaste, et nous devions souvent rentrer à pied à la maison, sans même le prix d'un ticket de bus en poche.

Nous avons même essayé une ou deux fois l'idée de notre propre maison de jeux. Roger donnait une partie du capital de dix livres et nous invitions vingt ou trente personnes, et nous organisions une partie de vingt-et-un. Mais, pour une raison quelconque, le fait d'être « la banque » ne marchait pas pour nous et, dès la deuxième soirée, nous avions perdu la plus grande partie de notre capital. Le lendemain, nous avions découvert un petit trou parfaitement rond dans une vitre du salon qui faisait face au fleuve. Esmond avait soutenu que la police fluviale, ayant eu vent de notre opération de maison de jeux illicite, nous avait tiré dessus depuis leur bateau. J'ai souligné qu'une procédure plus normale de leur part aurait consisté à se présenter à notre porte pour déposer une plainte. Je n'ai jamais su si Esmond croyait réellement à sa théorie fantastique. Quoi qu'il en soit, nous avons mis fin à la maison de jeux après cet épisode.

Je commençais alors à rencontrer certains des amis d'Esmond. Notre vie mondaine se limitait à des *bottle parties*. Les hôtes fournissaient la nourriture, qui pouvait se limiter à des chips ou aller jusqu'aux sandwichs au jambon, en fonction de l'état des finances, et les invités apportaient leur boisson, qui allait de la bière au whisky. Un objectif primordial de l'hôte était de terminer la soirée avec suffisamment d'alcool laissé par ses invités pour tenir pendant toute la semaine suivante.

Ces soirées étaient fréquentées par une foule disparate de journalistes, d'écrivains, de chanteurs de boîtes de nuit, d'étudiants. Parmi tous ceux qui ont traversé cette scène, comme les acteurs d'un film, seuls quelques-uns me restent en mémoire : Peter Nevile, Roger Roughton, Philip Toynbee, Giles, le frère d'Esmond...

Philip, qui était, je l'ai appris, le « T.P., Rugby » ayant signé l'article sur le meeting de Mosley dans *Out of Bounds*, nous rendait constamment visite à Rotherhithe Street, et il lui arrivait souvent de rester plusieurs jours d'affilée. Son visage cadavérique assez romantique semblait en désaccord avec sa personnalité, qui était celle d'un chiot disproportionné, exubérant et chaleureux. Il avait une capacité phénoménale à se plonger dans une ivresse absolue. Dans ces moments-là, il se mettait à arpenter la pièce en clamant, plein d'espoir : « Mon Dieu, je veux coucher avec quelqu'un ! » Si c'était au milieu d'une fête, il abordait toutes les filles qui étaient seules à cet effet ou bien il s'emparait du téléphone et appelait des amies dans tous les coins de Londres. J'étais toujours sidérée de voir combien cette tactique peu orthodoxe et peu discriminante était couronnée de succès et d'entendre tant de fois le « Nous serons un de plus au petit-déjeuner » lorsque Philip restait avec nous à Rotherhithe Street.

Esmond et Philip s'étaient rencontrés la première fois lorsque Philip, alors âgé de seize ans, s'était enfui de Rugby. Esmond, qui n'avait que quinze ans, vivait alors à Londres dans une chambre meublée, gagnant sa vie grâce à des petits boulots de journaliste et en vendant des espaces publicitaires. Il était devenu une sorte de centre officieux pour les garçons qui fuguaient et Philip avait séjourné brièvement avec lui, avant de décider de retourner dans son école pour terminer ses études.

Philip était notre seul lien, même s'il avait mauvaise réputation, avec le monde de la haute société londonienne dont nous nous étions séparés. Membre du Parti communiste, il trouvait encore le temps d'aller à de nombreux bals de débutantes pendant la saison à Londres et il nous régalait de ses récits.

« Tu ne pourrais pas prendre un petit sac en papier et nous rapporter un peu de ces buffets délicieux ? » le pressions-nous. Mais il nous rapportait surtout des potins délicieux à propos de ma famille et de mes anciens amis, et les histoires qui se racontaient au sujet d'Esmond et moi.

Un jour, le Parti communiste avait demandé à Philip de participer à une campagne électorale dans une ville minière du Nord de l'Angleterre. Il se trouvait qu'il avait été aussi invité à une réception à Castle Howard, non loin de la ville minière en question, pendant le week-end qui suivit l'élection. Ne voulant pas rentrer à Londres, il avait mis dans sa valise des vêtements appropriés pour ces deux engagements. Il raconta de manière désopilante ses efforts désespérés pour dissimuler son habit de soirée, queue-de-pie et nœud papillon blanc, qui se cachait de manière coupable au fond de sa valise pendant qu'il séjournait dans la petite maison d'un mineur.

Esmond avait ri aux éclats en entendant cette histoire, mais elle illustrait une des objections principales qui l'empêchaient de rejoindre le Parti communiste. Il avait le sentiment que ce dernier était envahi de jeunes intellectuels de la haute société et qu'il opérait par conséquent sur une base irréaliste. La plupart de nos amis étaient communistes à l'époque et nous entendions bon nombre des potins qui circulaient à l'intérieur du parti. L'essentiel semblait concerner les expulsions pour des raisons triviales, les gens qui en avaient marre et se résignaient, les querelles sans fin et sans objet, les affrontements à cause des insultes réelles ou imaginaires. Les anciens communistes, ceux qui s'étaient résignés ou ceux qui avaient été exclus, étaient en général les pires parce qu'ils se retournaient, amers, contre leurs anciens camarades et finissaient fréquemment par devenir les ennemis jurés de ce qu'ils avaient toujours défendu. Nous savions toutefois qu'il y avait un autre aspect du Parti communiste. Sur le plan international et, dans une certaine mesure, en Angleterre, il s'était révélé une force d'entraînement dans la lutte contre le fascisme et pour la sécurité collective contre les puissances de l'Axe. Les communistes avaient fait un travail considérable en concentrant l'attention de la nation sur le sort des chômeurs, mobilisant des milliers de manifestants dans tous les coins du pays pour des marches contre la faim et dans d'autres formes d'actions. Dans toutes les grandes batailles pour le progrès dans les années 1930, les communistes s'étaient montrés exceptionnels de par leur courage et leur détermination.

L'opinion qu'Esmond se faisait des communistes qu'il avait rencontrés en Espagne est résumée dans un passage de *Boadilla*, où il décrit Hans Beimler, le commandant politique du bataillon Thälmann :

« Dans mon esprit, je le mets immédiatement dans la catégorie des communistes réels. C'était une définition purement personnelle que j'ai appliquée instinctivement ; pour y correspondre, il fallait être une personne sérieuse, aimant la discipline rigide, membre du Parti communiste, s'intéressant à tous les aspects techniques de la guerre, et manquant de tout mobile égoïste, comme la peur ou le courage inconscient. »

Nos amis communistes qui essayaient sans succès de nous recruter avaient tendance à simplifier à l'extrême les raisons pour lesquelles Esmond refusait de les rejoindre : « Il est incapable de se soumettre à une discipline. » Ou bien : « Il est bien trop individualiste. » Les raisons véritables d'Esmond étaient considérablement plus complexes. Certes, il était dans sa nature de résister à la discipline et, cependant, il s'était révélé parfaitement capable de s'y soumettre lorsqu'elle était nécessaire pour atteindre un objectif, comme en Espagne. Mais il ne voyait aucune nécessité dans la discipline pour le bien de la discipline, qui semblait être la pratique du Parti communiste anglais. Il était bien déterminé à rester à l'écart des disputes mesquines à l'intérieur du parti, de la stigmatisation des individus en « déviationnistes » et « provocateurs petits-bourgeois », dont nos amis communistes nous rebattaient si souvent les oreilles. Si les objectifs du parti étaient en général les mêmes que les siens, il y avait bien trop de mascarades attachées au statut de membre du parti pour que cela puisse se concilier à l'humeur plus sobre qui était la sienne depuis son retour d'Espagne.

Le Parti travailliste de Bermondsey correspondait plus à notre goût. Au cours des réunions mensuelles, qui se tenaient dans une salle délabrée, pas très éloignée de Rotherhithe Street, des discussions animées avaient lieu, consacrées aux événements politiques importants du moment. Des dockers aux visages blêmes, fatigués, et leurs femmes chantaient tous ensemble *The Red Flag*, un hymne populaire du Parti travailliste dans cette partie de Londres. Des collectes de fonds pour acheter du lait pour les orphelins espagnols et pour aider les victimes juives de Hitler étaient organisées et menées à bien, souvent contre les souhaits de Transport House[1]. S'il leur manquait la séduction et le langage choisi et imposant de certains de nos amis communistes, ces membres de la branche locale du Parti travailliste donnaient l'impression d'un certain sérieux dans l'action et d'une compréhension concrète des problèmes, qui nous ont inspiré rapidement du respect. Le Parti

---

1. Transport House sur Smith Square et Dean Bradley Street, à Londres, était le quartier général de la Transport and General Workers' Union et aussi, à l'origine, du Parti travailliste, du Trades Union Congress et de la Workers' Travel Association.

travailliste dans cette section de Londres était bien plus militant que les porte-parole officiels du parti. On disait que les écoliers s'alignaient pour huer la princesse Mary, symbole d'une charité détestée, quand elle faisait une de ses rares expéditions dans l'orphelinat local.

Le 1er mai, la communauté entière était dans la rue, hommes, femmes et enfants, brandissant des bannières fabriquées à la maison et proclamant les slogans du « Front uni contre le fascisme » et les slogans officiels. La longue marche jusqu'à Hyde Park commençait tôt le matin, avec les contingents du Parti travailliste, des coopératives, du Parti communiste, du Parti travailliste indépendant, tous marchant la journée entière pour rejoindre d'autres milliers de manifestants venus de tous les coins de Londres pour la traditionnelle fête du Travail.

Chacun avait son casse-croûte dans un sac en papier et il y avait une joyeuse bousculade et des ordres criés en tous sens, et des courses après les enfants qui disparaissaient dans la foule. Philip et Roger nous avaient appris de nouvelles chansons en chemin – des parodies des chants communistes : « Conscients de notre classe nous sommes et conscients de notre classe nous resterons, et nous marcherons sur les plates-bandes de la bourgeoisie ! », « Oh, c'est le délice d'une nuit noire que de faire sauter la bourgeoisie ! » Et même une version sarcastique du *Drapeau du peuple* : « Le drapeau du peuple est d'un rose pâle, pas aussi rouge qu'on pourrait le croire. »

On nous avait avertis que les Chemises noires tenteraient peut-être de perturber la manifestation et, en effet, plusieurs groupes nous attendaient à différents points de la marche. Armés de matraques en caoutchouc et de coups de poing américains, ils surgissaient de leurs cachettes. Il y eut quelques brefs affrontements au cours desquels les Chemises noires furent submergées par la simple supériorité numérique des hommes de Bermondsey. À un moment donné, j'ai aperçu deux silhouettes familières, grandes et blondes : Boud et Diana qui agitaient des drapeaux à svastika. J'ai levé le poing du salut des Rouges dans leur direction, et j'ai été dissuadée de rejoindre la mêlée par Esmond et Philip, qui m'ont rappelé que j'étais enceinte.

Le contraste exaltant entre ma vie avec Esmond à Rotherhithe Street et ma sinistre existence précédente était une source de satisfaction constante et j'attendais avec joie la naissance du bébé. Il m'arrivait parfois de rêver que j'étais de retour à la maison, la gouvernante soufflant sur ma nuque pendant une leçon de dessin et disant : « Très jolie perspective, ma chérie. » Ou bien dansant avec un jeune homme au visage effacé. Ou encore me battant avec Boud au sujet de l'Espagne, rentrant à la maison, trempée de pluie après une marche à Swinbrook. L'impression d'être piégée, d'être lestée, ne disparaissait que lorsque j'étais pleinement réveillée.

Il nous arrivait rarement de voir ma famille ou des gens de la vie d'autrefois, même si nous avions renoué avec certains d'entre eux après une période un peu délicate. Ma mère me donnait l'impression que, même si elle était trop loyale vis-à-vis de Farve pour critiquer n'importe laquelle de ses décisions, elle regrettait vraiment la sévérité des mesures qu'il avait prises. De temps en temps, Esmond et moi la retrouvions au restaurant pour dîner, mais ces rencontres se révélaient un peu glaciales et maladroites en raison d'une amertume non dite de part et d'autre. Nous n'étions pas vraiment en bons termes avec les Rodd à cause de la collaboration malhonnête avec les Révérés. Debo n'avait pas le droit de venir à Rotherhithe Street et elle n'avait pas particulièrement envie d'y venir ; elle était à présent au milieu de sa première saison à Londres et elle avait des problèmes plus importants en tête. Je restais en contact avec elle grâce à nos longues conversations téléphoniques. Tuddemy, le seul membre de ma famille qu'Esmond aimait vraiment, venait nous voir très souvent, dînant chez nous quand j'avais réussi à économiser assez d'argent pour cuisiner à la maison, et se joignant même à nos *bottle parties*.

Ce fut pendant ces mois passés à Rotherhithe Street que j'ai trouvé mon premier travail : je recherchais des marchés pour l'agence de publicité où était employé Esmond. C'était à temps partiel et la plupart du temps en dehors de Londres.

La recherche des marchés était considérée comme un travail un peu plus prestigieux que vendeur ou employé de bureau. On était mieux payé et c'était le genre d'emploi qui pouvait « ouvrir sur quelque chose de mieux ». Il attirait toutes sortes de gens. Mes collègues, toutes des femmes entre vingt-cinq et quarante-cinq ans, étaient d'anciennes danseuses de revue, des épouses d'hommes d'affaires, des petites amies de publicitaires, des filles qui espéraient devenir journalistes.

Nous faisions tous nos voyages en train par groupes de six ou huit, dirigées par une chef d'équipe, jusque dans les villes des Midlands ou dans le Nord de l'Angleterre. Comme nous recevions, en plus de nos salaires, une petite allocation pour nos dépenses courantes, notre tactique était de trouver les pensions de famille les moins chères, de nous entasser dans une même chambre en dormant parfois à deux ou trois dans un lit, pour économiser une portion considérable de notre allocation.

Le travail en soi était inspiré par une toute nouvelle idée importée d'Amérique. On nous avait dit que son inventeur était un certain George Gallup, qui portait le titre inhabituel de sondeur. L'objectif était de compiler des informations pour l'usage des agences de publicité sur les réactions du public à différents types de produits. À cette fin, on nous fournissait des formulaires très élaborés à remplir au cours des interviews que nous menions en faisant du porte-à-porte. Les questions variaient considérablement en fonction du produit. Interviewer quelqu'un à propos de la nourriture du petit-déjeuner ou d'un produit nettoyant pour la maison était un jeu d'enfant, alors que le formulaire concernant un déodorant allait probablement contenir une question du genre : « Combien de fois jugez-vous nécessaire de vous laver les aisselles ? » Avec le risque de se voir immédiatement expulser par la femme au foyer à qui on avait posé la question. La chef nous avait bien mises en garde : la méthode Gallup comportait un système de sauvegarde intégré qui empêchait les interviewers de tricher. Elle laissait entendre qu'il saurait si nous avions eu la malhonnêteté de remplir les questionnaires nous-mêmes en buvant une bonne tasse de thé dans le Lyons du coin.

Le soir, nous faisions la queue pour rendre compte, l'une après l'autre, du travail de la journée à la chef et ensuite nous faisions face au grand inconfort créé par nos arrangements d'hôtels. Dans les conditions sordides de notre chambre remplie de femmes, le sujet de conversation était toujours le même : le sexe et les hommes, discuté sans la moindre trace de douceur ou d'humour. Les hommes, qu'ils fussent maris ou amants, n'existaient que pour être exploités ou délestés de chaque penny qu'ils avaient en poche, et le sexe était l'arme si gracieusement fournie par la nature à cet effet. Une des filles de notre équipe avait obtenu le respect et l'admiration de toutes les autres à cause d'un stratagème particulièrement astucieux qu'elle avait mis au point pour obtenir plus d'argent de son mari. Peu de temps après leur mariage, il y avait quelques années déjà, il était venu la voir très gêné et, le souffle un peu court, s'était lancé dans une longue tirade : il savait qu'il y avait un « certain moment du mois » pendant lequel les femmes faisaient des dépenses exceptionnelles et qu'elle ne devrait pas hésiter à lui demander trois ou quatre livres supplémentaires à ce moment-là.

« Quel abruti ! avait-elle poursuivi de sa voix plate et assez brutale. J'ai obtenu de lui trois livres et dix shillings tous les mois depuis dix ans. Il ne sait même pas combien coûte un paquet de serviettes hygiéniques. »

En écoutant son histoire et les commentaires approbateurs des autres filles, j'ai eu l'impression que j'avais touché un niveau de dégradation dont j'ignorais auparavant qu'il existait. Les enquêteuses avaient ouvert un pan de la vie qui était nouveau pour moi ; j'étais dégoûtée, mais fascinée, et j'espérais en même temps que ces filles n'étaient pas les travailleuses qui étaient destinées à conduire la révolution. Le risque ne paraissait pas grand puisque aucune d'entre elles ne s'intéressait à la politique ; les journaux qu'elles lisaient se limitaient, semblait-il, aux histoires de crimes et aux extravagances toujours populaires des chères petites princesses Lilibet et Margaret Rose.

Mes collègues étaient assez gentilles avec moi ; elles me traitaient comme une curieuse petite mascotte et m'appelaient

« le Bébé ». J'adorais les séjours aventureux dans des régions de l'Angleterre que je n'avais jamais vues auparavant, et le sentiment assez exaltant de gagner de l'argent, mais j'étais toujours contente quand ma mission prenait fin et que je pouvais retrouver l'innocence et la pureté relatives de Rotherhithe Street. Les intrigues qui commençaient pendant les soirées d'ivresse, le comportement ouvertement licencieux de Philip et d'autres, tout cela se déroulait dans une atmosphère de romance exubérante et n'avait rien à voir avec la frigidité calculatrice et effrayante de mes collègues.

Le bébé est né quelques mois après notre retour en Angleterre. Elle est devenue le centre de mon existence. Esmond, ravi, la regardait grandir, apprendre à sourire, apprendre à agiter les pieds et à les attraper d'une main maladroite. Nous faisions des projets pour son avenir, elle aurait à grandir au milieu des enfants un peu brutaux de Rotherhithe Street, nés dans la liberté et au milieu des défilés du 1er Mai, sans les contraintes insupportables imposées par une nanny, une gouvernante, les promenades quotidiennes, les bals ennuyeux. Ou bien nous l'emmènerions peut-être vivre à Paris, une petite fille avançant difficilement en direction d'un lycée, son cartable rempli de livres...

Le Parti travailliste avait fait installer des cliniques gratuites dans tout l'East End et, toutes les semaines, j'y allais avec ma fille pour la peser et pour l'huile de foie de morue gratuite. Une épidémie de rougeole s'était répandue dans le quartier, mais les infirmières de la clinique m'avaient assuré qu'il n'y avait rien à craindre – une enfant nourrie au sein était immunisée contre ces maladies. Sans doute ne savaient-elles pas que l'immunisation n'est transmise que par une mère qui a eu la maladie ; ou peut-être, dans cette partie surpeuplée de Londres, ne leur était-il pas venu à l'esprit qu'une personne ait pu parvenir à la maturité sans avoir eu toutes les maladies infantiles habituelles. Peu importe, elles s'étaient tragiquement trompées. À l'âge de quatre mois, le bébé a contracté une rougeole terrifiante et galopante et, quelques jours plus tard, elle me l'avait communiquée. En pleine frénésie, Esmond avait fait venir des infirmières pour s'occuper de nous jour et nuit ; ma température avait grimpé de façon alarmante, au bord de l'évanouissement et du délire. J'avais cependant guéri, mais pour apprendre que le bébé mourait de pneumonie.

Elle avait vécu encore quelques horribles journées, respirant à grand-peine sous une tente à oxygène. Les infirmières se succédaient, leurs encouragements convenus dissimulant l'horreur comme un sourire dans un cauchemar. Et puis ce fut la fin.

Esmond et moi avons fui comme des gens sonnés dans une sale bagarre de rue. Il a tout assumé, retiré notre argent à la banque, pris les dispositions nécessaires pour le voyage, et le lendemain de l'enterrement du bébé, nous sommes partis pour la Corse. Nous y avons vécu trois mois, dans l'irréalité bienvenue d'une ville étrangère, protégés par la distance de la compassion de nos amis. Nous ne sommes rentrés qu'une fois le cauchemar dissipé.

Chapitre 21

Nous sommes revenus à Rotherhithe Street à la fin de l'été 1938. Les meetings de masse et les collectes de fonds pour la cause loyaliste en Espagne attiraient toujours beaucoup de monde, mais l'atmosphère avait changé. L'impression victorieuse des premiers temps de la guerre d'Espagne s'était évaporée à jamais. La magnifique offensive sur l'Èbre du mois de juillet, dans laquelle les loyalistes avaient jeté toutes leurs forces, n'avait pas pu modifier la situation qui était de fait désespérée. Franco contrôlait les trois quarts du pays.

À mesure que l'offensive s'était réduite à une série de batailles indécises, il était devenu clair que la guerre, au jour le jour, était en train d'être perdue et que, lentement, les supporters de la cause républicaine en Angleterre commençaient, un par un, à perdre espoir.

Dans les salles de réunion battues par les courants d'air, de Bermondsey à Hampstead Heath, où se déroulaient les collectes de fonds pour l'aide à l'Espagne, l'humeur des foules immenses et graves n'était plus du tout en phase avec l'optimisme forcé des orateurs à la tribune.

Au même moment, la guerre d'Espagne était chassée de la une des journaux par les événements qui se produisaient en Europe centrale, où les lignes de front se formaient pour l'ultime et terrible bataille contre les puissances de l'Axe et pour la sécurité collective. Un million d'Allemands étaient massés sur la frontière de la Tchécoslovaquie. Les journaux citaient Goering qui avait dit détenir des informations selon lesquelles, en cas d'invasion allemande de la Tchécoslovaquie, les Britanniques ne lèveraient même pas le petit doigt.

Il était difficile de dire ce que les responsables politiques britanniques et français avaient vraiment en tête. Les hommes discrets et impénétrables du Cliveden Set, avec leurs parapluies bien fermés qui symbolisaient si bien leurs mentalités fermées, partaient en mission dans les régions sensibles et en revenaient sans rien déclarer. Lord Runciman était allé à Prague avec quarante valises et avait provoqué la fureur des Tchèques en multipliant les mondanités avec les dirigeants nazis. Ce qu'il avait pu faire par ailleurs à Prague n'apparaissait pas très clairement dans les reportages des journaux.

Pendant le mois de septembre, l'ombre a grandi. À Rotherhithe Street, il y eut alors de nombreuses conversations difficiles sur l'issue possible, sur la question de savoir si cette dernière chance d'arrêter Hitler et d'éviter la guerre serait prise. Aucun d'entre nous ne pensait sérieusement que, cette fois, la Grande-Bretagne capitulerait devant Hitler. Les chiffres parlaient d'eux-mêmes et l'empêcheraient. Si la détermination de millions d'individus avait jamais été un phénomène tangible, c'était à ce moment précis. Je repensais aux grandes manifestations que nous avions vues à Bayonne – la jeunesse antifasciste, la jeunesse socialiste et la jeunesse communiste marchant par milliers sous la bannière du Front populaire. Des fragments de leurs chants entraînants me revenaient en mémoire – Esmond et moi ne pouvions jamais les comprendre entièrement : « Prenez garde ! Prenez garde ! C'est la lutte finale qui commence ! » et « Ah ! ça ira, ça ira, ça ira, ça ira, tous les fascistes, on les pendra ! » Jamais ils ne laisseraient leur gouvernement s'incliner devant Hitler. La Russie ne le laisserait jamais faire. Les ouvriers anglais ne le laisseraient jamais faire ; même le Trades Union Congress, souvent très insulaire, avait fait des déclarations tonitruantes pour s'insurger contre l'abandon des Tchèques aux loups et prévenu que c'était sans doute la dernière chance pour l'Europe de prévenir une autre guerre mondiale.

Des propositions faites par la clique de Chamberlain pour tester les réactions à un abandon de la Tchécoslovaquie furent partout très mal accueillies. Lorsque le *Times* avait suggéré que le territoire allemand des Sudètes en Tchécoslovaquie devrait être autorisé à faire sécession et à rejoindre l'Allemagne, une violente opposition s'était fait entendre, non seulement dans toute l'Europe, mais aussi dans la plupart des journaux anglais.

J'étais à Southampton pour mon travail quand m'était parvenue la nouvelle de la capitulation de Chamberlain et de Daladier qui avait scellé le destin de la politique de sécurité collective que leurs gouvernements étaient censés défendre. Au crépuscule, des groupes de gens s'étaient rassemblés devant les kiosques à journaux au coin des rues – une vision inhabituelle en Angleterre, qui rappelait plutôt Paris, cette ville si émotive, où la chute d'un gouvernement, un scandale financier ou une affaire de meurtre particulièrement intéressante provoque souvent ces rassemblements spontanés pour découvrir les titres de la presse du soir. « LA PAIX POUR NOTRE TEMPS ! » L'énorme titre citait les premiers mots du Premier ministre à la presse, à son atterrissage au retour de Munich. L'impensable s'était produit : la capitulation aux conditions posées par Hitler ; les mains libres pour les nazis en Tchécoslovaquie... Chamberlain pouvait-il espérer s'en tirer après une telle trahison ? La semaine précédente, nous avions assisté à un immense meeting organisé par le Left Book Club dans l'East End, un des nombreux organisés pour protester contre la politique d'apaisement. La foule énorme, disciplinée, paraissait tellement déterminée, les orateurs tellement éloquents et convaincants – ce meeting était la preuve que cette dernière manœuvre de Chamberlain serait inacceptable.

Je montrai le journal à une de mes collègues. « Chamberlain ? Oh... Chamberlain, avait-elle dit, un peu distraite. Mais le journal dit qu'il est pour la paix. C'est bien, non ? »

Ensuite, j'avais erré dans les rues de Southampton, avec le vague espoir d'observer les premiers signes d'une insurrection. À ma grande surprise, les gens, placides, vaquaient à leurs occupations, sans qu'on sente dans l'atmosphère la moindre trace du désastre qui se déroulait à quelques centaines de kilomètres de là. Déjà, la radio décrivait la confusion et le désespoir de la multitude des réfugiés – phénomène auquel l'Europe s'était habituée depuis la prise du pouvoir par Hitler en 1933.

Le lendemain ou le surlendemain, les journaux locaux avaient annoncé un meeting de protestation, qui était organisé par la cellule de Southampton du Parti communiste. J'y allai, pleine d'espoir. Mais le meeting fut un triste événement, avec plus de gens à la tribune que dans la salle. Le commentaire de ma collègue (« Il est pour la paix. C'est bien, non ? ») résumait apparemment la réaction d'une bonne partie de la population à ce qui venait de se passer.

J'étais plus impatiente que jamais de retourner à Londres et de savoir ce qu'Esmond pensait de la situation nouvelle. Il était d'humeur sérieuse et sombre. Il avait perdu toute sympathie pour nos amis communistes, qui continuaient à se livrer à leur activité politique sous l'emprise de leurs vieilles habitudes – ils se précipitaient de meeting en meeting, polycopiaient des milliers de tracts, appelaient à l'action. Mais tout cela semblait relever de la pure gesticulation à présent. Le temps où les activités de ce genre auraient pu avoir une influence sur les événements avait passé. La tempête d'indignation attendue ne se produisit tout simplement pas.

En effet, une énorme vague de soulagement aveugle déferla sur l'Angleterre – soulagement de ne pas avoir à plonger pour le moment. Mais c'était un soulagement sans espoir, un peu comme la nouvelle d'une opération redoutée qui est ajournée à la convenance du chirurgien ; en dépit du délai, le cancer va se développer, proliférer, et la décision inévitable devra un jour être prise. Et ce jour-là, il sera peut-être trop tard. Le spectre d'une Europe entièrement nazifiée quelques années plus tard n'était plus impossible à imaginer.

Toutes sortes de mesures d'urgence étaient prises par le gouvernement pour préparer la population à la guerre. Des milliers de gens faisaient la queue patiemment pour être mesurés pour la distribution des masques à gaz. On découvrit rapidement que, en raison de la fabrication en hâte de ces masques à gaz, la pièce censée intercepter les gaz avait été, par inadvertance, oubliée. Des tranchées étaient creusées dans Hyde Park, provoquant le mécontentement général des *nannies* qui se plaignaient du fait que les enfants dont elles avaient la charge y tombaient immanquablement. En dehors des plaisanteries sarcastiques inspirées par ces mesures ineptes, l'atmosphère était d'un calme absolu, du fait de la soumission apathique à l'inévitable.

Le sujet des conversations n'était plus : « Qu'allons-nous faire *si* la guerre éclate ? » mais « Qu'allons-nous faire *quand* la guerre va éclater ? » La question se posait déjà de savoir de quel côté allait se retrouver l'Angleterre. Philip, qui parvenait encore de temps en temps à se déplacer dans les cercles du pouvoir où il pouvait obtenir des informations politiques intéressantes du camp opposé, était convaincu que le gouvernement Chamberlain pourrait réellement boucler la boucle et s'allier à l'Allemagne contre la Russie.

Personne ne savait vraiment combien de temps nous allions rester dans ces limbes sinistres, sans paix ni guerre. Ce pourrait être une affaire de mois ou d'années. La mobilisation était une certitude et il ne faudrait pas attendre longtemps avant que l'Angleterre ne devienne un vaste camp grisâtre, semi-militaire. « Une vaste école d'officiers, comme disait Esmond avec un frisson de dégoût, avec les tonalités d'un éternel jamboree de boy-scouts. Tu vas voir : en un rien de temps, on va avoir droit à un grand mouvement de maîtrise de soi admirable, suivi d'une épidémie à vomir de maternalisme à cheveux gris (retenant courageusement leurs larmes, tu vois), et la question subsidiaire de savoir avec qui nous serons alliés dans cette guerre et pourquoi sera entièrement perdue de vue. »

Je n'avais jamais vu Esmond aussi déprimé et agité à la fois. Devant lui, il y avait la perspective d'une sorte de discipline, centrée sur l'inessentiel, qu'il avait détestée et refusée toute sa vie – les chaussures bien cirées, le calot bien calé sur la tête, le salut impeccable –, toutes ces caractéristiques des armées modernes qui étaient, pour son plus grand plaisir, absentes au sein des Brigades internationales. Toutefois, le but que servait cette discipline restait obscur et la décision était à présent, fermement et irrévocablement, entre les mains de la foule en faveur de l'apaisement.

Si Esmond incarnait à ce moment précis le désespoir d'une génération qui avait perdu le contrôle de sa destinée, il n'était pas du genre à rester désespéré très longtemps. Tournant et retournant les plans d'action et les modes d'existence possibles, rejetant la plupart d'entre eux, l'idée avait brusquement surgi dans son esprit : nous irions vivre en Amérique jusqu'au moment où la guerre éclaterait.

Chapitre 22

En dehors de la politique, deux autres éléments avaient fait leur apparition dans nos vies, qui faisaient pencher la balance en faveur de notre émigration : l'Huissier et mes cent livres sterling.

L'Huissier était un jeune homme pâle, à l'air triste, qui travaillait pour le London Electricity Board. Heureusement pour nous, il n'était pas très doué pour son métier ; les déguisements les plus évidents – une fausse moustache pour Esmond, un haut-de-forme ou une casquette d'ouvrier, des lunettes pour moi – suffisaient à le troubler pendant les quelques instants nécessaires pour lui échapper. Il nous fixait d'un regard plein de tristesse, le front plissé par la perplexité, pendant que nous foncions jusqu'au coin de la rue ou que nous disparaissions dans le métro.

Je me sentais coupable vis-à-vis de l'Huissier parce que, d'une certaine façon, j'avais été piégée et confrontée à mes responsabilités par sa présence qui me hantait. Personne ne m'avait jamais expliqué qu'il fallait payer l'électricité – pour les lumières, pour les radiateurs et les fours électriques allumés jour et nuit à Rotherhithe Street. Lorsque l'énorme facture est arrivée, nous avons pensé brièvement la contester devant un tribunal en invoquant le fait que l'électricité était un désastre naturel – un élément naturel, comme le feu, la terre et l'air ; mais des amis juristes nous avaient convaincus que cela ne mènerait à rien. Il était impensable que nous ayons à payer cette facture et nous avions donc quitté la maison de Rotherhithe Street pour une chambre meublée près de Marble Arch.

On ne sait comment, l'Huissier avait réussi à nous retrouver. Tous les matins, avant de partir travailler, nous jetions prudemment un coup d'œil par la fenêtre pour voir s'il était en train de descendre la rue ou de guetter à un coin. Nous avions abandonné, à regret, nos déguisements parce qu'il les avait tous vus tant de fois. S'il était en vue, nous retournions nous coucher, parce que Esmond avait une théorie selon laquelle il était illégal – c'était même une violation de la Magna Carta – de signifier à des gens qui étaient au lit leur convocation au tribunal. Il nous arrivait parfois de rester au lit deux jours de peur de tomber dans le quartier sur celui qui nous tourmentait. Ces journées perdues, qui étaient si agréables pour nous, furent une source d'irritation croissante pour le patron d'Esmond.

De toute évidence, la vie en Angleterre était devenue intenable à bien des égards. De plus, pour mon vingt et unième anniversaire, j'eus la chance de recevoir cent livres d'un compte d'épargne, et nous nous demandions comment les utiliser.

Ma mère avait ouvert des comptes d'épargne pour chacun d'entre nous. À la naissance de ses enfants, elle avait commencé à faire des dépôts hebdomadaires de six pence sur chacun de ces comptes qui, avec les intérêts cumulés, atteindraient la somme de cent livres au moment où chacun de nous atteindrait respectivement l'âge de vingt et un ans. Par chance, mes cent livres étaient intactes. Mes sœurs aînées avaient, des années auparavant, perdu une bonne partie de leur argent quand elles l'avaient investi dans une des nombreuses et « maudites » affaires de mon père. Debo et moi avions été épargnées, étant jugées trop jeunes pour participer à l'aventure.

Un Américain, au nom romantique de pionnier de « Mr Reno », était venu voir mon père au début des années 1920 pour lui parler de son projet. Mr Reno avait inventé une sorte de char d'assaut, dont il avait des plans et des maquettes ; une fois construit, le char Reno serait en mesure de descendre au fond des océans et de rapporter à la surface les trésors enfouis de l'époque des pirates et de l'Invincible Armada. « Pensez-y – des coffres entiers, remplis de lingots d'or ! » avait dit mon père en se frottant les mains. Il avait fait un investissement énorme dans l'affaire et collecté des fonds supplémentaires auprès d'oncles et d'amis qui étaient impatients de partager l'or des pirates.

Nos cinq aînés furent autorisés à investir vingt livres, prélevées sur les comptes d'épargne que ma mère avait créés pour nous. Je me souviens d'avoir pleuré à chaudes larmes de rage pendant qu'ils décrivaient les immenses fortunes qui seraient bientôt les leurs – sans parler des bijoux fabuleux, des lourds colliers d'or, des pierres précieuses inestimables qui seraient sans aucun doute dragués par le char de Mr Reno. Mais ma mère était catégorique : Debo et moi n'avions pas encore sept ans, et nous étions trop jeunes pour prendre des décisions financières.

Peu de temps après, Debo et moi avions eu l'occasion de nous réjouir quand on apprit que Mr Reno était parti pour l'Amérique sans laisser la moindre trace. « Vraiment très malhonnête de sa part – je ne peux pas imaginer ce qu'il pouvait bien avoir en tête », avait dit Muv. Les autres sœurs avaient, sans beaucoup de conviction, soutenu que Debo et moi devrions participer aux pertes familiales puisque nous étions prêtes à investir si on nous avait autorisées à le faire. Mais, pour une fois, la justice avait triomphé et nos comptes étaient restés intacts.

La somme de cent livres semblait être le montant parfait pour notre projet d'émigration. Elle n'était pas assez importante pour créer une entreprise ou faire un investissement profitable, et pas assez réduite pour être dépensée dans des fêtes ou des bons dîners au restaurant. Il faudrait cependant en dépenser un tiers pour des allers simples en entrepont pour l'Amérique, nous laissant une somme rondelette de plus de trois cents dollars au taux de change du moment, qui nous permettrait de vivre en attendant de trouver du travail.

À notre grande déception, le consul américain à qui nous avions demandé les papiers nécessaires n'avait pas du tout vu les choses de la même manière. Il avait même été très surpris que nous puissions envisager de nous lancer dans une vie nouvelle avec si peu de capitaux, il avait souligné que nous pourrions être rapidement à la charge des contribuables américains, il nous avait dit qu'il nous faudrait faire état d'un budget minimum garanti de quinze dollars par semaine, avant qu'il n'envisage de nous accorder des visas d'immigration.

Nous avons sondé nos amis – Philip Toynbee, Peter Nevile, Giles – et suggéré qu'ils souscrivent une garantie de soutien financier, au cas où nous serions sans le sou. Nous fûmes accueillis par des refus fermes et indignés. « Il va vous donner les papiers ; vous n'avez qu'à prononcer les mots magiques », avait conseillé Peter. Les mots magiques, apparemment, étaient « pays où l'on pouvait tenter sa chance, individualisme farouche, libre entreprise ». Avec l'aide de Peter, Esmond concocta et mémorisa une brève plaidoirie où les mots rituels étaient répétés un certain nombre de fois. Nous nous présentâmes une deuxième fois devant le consul. Dès que nous fûmes assis dans son bureau, Esmond se transforma en l'idée qu'il se faisait d'un fervent admirateur de l'Amérique. « Monsieur, avait-il commencé, ma femme et moi partageons une foi intense, profonde, sincère, en la capacité de votre grand pays, le pays où l'on peut tenter sa chance, les États-Unis d'Amérique, de fournir, grâce à son système de la libre entreprise, les moyens de vivre, modestes mais adaptés, à des jeunes gens comme nous, épris de son individualisme farouche. » Il avait continué sur ce ton pendant quelque temps, avec une sincérité et une absence d'ambiguïté éclatantes dans le regard.

Si Esmond avait soudain pris l'apparence d'un croisement entre Mr Oover dans *Zuleika Dobson*[1] et Spencer Tracy, le consul n'avait pas semblé s'en apercevoir. Comme l'avait prédit Peter, les mots avaient eu un effet énorme, presque mesmérien, sur lui. Les yeux perdus dans le vague – qui contemplaient sans aucun doute la rue principale, balayée par le vent, d'une petite ville du Middle West, remplie d'individualistes farouches –, il avait donné

---

1. Roman célèbre de Max Beerbohm.

son consentement : « Hé bien, mes petits, je vais courir le risque avec vous. »

Le voyage étant devenu une réalité, Esmond avait eu une idée qui nous permettrait de voyager à travers toute l'Amérique en nous faisant payer. Nous ferions venir des amis avec nous et nous proposerions une tournée de conférences sur tous les aspects de la vie anglaise. Nous avions une idée de l'Amérique, comme la plupart des Anglais, limitée et assez déformée. Nous l'imaginions comme une vaste nation de Babbitts conformistes, obsédés par la famille royale anglaise, les pères et les mères anglaises, et le sexe.

« Les clubs de femmes, c'est le truc ! expliquait Esmond. Il y en a partout en Amérique, et c'est vraiment le genre de choses qu'elles adorent. Elles vont tout simplement *dévorer* Philip Toynbee. » Je faisais remarquer que c'était une pensée assez peu appétissante, mais Esmond m'assurait qu'il ne faisait qu'employer une expression américaine qu'il avait apprise de Peter.

Nous avons tout de suite aligné trois co-conférenciers. Sheila Legge, une des ex-danseuses de revue et collègues de sondage, accepta immédiatement. Esmond lui assigna rapidement son sujet de conférence : « Les hommes, du Ritz au stand de *fish and chips* ». Le jeune secrétaire d'un poète connu, qui venait de se séparer de son employeur à la suite d'une de ces disputes violentes qui ponctuent souvent ce genre de relations, fut facilement convaincu de se préparer à être dévoré dans les clubs de femmes ; le sujet assez suggestif de sa conférence était : « De membre de la Garde à secrétaire de poète ». Philip devait parler de « La vie sexuelle à l'université d'Oxford » et devait proposer une conférence supplémentaire pour le jour de la fête des Pères : « Arnold Toynbee – historien, mais avant tout papa ». J'étais chargée de décrire « La vie intérieure d'une débutante anglaise » (Esmond pensait qu'elles seraient enchantées d'entendre parler des dîners et des soupers délicieux pendant la saison londonienne). Esmond serait l'organisateur de l'expédition et apporterait occasionnellement son aide avec des conférences aux sujets explosifs, tels que : « La princesse Elizabeth est-elle vraiment le monstre de Glamis ? »,

« Le vrai Winston Churchill », « Comment rencontrer le roi »,
« La sédition fait rage à Eton ».

Dans cette atmosphère d'excitation presque électrique
qu'Esmond parvenait toujours à créer quand il lançait un nouveau
projet, nous nous étions réunis tous les cinq pour concevoir
un prospectus susceptible d'être envoyé dans les agences qui
organisaient ces conférences. Dans le style caractéristique
d'Esmond, il commençait par les mots suivants : « Madame,
Monsieur, le roi George et la reine Elizabeth ne sont pas les
seules personnes à quitter ces rives pour aller en Amérique cette
année. Nous aussi, nous arrivons. »

Nous avions même fait faire une série de photos pour
accompagner les résumés des conférences. Il y avait un portrait
de Philip libidineux pour annoncer « La vie sexuelle à l'université
d'Oxford » et un portrait de Philip plein de piété filiale pour
la conférence de la fête des Pères. Sheila, montrant une bonne
portion du membre qui, pensions-nous, lui avait valu son nom
patronymique, était photographiée dans une attitude voluptueuse
devant l'entrée principale du Ritz, avec l'ex-secrétaire du poète
dans une pose langoureuse, avec en main les deux symboles d'un
mince volume et d'une casquette de soldat de la Garde. Mais
nous n'avions pas aussitôt rassemblé tout ce matériel que nos
co-conférenciers commencèrent à nous abandonner, l'un après
l'autre. Un soudain rebondissement dans la vie amoureuse de
Philip exigeait sa présence en Angleterre ; le secrétaire du poète se
réconciliait avec lui et reprenait son travail ; Sheila était incapable
de trouver l'argent pour son billet. Nos efforts frénétiques pour
faciliter notre débarquement étaient réduits à néant. À regret, nous
avons décidé de réviser nos plans et la tournée de conférences a
été jetée aux ordures.

Dès lors nous nous sommes concentrés sur l'obtention de lettres
d'introduction de quiconque, parmi nos connaissances, était allé en
Amérique ou connaissait des Américains. Elles étaient adressées à
un ensemble de gens aussi vaste et hétéroclite que celui des gens qui
nous les avaient données : des artistes de Greenwich Village ; des

nababs de Wall Street, des gens du cinéma, des poètes, des vieilles dames charmantes, des journalistes, des gens dans la publicité.

Mes propres impressions d'Amérique avaient été glanées à différentes sources, depuis les livres lus dans mon enfance, comme *Little Women* et *What Katy Did*, à ceux d'Hemingway, et aux films. Je savais qu'ils se nourrissaient d'aliments aux noms étranges et peu appétissants : *squash*, *grits*, *hot dogs* et *corn pudding*. D'un autre côté, leurs gâteaux avaient des noms délicieux. Je les imaginais comme des petits gâteaux en forme de cuisinières avec des tabliers et des toques en sucre glace. Après avoir vu *The Petrified Forest*, je m'étais faite à l'idée que les Américains faisaient souvent l'amour sous les tables pendant que les balles des gangsters sifflaient dans l'atmosphère.

Peter Nevile était la seule personne que nous connaissions à s'être rendue en Amérique. Et Esmond, avec son sérieux habituel pour ces questions, avait sollicité Peter pour qu'il nous éclaire sur le langage, les coutumes et les mœurs que nous allions découvrir dans le « pays où l'on pouvait tenter sa chance ». Nous avions passé une soirée entière chez lui pour être initiés.

« Ne dites jamais "J'aimerais dire que…", dites toujours "Je dis", avait expliqué patiemment Peter. Dans l'ensemble, les choses vont beaucoup plus vite en Amérique ; les hommes politiques ne se présentent pas aux élections, ils *courent* pour obtenir un mandat. Si quelqu'un dit qu'il *se sent mal*, il n'a pas la nausée, il a de la fièvre. Là-bas, *dingue* signifie furieux et non pas dément. Ne cherchez pas le responsable de la consigne, elle est automatique. Un *nice joint* est un bon pub et non pas un beau morceau de viande… » Il avait fait une liste de noms de baptême que nous n'allions pas manqué de rencontrer, certains tirés de titres anglais, comme Earl et Duke, d'autres tirés de noms d'États américains, comme Washington, Georgia, Florida. « Mais il est difficile, a-t-il poursuivi en prenant son accent américain à mesure qu'il s'échauffait, de trouver des gens du nom de Viscount ou New York. Il n'y a vraiment aucune logique à l'affaire. » Il nous a donné d'autres instructions concernant la façon de prononcer certains mots et nous a gratifiés d'un certain nombre d'informations fausses, nous faisant croire que *pediatrician* désignait un nom compliqué pour désigner un spécialiste du maïs et *mortician*, un musicien un peu nécrophile qui ne joue qu'aux funérailles.

« *Twenty* se prononce *twenny*, a continué Peter, et assurez-vous de bien effacer le premier *t* dans *interesting*. Et vous devrez apprendre quelques expressions de base. Par exemple, vous verrez que les gens disent généralement "*I'll be seeing you*" au lieu de "*Goodbye*". Ce qui vous permet de répliquer "*Not if I see you first*", ce qui montrera que vous êtes sur le qui-vive et amusant. Vous pouvez aussi déclencher l'hilarité générale en disant "*A-by-ssin-ia*". Autre chose, si quelqu'un vous fait un compliment – "Vous avez l'air en pleine forme" ou "Quelle jolie robe !" – vous êtes censé répondre "Merci" au lieu de marmonner un truc incompréhensible. Il faut aussi faire attention à la tournure que peut prendre un compliment. Un Américain peut dire "*That dress is the cat's pyjamas*". N'y voyez pas une critique, c'est tout le contraire. »

Quand j'ai suggéré, dans ce que j'imaginais être mon meilleur argot américain, qu'il était temps de nous tirer, Peter nous a donné un dernier conseil : « Vous aurez besoin d'un avocat bien tordu à New York ; on ne peut pas s'en tirer sans en avoir un. Câblez le consul britannique là-bas et demandez-lui de vous en envoyer un au bateau à votre arrivée. »

Chapitre 23

Nous avons embarqué pour New York le 18 février 1939, à bord du paquebot canadien, *SS Aurania.*

Tom, Philip et Nanny – un trio bizarrement assorti, mais parfaitement approprié – nous accompagnèrent au train qui nous emmenait au bateau. Nanny, qui paraissait tellement plus petite maintenant que j'étais adulte, ronchonnait un peu à l'idée de nous voir quitter l'Angleterre – « Pourquoi veux-tu aller en Amérique, ma chérie, avec ces horribles tremblements de terre et leur thé en sachet, ça a l'air effroyable ; ma cousine dit qu'il est impossible de boire une tasse de thé digne de ce nom là-bas » – et elle s'inquiétait à voix haute de mes sous-vêtements.

Un peu en retrait, Tom, mon seul lien avec la famille à ce moment-là, souriant avec un air idiot, a ajouté : « Oui, Little D, n'oublie surtout pas de les laver tous les soirs. Je sais, de source sûre, que les filles américaines le font.

– Oh, Tuddemy, tu l'as encore perpétré, tu es terrible, que va-t-on faire de toi ? » (cette dernière phrase prononcée en *boudledidge*, afin que Nanny ne puisse rien y comprendre).

Philip était en proie à un chagrin exagéré et exubérant de nous voir partir sans lui et n'avait ri qu'à contrecœur quand Esmond lui avait rappelé d'une voix forte : « Menton haut, mon petit Toynbee ! Et protège la flamme du foyer. Nous le devons aux mères d'Angleterre. »

Nous avons reniflé nos dernières odeurs de Londres – les odeurs excitantes, charmantes, des gares, les petits fragments de suie dans l'atmosphère stagnante et la température glaciale – et puis le train a démarré. C'était presque comme une fugue de nouveau ; aucun regret, aucune prémonition des changements qui pourraient se produire si jamais je devais un jour revenir. Si « l'avenir se déployait devant nous », comme l'avait si magnifiquement et simplement exprimé un homme politique américain, je n'y accordais pas la moindre pensée. Nous partions pour l'Amérique, l'avenir était une grande toile blanche sur laquelle tout pouvait apparaître. C'était un énorme soulagement de pouvoir mettre cinq mille kilomètres entre ma famille et moi, à ce moment précis. Les rapports s'étaient fortement dégradés ; je ne les voyais pratiquement plus et pourtant ils étaient là – et il y avait ce malaise récurrent à l'arrière-plan de la guerre imminente, pendant laquelle Boud et moi serions dans des camps opposés.

Esmond passa tout le trajet en train à fantasmer sur les événements improbables qui pourraient se produire pendant la traversée. Nous allions peut-être faire la connaissance d'un grand industriel qui, impressionné par notre « individualisme farouche » tout neuf, nous prendrait en charge désormais, ou bien un découvreur de nouveaux talents pour le cinéma, voyageant incognito, allait immédiatement signer un contrat avec nous et nous proposer de payer notre voyage jusqu'à Hollywood.

Un soir en mer avait suffi à le convaincre que les passagers de ce genre n'abondaient pas à l'entrepont. Nos compagnons de voyage étaient des touristes canadiens ou des réfugiés polonais qui avaient réussi à se faire admettre dans les quotas d'immigration. Comme il n'y avait pas grand-chose d'autre pour animer le voyage, toute notre attention était absorbée par les alliances que nous formions avec un groupe, puis l'autre, dans les batailles continues qui faisaient rage entre ces deux groupes.

Certains Canadiens avaient pris l'initiative de protéger la pureté anglo-saxonne du bar de l'entrepont en y interdisant l'accès aux « étrangers ». Le bar était petit, en général bondé, et l'atmosphère irrespirable. Normalement, un groupe de Canadiens parvenait à le monopoliser en début de soirée. Ils criaient : « Ça pue l'eau de

Pologne ici ! » quand certains réfugiés essayaient d'entrer. Esmond, retrouvant immédiatement ses manières d'Anglais éduqué dans les *public schools*, escortait un groupe de Polonais à travers la phalange canadienne. « Je dois vous présenter mes excuses pour le comportement de ces répugnants représentants de nos colonies. Ils ne sont pas encore vraiment civilisés. Dommage que nous n'ayons pas pu faire la traversée à bord d'un navire anglais. » Pour une fois, il était ravi de snober les snobs.

La longue et ennuyeuse traversée toucha à sa fin. Il se trouve qu'il y avait une fois de plus un « Lord à bord ». Comme il avait fait le voyage en première classe, nous ne l'avions découvert qu'au dernier moment, dans la longue file d'attente des étrangers passant les formalités de l'immigration. Il était juste devant moi et je l'avais observé en train de remplir le long formulaire donné aux touristes. Le fonctionnaire de l'immigration, au visage bouffi et maussade, l'avait lu, pointant le doigt comme quelqu'un qui n'aurait pas eu l'habitude de lire. En arrivant à la case « Profession : pair du royaume », le fonctionnaire avait rayé cette réponse et écrit à la place : « Néant ». J'eus le sentiment que c'était un incident symbolique qui marquait bien notre arrivée dans le Nouveau Monde.

Très vite, nous nous sommes retrouvés dans un taxi au milieu des rues larges et lumineuses de New York, en route pour le Shelton Hotel, où Peter Nevile avait réservé une chambre pour nous. Nous fûmes un peu atterrés par les prix – trois dollars cinquante, la nuit, sans petit-déjeuner –, mais il nous avait assuré que le truc principal en Amérique, c'était de « faire bonne figure ». Le Shelton dépassa nos rêves les plus fous en matière de luxe américain de masse. Le hall magnifique et les grooms, la taille immense de l'endroit, les couloirs aux moquettes épaisses n'avaient rien à voir avec ce qu'on trouvait dans les hôtels anglais. L'atmosphère sombre du Ritz de Londres avec son personnel âgé et grave, l'inconfort organisé et distingué des hôtels anglais pour la classe moyenne, tout cela paraissait bien plus éloigné que les simples cinq mille kilomètres que nous venions de parcourir. Nous avions l'impression d'avoir débarqué sur une autre planète. Des panneaux fascinants dans l'ascenseur proposaient les services disponibles dans ce « Meilleur des Mondes » : room service, valet service, piscine sur le toit, docteur de l'hôtel (« Je me demande bien ce que peut faire un docteur d'hôtel », avait commenté Esmond) ; on aurait dit une ville en miniature. Nous avons posé nos valises dans la chambre d'une propreté aseptisée, nous avons pris nos lettres d'introduction et nous sommes descendus au bar.

Le Shelton Bar fut une de nos premières impressions marquantes de l'Amérique. Nous nous sommes assis dans un coin sombre et bien rembourré, nous avons commandé des martinis dry et absorbé le côté incroyablement non anglais de tout ça. Nous avons vu des femmes incroyablement belles et sans âge, vêtues d'impeccables vêtements noirs parfaitement ajustés et chaussées de chaussures étincelantes ; ainsi que des hommes d'affaires bruyants et souvent âgés se pressant contre le bar. Un orchestre a joué des airs populaires qui ne nous étaient pas familiers, qui finiraient par atteindre les rives de l'Angleterre, des mois plus tard.

Les lettres d'introduction nous ont beaucoup tourmentés. Armés de grandes feuilles à l'en-tête du Shelton et d'enveloppes au même nom, nous avons commencé à écrire des mots à joindre aux lettres d'introduction – « Chers Monsieur et Madame un tel, mon ami Peter Nevile…

– Non. Pourquoi ne pas plutôt écrire "mon grand ami Peter Nevile" ?

– Oui, et pourquoi pas "mon très bon ami Peter Nevile" – ça a un côté plus dynamique, plus monde des affaires, tu ne trouves pas ?

– Ou bien "mon cher ami Peter Nevile" – non… trop suave.

– "Peter Nevile, un de nos bons amis, nous a donné la lettre jointe"…

– Ou bien "notre ami commun Peter Nevile"… "commun" sonne très américain à mes oreilles…

– Ou alors quelque chose d'informel ? Je crois comprendre que les Américains aiment bien ça de temps en temps, un truc du genre "Je suppose que vous vous souvenez de ce bon vieux Peter Nevile, il vous a rencontré quand il vivait à New York"…

– Oh non, ça c'est voué à l'échec, parce que ça laisse entendre qu'ils pourraient ne pas se souvenir de lui. Ce n'est vraiment pas faire bonne figure… »

Nous avons argumenté inlassablement pour la rédaction de chacun de ces mots, car ces lettres allaient être le sésame, ouvre-toi du monde situé juste au-delà du Shelton Bar. Nous en sommes venus à bout finalement et nous nous sommes glissés dans la nuit glaciale pour aller les poster.

Le lendemain, nous n'avons pas osé quitter l'hôtel ou presque, de peur de manquer un appel. Nerveux, nous arpentions la chambre ou descendions à la réception pour demander s'il y avait des messages. Dans cet état d'anxiété, nous avons découvert une chose qui devait projeter une ombre immense sur les vingt-quatre heures suivantes de notre vie à New York. Nous n'avions pas reçu une seule réponse à nos lettres ; à l'heure qu'il était, elles avaient eu tout le temps nécessaire pour arriver. Soudain, une pensée véritablement atroce m'a traversé l'esprit. « Esmond, tu as remarqué que les poubelles et les boîtes aux lettres sont très similaires ? Elles sont vert foncé et elles ont des fentes toutes les deux. Tu ne penses pas que… ? »

Nous nous sommes rués hors de l'hôtel. Il y avait une grande boîte aux lettres vert foncé, juste à côté d'une poubelle vert foncé. La nuit, dans l'obscurité, habitués comme nous l'étions aux boîtes aux lettres d'un rouge éclatant en Angleterre, il aurait été facile de commettre une erreur fatale.

Le lendemain a été une journée de suspense horrible. Nous avons fait un nombre incalculable d'allées et venues entre notre chambre et la réception pour voir si des lettres ou des messages étaient arrivés. Pour faire passer le temps, Esmond a fait venir dans notre chambre le docteur de l'hôtel, en partie pour savoir s'il existait vraiment et en partie à cause d'un léger mal de gorge. Le docteur de l'hôtel non seulement existait, mais il est venu dans notre chambre, a prescrit de l'aspirine et a empoché des honoraires de cinq dollars – à la grande fureur d'Esmond, qui pensait que ce service était inclus dans le prix de la chambre.

À la fin, le téléphone a sonné. Une voix américaine agréable a dit : « Madame Romilly ? J'ai reçu votre lettre. Je serais enchantée de rencontrer une amie de Peter Nevile et d'avoir des nouvelles de lui. » Nous respirions de nouveau. Le problème des lettres résolu, nous avons commencé notre exploration de New York.

Chapitre 24

Ces premiers jours dans New York furent une opportunité pour nous de tester nos préjugés sur l'Amérique à l'aune de la réalité. Le quartier Times Square – Broadway – 42e Rue était à la hauteur de toutes nos attentes, avec son allure éclatante de décor de cinéma et la touche supplémentaire de comédie musicale fournie par les piquets de grève qui tournaient inlassablement devant le restaurant The Brass Rail, en répétant à l'unisson leur éternel message : « Le Brass Rail est en grève. Circulez, s'il vous plaît. »

Bien sûr, on nous avait dit que New York n'avait rien d'une ville américaine typique – nous n'étions pas alors en mesure de juger à quel point –, mais nous eûmes immédiatement l'impression que New York avait une personnalité bien distincte. Le seul trait de cette personnalité semblait être l'étincelle d'intérêt momentané chez les New-Yorkais au moindre contact.

Un inconnu à qui vous demandiez votre chemin se projetait allègrement, pendant les quelques secondes de conversation passées avec lui au coin d'une rue, dans vos problèmes, mettait en question la sagesse même de votre projet, suggérait souvent un plan d'action complètement différent :

« Pouvez-vous me dire où se trouve le Museum of Modern Art ?

– C'est à deux blocs d'ici, mais l'exposition Picasso a fermé mercredi dernier. Si vous attendez la semaine prochaine, il y aura une exposition Van Gogh. Combien de temps avez-vous prévu de rester ici ? Je vais vous dire un truc, pourquoi ne pas aller plutôt au Museum of Natural History aujourd'hui ? »

Une femme chargée de ses achats, arrêtée en pleine course, pour lui demander la direction du grand magasin Macy's, était capable de faire la réponse suivante : « … mais, chérie, leurs soldes ne commencent pas avant vendredi. Essayez plutôt Bloomingdale. Et c'est plus près d'ici. » Souvent, ils ajoutaient : « Vous êtes anglais, n'est-ce pas ? Combien de temps restez-vous ? Vous aimez ici ? »

En traînant dans les rues de New York, nous sommes tombés sur de nombreux exemples de cette qualité délicieuse des New-Yorkais, toujours sur le qui-vive, s'impliquant violemment, impatiemment, dans la moindre situation portée à leur attention, proposant chaque fois une alternative, toujours prêts à répondre ou à argumenter.

Les lettres d'introduction nous procurèrent un déluge d'invitations à la plus grande variété de mondanités que nous eussions connue jusqu'alors. Pendant quelque temps, nous avons baigné dans l'hospitalité tant vantée des Américains et nous nous en sommes délectés.

Ayant perdu la liste soigneusement dressée des gens à qui nous avions écrit, nous n'avions plus aucun moyen de savoir qui, parmi les gens que nous allions rencontrer, était un vieil ami de cousine Dorothy, une relation d'affaires du patron d'Esmond dans son agence de publicité à Londres, un jeune ami brillant de Peter Nevile. À certains égards, cela rendait la chose encore plus excitante : « Comme des chasseurs qui ne savent pas s'ils sont à l'affût d'un lapin ou d'une biche », disait Esmond.

Contrastant radicalement avec la situation qui aurait été la nôtre dans les mêmes circonstances en Angleterre, notre ignorance concernant nos « contacts », comme Esmond tenait à les appeler, n'avait aucune importance ou presque. Les vieux et les riches eux-mêmes nous recevaient avec une chaleur surprenante et une absence totale de formalités. Ils ne manifestaient pas cette qualité familière de « désapprobation avunculaire », cette forme d'impolitesse automatique vis-à-vis de la jeunesse, qui surgissaient si facilement et péniblement chez leurs homologues anglais.

L'absence de ce caractère sinistre que nous avions notée chez les habitants de ce territoire fascinant s'étendait aussi à leurs habitations, qui étaient aussi confortables et protégées que des serres chauffées. Les délicieuses bouffées de chaleur qui vous accueillaient dès l'entrée semblaient aller de pair avec la sympathie spontanée des occupants de l'endroit, un contraste bienvenu par rapport à l'Angleterre, où il était si fréquent de trouver dans un salon quelconque une température du milieu de l'hiver, identique au degré près à celle qui régnait dehors.

Nous avions l'impression d'être les explorateurs d'un territoire qui comprenait tous les appartements et les bureaux de Manhattan, avec de rares incursions vers les banlieues limitrophes, au-delà des autoroutes terrifiantes.

Les « contacts » se répartissaient grosso modo en trois groupes qu'avait distingués Esmond, avec sa manie des classifications et des listes. Il y avait les Spécialistes-de-la-Tombe-de-Grant, qui avaient tendance à nous emmener voir des monuments importants plutôt qu'à suggérer des cocktails ou un dîner ; il y avait Ceux-Qui-Pouvaient-Vous-Dégotter-Un-Boulot ; et il y avait enfin – comme nous n'avions pas vécu assez longtemps en Amérique pour découvrir combien peu de ses habitants parlaient vraiment avec l'accent hilarant que leur donnait Esmond – les Gens-Fraiment-Inn-téressants.

La seule chose que les trois catégories de contacts avaient en commun, c'était l'inévitable question : « Vous aimez l'Amérique ? » Au début, cela nous déconcertait toujours un peu.

« Il ne nous viendrait jamais à l'esprit de demander à un étranger s'il aime l'Angleterre, remarquait Esmond, parce que, si c'est le cas, quelle importance ? Et si ce n'est pas le cas, il n'y a rien que l'on puisse faire pour le faire changer d'avis. »

Nous nous demandions souvent comment le contact réagirait si l'on répondait : « Je déteste. » Heureusement, c'était loin d'être le cas et nous étions toujours en mesure de répondre sincèrement : « Oh, beaucoup... C'est merveilleux... »

Esmond écrivit à Peter : « Il y a une petite chose qui m'agace. Les gens ici – je veux dire même les gens intelligents – sont salement nationalistes. Ils ne cessent de rappeler des points d'histoire et la guerre d'Indépendance américaine – alors que personne, tu dois l'admettre, n'a le moindre truc en tête à ce sujet. » L'éducation d'Esmond, même si elle avait été bien plus complète que la mienne, lui avait laissé la vague impression que l'Amérique avait dû être chassée de l'Empire britannique parce qu'elle faisait des problèmes. Mais les Spécialistes-de-la-Tombe-de-Grant nous avaient rapidement dissuadés de croire à cette théorie.

Au bout de quelques semaines passées à New York, nous avions l'impression d'y connaître autant de gens qu'à Londres. Nos relations, même si elles ne constituaient pas un échantillon représentatif de la ville – puisqu'elles étaient en grande partie composées de gens de l'édition, de la publicité et de la presse –, n'en étaient pas moins d'une variété kaléidoscopique. Il y avait des conservateurs et des révolutionnaires, des millionnaires de Park Avenue et des jeunes gens qui gagnaient difficilement leur vie, avec une pincée de danseurs et danseuses, d'artistes et d'écrivains.

Parmi les douzaines d'endroits, d'expériences et de visages nouveaux, quelques-uns se détachent clairement dans ma mémoire : les toilettes de la maison d'édition Random House, qui ressemblaient à une bibliothèque en miniature, avec ses murs couverts du sol au plafond de volumes aux titres appropriés comme *Autant en emporte le vent*, *Mein Kampf*, *King John* ; les familles fascinantes qu'étaient les Graham et les Meyer ; les gens de *Time Life* ; les adorateurs des tailleurs anglais ; les snobs de Park Avenue.

Nous avons rencontré Kay Graham lors d'une réception et nous l'avons immédiatement inscrite sur la liste des Gens-Fraiment-Inn-téressants. Elle avait à peu près notre âge, elle était très jolie et intelligente, et elle défendait ardemment le New Deal. Avant la fin de la soirée, elle nous avait invités à venir dans la maison de campagne de sa famille pour le week-end. « Mais vos parents ne seront pas furieux ? » avais-je demandé, pleine de doute, imaginant la scène qui aurait eu lieu si j'avais invité des gens inconnus à Swinbrook sans demander la permission à mes parents. La question avait paru la surprendre. Je compris pourquoi après avoir fait la connaissance de ses parents.

Leur maison, dans Westchester County, dont on nous avait dit que c'était une sorte de banlieue de millionnaires de New York, était la maison la plus luxueuse qu'il m'ait été donné de voir – une maison de campagne anglaise pour la taille et l'environnement, mais deux fois plus confortable. Aucun des inconvénients auxquels on pouvait s'attendre dans une maison de campagne – l'eau froide dans la baignoire, les ampoules électriques grillées, la nourriture immangeable – du même genre en Angleterre.

Les parents de Kay, Eugene et Agnes Meyer, différaient tellement de mes propres parents – ou de n'importe quels parents anglais, en réalité – qu'ils ne ressemblaient plus à des parents. Ils se comportaient avec la gentillesse de véritables fées, même avec leurs propres enfants. Les parents Meyer avaient beau être des républicains convaincus, les enfants avaient beau être plutôt de gauche, les conversations politiques avaient beau faire rage pendant tous les week-ends, tout le monde avait l'air de s'aimer sincèrement. Mr Meyer semblait même aimer les hommes que ses filles avaient épousés. Je ne pouvais m'empêcher de penser à la façon dont Farve parlait de ses gendres, qu'il appelait avec un plaisir sombre « le type Mosley, le gamin Romilly et Rodd l'emmerdeur ».

Kay et son mari, Phil, se délectaient des joutes verbales avec Mr Meyer qu'ils finissaient par acculer à la contradiction. Un soir, pendant le dîner, après qu'ils l'avaient encore une fois coincé, encouragée par ces rapports si peu familiers entre vieux et jeunes, j'ai demandé : « Mais, monsieur Meyer, vous n'êtes tout de même pas favorable au capitalisme, n'est-ce pas ? » Il m'a regardée depuis l'autre bout de la table, accablée pendant un long moment étincelant, alors que ses enfants et Esmond éclataient de rire, avant de faire la réponse qui résumait au mieux son point de vue sur la question : « Oui. »

Plus tard, Kay nous a raconté une histoire assez drôle concernant la dernière élection. Ses parents et elle s'étaient engagés à fond dans la campagne – dans des camps opposés. Le soir de l'élection, Kay se trouvait chez une amie et avait veillé tard pour entendre les premiers résultats. Aux premières heures du jour, son père l'avait appelée depuis la maison de Westchester County pour lui dire sur un ton jubilatoire : « Les régions rurales votent en masse pour les républicains ! Nous venons de recevoir les résultats pour Westchester County ! »

Ayant appris qu'Eugene Meyer était le propriétaire et le directeur du *Washington Post*, nous l'avons placé en tête de la liste de Ceux-Qui-Pouvaient-Vous-Dégotter-Un-Boulot, au cas où nous nous retrouverions un jour dans cette ville.

Même si les Meyer étaient « favorables au capitalisme » et sans doute parce qu'ils étaient des antifascistes convaincus, leur compagnie ne nous a jamais donné l'impression désagréable de « fraterniser avec l'ennemi », impression qui a parfois marqué nos incursions dans d'autres places fortes des riches et puissants d'Amérique.

Après une longue journée sans succès passée avec Ceux-Qui-Pouvaient-Vous-Dégotter-Un-Boulot, il était agréable et réconfortant de se détendre sur les coussins de satin d'un duplex au sommet d'un immeuble de Park Avenue. Malheureusement, les propriétaires de ces repaires, où abondait la bonne nourriture et où le whisky coulait à flots, se révélaient souvent dépourvus d'humour et dotés d'une mentalité fasciste – des avant-courriers de maccarthysme – et nous avions parfois le sentiment d'avoir touché le fond du snobisme et du racisme, à une profondeur jamais connue auparavant.

Trop souvent nous finissions par nous quereller avec nos hôtes. L'une d'elles avait un jour entrepris de nous éclairer sur ses compatriotes. Esmond avait fait une liste sur un bout de papier pendant qu'elle nous expliquait les différentes classifications. Il écrivit sous sa dictée : « Noirs – criminels en puissance. Blancs pauvres, Italiens, etc. – pires que les Noirs. Juifs – toxiques. Les gens du WPA[1] – des charognards qui ne veulent pas travailler. Le

1. Works Progress Administration, organisation créée par l'administration Roosevelt, dont l'objectif principal, outre le soutien financier à des artistes que la crise économique

Parti démocrate – des ordures. Le président Roosevelt – un fou criminel qui ne pouvait pas trouver de travail ailleurs. »

« Cela doit représenter un peu plus de soixante-dix pour cent des gens ici, avait dit Esmond. Dans quel horrible pays nous avons débarqué ! Comment pouvez-vous supporter de vivre ici ? Nous n'aurions certainement jamais quitté l'Angleterre si nous avions su tout cela avant notre départ. Allez, Decca, rentrons rapidement à l'hôtel et voyons si nous pouvons faire une réservation pour le prochain bateau en partance… » Et nous sommes partis à toute vitesse, laissant notre hôtesse bouche bée et notre dessert intact. « Il avait l'air d'être très bon, a dit Esmond sur un ton de regret, mais il fallait bien marquer le coup. »

Une invitation d'un de Ceux-Qui-Pouvaient-Vous-Dégotter-Un-Boulot portait l'inquiétante mention « *black tie* ».

« Ça tombe bien. J'ai une cravate noire », a dit Esmond.

Je l'ai tout de suite détrompé.

« Je crois que cela veut dire smoking, même s'ils l'appellent ici un *tuxedo*. Si tu veux y aller, il va falloir que tu t'en procures un quelque part. » Refuser une invitation aurait été une violation des règles que nous nous étions fixées. Esmond est allé consulter le maître d'hôtel du Shelton et il est revenu avec de mauvaises nouvelles.

« Il dit qu'un *tuxedo* coûte au moins quarante dollars dans le seul endroit qu'il connaisse. Il dit qu'on peut en louer un, mais ça coûte encore quinze dollars. Il n'en est pas question… Je crois que je vais aller voir ce que je peux trouver dans des quartiers plus modestes de New York. »

« Regarde ! s'est-il écrié. Six dollars seulement, avec le gilet et tout. Je l'ai trouvé dans un petit magasin d'une rue qui s'appelle Third Avenue. C'est un endroit merveilleux. Le vendeur me l'a fait à ce prix-là, parce que la dernière personne à l'avoir porté s'est

---

avait privés de leurs mécènes, était de susciter la réalisation d'œuvres publiques qui donnent à voir la vie quotidienne du peuple.

fait descendre, et c'est censé porter malheur, et donc personne n'en veut. »

Le *tuxedo* lui allait bien. J'ai cherché soigneusement le trou qu'avait fait la balle, mais je n'ai pas pu le trouver. Ce qu'il y avait de plus moche dans ce costume, c'était les revers en satin qui étincelaient et brillaient comme des miroirs. J'y ai frotté de la poudre de maquillage, ce qui a un peu affaibli leur éclat. Nous nous sommes demandé si les énormes épaulettes devaient partir ou non, parce qu'elles donnaient à Esmond une allure de boxeur, mais nous avons fini par y renoncer de peur de provoquer un effondrement complet de la veste.

« Après tout, ils ne te reverront sans doute jamais plus et ils penseront que c'étaient vraiment tes épaules », ai-je dit.

Grâce au simple pouvoir de suggestion, le *tuxedo* d'Esmond fut un immense succès. J'ai soigneusement évité de croiser son regard quand j'ai entendu notre hôte déclarer : « Rien ne vaut les tailleurs anglais, ils savent vraiment ce qu'ils font. Ce *tux* est superbe. Où l'avez-vous trouvé, à Savile Row ? »

Peu après notre arrivée, nous avions eu droit à un peu de publicité quand les journaux new-yorkais avaient ranimé brièvement l'histoire de notre fuite en Espagne. Nous avions été heureux de voir que les comptes rendus étaient sympathiques et plus précis que ceux auxquels nous avait habitués la presse anglaise. Le magazine *Time* faisait dire à Esmond : « Nous sommes venus ici pour échapper à une atmosphère terrible, mortelle, de dépression et de désespoir. L'Angleterre est un des endroits les plus tristes qui soient au monde. »

Résultat, nous fîmes la connaissance de deux personnes de notre âge qui travaillaient pour le magazine *Life* : Liz Kelly, qui y était documentaliste, et Dave Scherman, un jeune photographe, avaient été envoyés pour nous interviewer. Ils nous avaient fascinés parce qu'ils avaient l'air si typiquement américains – Liz, tout juste arrivée du Nebraska avec cet air de fille-d'une-petite-ville-qui-est-en-train-de-réussir-dans-la-grande ; Dave, avec un sens de la repartie fulgurant. Très vite, nous avons été les meilleurs amis. Dave employait naturellement des expressions que nous n'avions entendues qu'au cinéma. Ils nous rendaient souvent visite et nous les régalions avec nos récits des rencontres avec les Spécialistes-de-la-Tombe-de-Grant et de nos incursions dans la vie de Park Avenue.

Sans le vouloir, nous avons pourtant mis Dave dans une situation difficile vis-à-vis de ses supérieurs à *Life*. Esmond avait déclaré de manière un peu désinvolte à un reporter du *Daily Mirror* : « Le seul dur que j'ai rencontré en Amérique jusqu'à présent, c'est un photographe de *Life*. » Le lendemain, le *Mirror* imprimait la phrase dans une de ses chroniques. Dave s'était précipité chez nous.

« Vous êtes dingues, vous ne pouvez pas raconter à un autre journaliste que je suis un dur. Mon patron n'a pas du tout apprécié la plaisanterie. Il m'a bien engueulé à cause de ta phrase dans le *Mirror*. Il m'a dit que les gens de *Life* ne parlaient pas comme ça. On n'est pas censés être des durs dans ce métier. Tu piges ? »

Nous nous sommes confondus en excuses, sans pouvoir nous empêcher de rire parce qu'on aurait pu croire que les protestations de Dave étaient des répliques d'Humphrey Bogart, le mégot de cigarette dansant au coin de la bouche.

Ceux-Qui-Pouvaient-Vous-Dégotter-Un-Boulot occupaient l'essentiel de nos journées. Esmond avait une liasse de lettres d'introduction à des gens dans la publicité, et cette liste était régulièrement complétée par les suggestions des Gens-Fraiment-Inn-téressants et même des Spécialistes-de-la-Tombe-de-Grant.

Notre réserve d'argent liquide diminuait. C'était déprimant. La vie au Shelton faisait de terribles ravages dans ce qui restait des cent livres. « Le problème, me racontait Esmond, inconsolable, c'est que j'ai l'impression d'avoir un succès énorme avec les secrétaires et les gens du bureau. Mais, ensuite, quand je passe l'entretien, ils me disent que mon expérience dans la publicité en Angleterre ne me sera d'aucune utilité, parce que l'Angleterre a vingt ans de retard sur l'Amérique dans ce domaine. Je suppose qu'ils pensent à ce genre de chose. » Il m'a alors montré une publicité dans un vieil exemplaire de l'*Evening Standard* de Londres : « Les bouillons cubes Seller… Aussi bons que la poule. » « En Amérique, ils ne disent jamais un truc pareil. Surtout quand c'est pour le comparer à une chose aussi déprimante qu'une poule bouillie… »

Une agence avait suggéré qu'il leur présente un échantillon d'un *soap opera*. « Je me demande ce que ça peut bien être, a dit Esmond. J'ai répondu que je n'avais pas la moindre fibre musicale et le type a dit que ça n'avait aucune importance. »

Nous avons enquêté discrètement et découvert qu'un *soap opera* est un feuilleton dramatique, en général centré sur la vie d'un pharmacien et de sa famille dans une petite ville. Esmond s'est mis au travail, mais son pharmacien faisait plutôt penser à un mélange d'officier britannique et d'acteur de théâtre du Nord de l'Angleterre. Quand il a fait lire son feuilleton, on lui a assez cruellement suggéré de chercher un travail de clerc dans un bureau, où il pourrait commencer « tout en bas de l'échelle et gravir progressivement les échelons ».

Au bout du compte, c'est moi qui ai trouvé la première du travail. Ayant sans vergogne inventé une longue expérience dans l'industrie de la mode à Londres et à Paris, j'ai été engagée comme vendeuse chez Jane Engels Dress Shop dans Madison Avenue, à vingt dollars par semaine.

« Tu aurais dû me voir, partant de tout en bas et montant, montant, racontai-je à Esmond après ma première journée. Pour enlever leurs vêtements aux clientes, je veux dire. Franchement, c'est d'une difficulté incroyable. Je n'avais aucune idée. Soit la robe se bloque au milieu et la pauvre créature est là, à se débattre et à protester en poussant des cris étouffés, soit tout part d'un coup et elle se retrouve toute nue et tremblante. Je suppose que, le temps passant, je vais progresser. »

La plupart des autres vendeuses étaient jeunes, uniformément jolies, sympathiques et peu compliquées. Elles n'avaient absolument pas cette aura d'égoïsme tordu et amer qui avait caractérisé, de façon si déprimante, certaines des enquêteuses avec qui j'avais travaillé en Angleterre. Libres, simples, correctes, elles manifestaient toutes une grande curiosité à mon égard.

« Ton père, qu'est-ce qu'il fait ?

– Fait ? Hé bien, il écoute la radio la plupart du temps. Il y a un magazine qui s'appelle *Radio Times*, qui est de loin son préféré. Il ne paraît qu'une fois par semaine, mais comme il lit très lentement, il n'a toujours pas fini son numéro quand le suivant paraît.

– Non, ce que je voulais dire, c'est ce qu'il fait comme métier. Mon père est représentant de commerce dans la chaussure.

– Mon Dieu, quelle pensée effroyable ! Non, je crois que personne ne voudrait le voir vendre des chaussures. Je crains qu'il ne soit qu'un Sub-humain. »

Je vis que les filles étaient en train de me classer rapidement dans la catégorie des bizarres et j'essayai de me rattraper.

« En fait, il a fait pas mal de choses quand il était plus jeune. Il avait une bonne petite mine d'or au Canada, il l'a fait enregistrer alors qu'il était encore très jeune, en même temps qu'un type qui s'appelait Harry Oakes, qui avait découvert une mine juste à côté. En fait, il n'y avait pas d'or dans la mine de mon père, mais ma mère et lui allaient souvent y passer quelques mois pour creuser dans l'espoir de trouver quelque chose. Et puis il est incroyablement intéressé par toutes les inventions. » Je leur racontai alors l'histoire du char d'assaut sous-marin de Reno et d'un des investissements qu'avait laissé passer Farve. Au début du siècle, un inventeur avait pris contact avec mon père pour lui proposer une machine qui pouvait faire des petits cubes de glace à la maison. « Jamais entendu parler d'une pire idiotie dans toute ma vie, avait rugi Farve. Le type était sûrement un dingue. Des petits cubes de glace, c'est ça ! »

Les filles s'étaient montrées pleines de sympathie et m'avaient assuré que les parents de quelqu'un, en Amérique, cela n'avait aucune importance. Ici, je serais jugée sur mes seuls mérites, sans qu'on prenne en considération mon hérédité infortunée.

Un autre problème fut résolu à peu près au même moment. Nous fûmes en mesure de louer un appartement meublé. « Charmant une-pièce sans ascenseur, dans le pittoresque quartier de Greenwich Village – d'un charme suranné, sans être hanté, rempli de l'atmosphère du New York d'autrefois », écrivit Esmond à Peter dans son meilleur style de Spécialiste-de-la-Tombe-de-Grant.

L'appartement était un petit endroit charmant, ou plutôt une chambre meublée, mais bien équipée et confortable en dépit de la taille minuscule. Elle était meublée en écossais, avec couvre-lit et rideaux en plaid. Tout était conçu dans le souci d'économiser l'espace : un lit escamotable (et même, comme le prétendait Esmond, une cuisine et une salle de bain escamotables, tant l'une et l'autre étaient réduites à rien), avec un joli petit coin salle à manger avec des chaises assorties aux rideaux comme dans une maison de poupée.

Cela ferait parfaitement l'affaire jusqu'à ce que nous trouvions l'or qui se trouvait juste au-dessous des pavés de New York.

Chapitre 25

Un jour que je travaillais à la boutique de Jane Engel, j'ai reçu un coup de téléphone. Une voix profonde, avec un fort accent du Nord de l'Angleterre a demandé : « Vous êtes bien Mrs Romilly ? » La personne a déclaré qu'il aimait rencontrer les Anglais qui venaient d'arriver à New York, qu'il avait vu notre nom sur la liste des passagers, avait appelé le Shelton et obtenu d'eux mon numéro de téléphone au travail. Je me suis dit que j'aurais mieux fait de ne pas leur donner mon numéro. Le type me faisait l'effet d'être incroyablement ennuyeux. « Je ne peux pas vous parler maintenant, je travaille », lui ai-je répondu sèchement. Il a insisté et je lui ai finalement donné mon numéro de téléphone à la maison pour me débarrasser de lui. J'avais complètement oublié l'incident au moment où je suis rentrée chez moi le soir.

Esmond faisait les cent pas dans la pièce, en proie à une grande excitation.

« Ce type qui a téléphoné – il est absolument fascinant ! Il faut que je te raconte toute l'histoire rapidement parce qu'il va bientôt revenir. Je crois que nous sommes tombés sur un truc vraiment bien. »

Le type avait dit à Esmond qu'il s'appelait Mr Donahue, qu'il était le frère de Steve Donahue, le jockey célèbre dans le monde entier. Il était venu voir Esmond immédiatement après et lui avait raconté l'histoire de sa vie.

Mr Donahue était arrivé en Amérique quelques années auparavant, encore tout jeune. En peu de temps, il avait perdu quelque chose comme 80 000 dollars aux courses. Ce qui lui avait brisé le cœur. Il était retourné dans le Lancashire et son oncle lui avait dit : « Retourne là-bas et bats-les à leur propre jeu tordu ! » Il avait suivi son conseil. Il n'avait plus joué que dans les petites courses, payant cent dollars à chaque jockey pour faire gagner le cheval sur lequel il avait parié. C'était ainsi qu'il avait accumulé une immense fortune et voyagé à travers tous les États-Unis. Il connaissait des gens en Floride et à Hollywood. Il garantissait pouvoir obtenir la photo dédicacée de n'importe quelle star que nous pourrions nommer.

« Mais le truc vraiment formidable, c'est qu'il est prêt à nous mettre dans la combine pour les paris, a dit Esmond. Naturellement, c'est très risqué pour lui, parce que s'il y a trop de gens dans la combine, la cote dégringole rapidement et tout le truc peut être fichu en l'air.

– Il me fait l'effet d'un escroc. Je pense que nous ne devrions rien avoir à faire avec lui, ai-je suggéré, dubitative.

– Bien sûr que c'est un escroc ! C'est tout l'intérêt du truc. C'est pour ça que c'est une combine sûre. Il m'a dit que, après avoir perdu les 80 000 dollars, il s'était senti "prêt à faire les poches d'un mort". Il parle comme ça. Voici comment je vois les choses : il pense probablement que nous avons beaucoup d'argent et il projette de nous le soutirer. Il va donc nous laisser gagner une ou deux fois des petites sommes, pour gagner notre confiance. Et puis quand il aura l'impression de nous avoir ferrés, il essaiera de nous dépouiller.

– Oui, mais s'il nous laisse gagner une ou deux fois, il va réellement gagner notre confiance. Et ensuite ?

– Mais non ! » Esmond s'impatientait. « Tu ne vois pas qu'il veut nous ratisser complètement. C'est un escroc de trop grande envergure pour s'intéresser à des mises de rien du tout. Alors quand nous aurons gagné, disons, cinq cents dollars, nous arrêterons brusquement. Le petit râteau contre le grand râteau, voilà ce que sera notre tactique.

– Autre chose, à propos des photos des stars d'Hollywood. N'importe qui peut les obtenir en écrivant tout simplement. Je le sais parce que Robin et Idden en demandaient tout le temps.

– Oui, mais ça fait partie de sa combine pour gagner notre confiance. Je n'y ai pas cru une seule seconde, évidemment. Écoute, dans quelques heures, nous aurons gagné plus de cent cinquante dollars. »

Je suis devenue encore plus suspicieuse.

« Quoi ? Tu veux dire que tu lui as déjà donné de l'argent ?

– Euh, pas vraiment. Je lui ai fait un chèque et s'il essaie de nous arnaquer, je ferai opposition à la banque.

– Combien tu as joué ?

– Quarante dollars. Nous en avons encore vingt-sept sur le compte en cas de nécessité, si tu te fais renvoyer ou je ne sais quoi. S'il ne revient pas ce soir, je te promets que je ferai opposition. Regarde, voici nos chevaux. Nous avons vingt dollars sur Braving Danger dans la quatrième course et vingt sur Starlight dans la sixième. » Esmond agitait la feuille verte en parlant.

« Je me demande pourquoi il a décidé tout à coup de nous mettre dans la combine, ai-je continué. Après tout, il ne nous connaît même pas.

– Il a expliqué pourquoi. Apparemment, il est le genre d'Anglais qui cherche toujours à aider ses compatriotes. Et il m'a dit aussi qu'il aimait beaucoup les jeunes. Il n'a pas d'enfants et il l'a toujours regretté, alors il essaie d'aider les jeunes couples qui ont des difficultés. Bien sûr, je n'ai pas cru un mot de ce qu'il racontait ; si tu veux mon opinion, il est décidé à piquer le plus d'argent possible. C'est pourquoi je crois que nous devrions nous arrêter dès que nous aurons gagné cinq cents dollars. »

On a sonné à la porte. « Tu vois ? Le voilà », s'est exclamé Esmond.

Le frère de Steve Donahue était un homme de petite taille, trapu, au visage buriné et au regard triste et doux. Esmond a fait les présentations et préparé des cocktails.

Mr Donahue s'est laissé tomber lourdement sur un des chaises de la cuisine, en secouant la tête avec un air sombre.

« Je ne sais pas ce qui s'est passé dans cette dernière course, que je n'ai pas… » a-t-il dit avec son accent prononcé du Lancashire.

« Oh… alors nous n'avons pas gagné ? avons-nous demandé simultanément, Esmond et moi.

– Vous avez gagné soixante-dix dollars. Braving Danger s'est classé. Mais on dirait qu'on s'est fait doubler dans la sixième course. Si jamais je mets la main sur ce jockey, je vais lui tordre le cou, ça ne fait pas un pli.

– Soixante-dix dollars ! C'est merveilleux. Quand allons-nous les toucher ? s'est écrié Esmond.

– Demain. Je vous retrouverai au bar de Jack Dempsey, vers midi. Jack est un très bon ami, une vieille connaissance, c'est sûr. Bon. Moi, je n'ai gagné que 4 500 dollars aujourd'hui et j'aurai dû me faire 10 000. Ce foutu faux jeton de jockey… »

Mr Donahue est resté un long moment. Il nous a raconté sa triste vie amoureuse, des années auparavant. Il avait aimé une fille qui travaillait dans une filature de Wigan. Il ne l'avait jamais épousée, mais il avait eu une fille d'elle, mais l'une et l'autre étaient mortes peu après la naissance. Il nous a raconté sa vie sur les champs de course en Amérique. Il avait été propriétaire de plusieurs écuries de course dans différents coins des États-Unis.

« En Angleterre, les courses de chevaux sont un sport de rois, un sport royal, c'est sûr. Dans ce foutu pays, c'est aussi truqué qu'un billet de neuf dollars. Ça vous fend le cœur rien que d'y penser.

– Vous parlez comme un personnage d'un roman de Damon Runyon, a dit Esmond. J'ai lu la plupart de ses livres.

– Damon Runyon ! C'est un très bon ami à moi. Vous voulez le rencontrer ? » a demandé Mr Donahue. Il nous a aussi proposé de nous présenter une artiste anglaise qui faisait le portrait de Brenda Frazier. « Elle mesure plus d'un mètre quatre-vingts, mais c'est une artiste extraordinaire. »

« Je vous aime vraiment beaucoup, mes petits, a-t-il continué. Ça ne vous embête pas que je vous appelle "mes petits", non ? »

Avant de partir, il nous a invités à l'accompagner à l'ouverture du champ de courses de New York et à descendre avec lui en Floride pour un week-end.

Une fois qu'il fut parti, nous nous sommes assis et nous avons éclaté de rire. Quel coup de chance fantastique que d'être mis dans la combine de ce racket, quelques semaines seulement après notre arrivée à New York !

Nous avons téléphoné à Dave Scherman pour lui dire que nous avions des choses très excitantes à lui raconter. Il est arrivé aussitôt. Esmond a raconté rapidement les événements du jour.

« Oh, les pauvres jobards que vous êtes, a été le premier commentaire de Dave. Le type est un escroc de première... Il ne vous laissera même pas votre chemise...

– Bien sûr que c'est un escroc, nous le savons bien. C'est pour ça que nous sommes en très bonne position pour gagner de l'argent dans cette affaire. » Esmond a expliqué sa théorie du grand et du petit râteau de façon si convaincante que Dave a immédiatement suggéré de se joindre à nous.

« Je suis sûre que Mr Donahue serait ravi de t'inclure dans la combine, ai-je dit. Il adore les jeunes. Peut-être que tu pourrais prendre quelques jours de congé et descendre avec nous en Floride. »

Nous avons convenu de nous appeler le lendemain soir pour nous mettre d'accord sur la façon de jouer les paris suivants.

J'ai fait promettre à Esmond de ne jouer qu'avec nos gains de soixante-dix dollars pour la course du lendemain et de récupérer notre investissement initial de quarante dollars.

J'étais impatiente de raconter aux filles chez Jane Engels la bonne fortune qui nous était arrivée. Elles se sont pressées autour de moi et m'ont suppliée de les mettre dans la combine.

« Mais nous avons promis de ne pas donner les noms des chevaux à qui que ce soit, ai-je expliqué. Cela doit rester un secret, sans quoi la cote dégringole. »

Elles m'ont alors donné de l'argent. « Nous avons confiance en toi. Mise cinq dollars pour moi », « Je vais jouer deux dollars, tu n'as pas besoin de me donner les noms... »

J'ai appelé Esmond dans l'après-midi pour savoir comment s'était passé le rendez-vous au bar de Jack Dempsey.

« Il connaît vraiment Jack Dempsey, m'a raconté Esmond. Il m'a présenté à lui comme le neveu de Lord Redesdale !

– Qu'a dit Jack Dempsey ?

– Il a dit *"How do you do ?"*, naturellement, a répondu Esmond, agacé. Et qu'il espérait que nous aimions l'Amérique.

– Je ne vois pas en quoi cela prouve que Donahue le connaît. Qu'avait-il d'autre à dire, ce Dempsey ? Et que s'est-il passé pour l'argent ?

– Euh, Mr Donahue ne l'avait pas sur lui. Il y a eu un petit malentendu. Il pensait que nous voulions réinvestir la totalité sur la course d'aujourd'hui. Je lui ai dit que nous ne voulions miser que les soixante-dix dollars de gains et il va passer vers trois heures pour me rendre les quarante dollars. »

Je suis arrivée assez tard à l'appartement, ayant passé quelque temps à regarder les vitrines des magasins pour décider quels vêtements j'allais m'acheter avec nos gains.

Esmond n'a pas répondu quand j'ai sonné. J'ai donc ouvert avec ma clé. J'ai entendu l'eau qui coulait. Esmond était sous la douche. On aurait dit qu'il y était depuis des heures. L'eau ruisselait sur son visage, déformant son expression. « Ne t'approche pas de moi, a-t-il dit. Ne me touche pas. » Il y avait dans sa voix une tonalité de souffrance intense.

J'ai tout de suite compris.

« Mr Donahue » n'était pas venu. La combine avait été un tout petit râteau, en effet.

Chapitre 26

Ce printemps-là, les nouvelles en provenance d'Europe étaient inlassablement mauvaises. En mars, l'Allemagne avait envahi la Tchécoslovaquie, Franco avait obtenu la victoire avec la chute de Madrid, et l'Angleterre se préparait sérieusement à la guerre. De ce que nous pouvions apprendre dans les journaux et dans les lettres de nos amis, ces préparatifs étaient marqués par le manque d'efficacité et d'enthousiasme, et surtout par l'incertitude quant à la désignation de l'ennemi.

« Le gouvernement national, loin d'avoir abandonné la "politique d'apaisement", cherche plutôt à l'étendre pour en faire une collaboration ouverte avec l'Allemagne nazie, écrivait un ami. Hitler ne se préparerait qu'à combattre l'Union soviétique si la France et l'Angleterre étaient ouvertement de son côté ; je pense qu'elles sont prêtes à le faire. »

Cette analyse déprimante de la situation était confirmée par les nouvelles dans les journaux. L'Union soviétique suppliait de nouveau pour une reprise des discussions avec l'Angleterre et la France pour la mise en place d'une sécurité collective contre l'agression nazie. Le gouvernement de Chamberlain avait répondu en envoyant à Moscou un représentant que la presse décrivait comme un « fonctionnaire subalterne des Affaires étrangères » sans le moindre pouvoir pour négocier quoi que ce soit.

La conscription fut instaurée en Angleterre. Des gens tout à fait improbables se retrouvaient dans l'armée. Des lettres du pays nous donnaient de leurs nouvelles de temps en temps.

Philip Toynbee nous écrivit pour nous parler d'un ami commun, un homosexuel bien connu à Londres. En tant que jeune officier d'un « nouveau genre », on lui avait demandé d'écrire un rapport officiel sur la visite de son régiment par un capitaine. Le rapport commençait par ces mots : « Le capitaine un tel est absolument charmant. »

Esmond jubilait à l'idée d'avoir échappé à « l'appel ». Il écrivit à Philip quelques lignes sardoniques :

« Bien, monsieur. Laissez-moi vous transmettre ce message, à vous et à tous les jeunes gens comme vous en Angleterre aujourd'hui : Faites votre devoir. Ne soyez pas un tire-au-flanc. Tout homme en bonne santé doit trouver un moyen de servir son pays à un moment aussi critique, que ce soit dans l'armée territoriale, dans la réserve de la marine ou dans l'aviation. Moins de conversations sur la politique et les -ismes – plus de jeunes gens pour pousser à la roue et ne plus poser de questions… »

Esmond vendit à ce moment-là à la revue *The Commentator* un article intitulé « S'évader d'Angleterre ». Il y décrivait « l'atmosphère sinistre de dépression et de résignation » de l'Angleterre au printemps 1939 :

« Les gens en Angleterre ne sont plus ni excités ni hystériques à l'idée d'une guerre imminente. Les gens sont en train de s'adapter à une sorte de demi-vie – une vie où il ne fait pas bon d'avoir des projets, où il ne fait pas bon de penser à l'avenir… Les gens ne parlent plus beaucoup de politique. À quoi bon ? Personne n'a plus le sentiment d'avoir le moindre contrôle sur ce qui se passe. Le seul rôle qui leur reste, c'est celui de faire ce qu'on leur dit de faire… »

Il rappelait les machinations du Cliveden Set depuis le temps de son soutien à Franco, « ce gentleman qui combattait pour récupérer une partie de la fortune et des privilèges perdus de sa classe », de son encouragement de l'invasion de l'Abyssinie par Mussolini, de sa trahison de la Tchécoslovaquie à Munich. Il citait une conversation de dîner typique de ces réunions des riches conservateurs : « Nous aurions beaucoup à apprendre de Hitler dans notre pays… Nous aurions besoin ici de quelqu'un comme Hitler. » Y opposant les réunions de Rotherhithe Street pour le secours à l'Espagne et à la Tchécoslovaquie, il racontait le long combat voué à l'échec de millions d'Anglais en faveur d'une politique étrangère antifasciste.

En conclusion, il écrivait :

« Après m'être évadé d'Angleterre, que vais-je faire à présent si la guerre éclate ? La réponse est que je vais y retourner… afin de combattre pour le gris de l'impérialisme britannique allié au fascisme polonais et roumain contre le noir du fascisme allemand et italien. »

Nous étions fermement décidés à engranger le plus possible de vie, de gens nouveaux, de situations nouvelles, avant que ne se présente inévitablement ce jour.

Au début du mois d'avril, un homme que nous avions rencontré dans des réceptions une ou deux fois avait appelé Esmond pour lui faire savoir qu'il y avait une place disponible dans une nouvelle agence de publicité, Channing and Floyd.

« Il m'a demandé quel genre de salaire je souhaitais et je lui ai répondu cinquante dollars par semaine.

– Oh, Esmond, comment as-tu pu dire une chose pareille ? Tu n'auras jamais le boulot. Tu aurais dû demander vingt-cinq dollars. » Jusqu'alors, vingt-cinq dollars, c'était la somme la plus élevée demandée par Esmond quand il cherchait du travail.

Mais, chose incroyable, le type en question avait protesté qu'il était impossible de vivre avec cinquante dollars par semaine et conseillé à Esmond de demander un entretien et d'exiger cent vingt-cinq dollars. Au moment où l'entretien eut lieu, Esmond eut le trac et déclara que cent dollars conviendraient pour commencer. À sa grande surprise, le vice-président de l'agence accepta immédiatement.

Nous avons appris par la suite que l'agence de publicité avait été créée par les comptables d'un jeune play-boy millionnaire pour réduire ses impôts. La raison d'être de l'agence était de perdre le plus d'argent possible, afin de faire passer les revenus du millionnaire dans une autre fourchette fiscale. Coup de chance étonnant, nous fûmes les bénéficiaires involontaires de cette noble entreprise.

Esmond écrivit à Philip : « Après pas mal de temps à chercher, à piétiner et à gratter, j'ai enfin découvert le trésor caché à la recherche duquel nous étions venus jusqu'ici. En fait, l'histoire est telle – le conte de fées du prince infortuné immigrant – qu'elle pourrait même t'inspirer un ricanement de mépris. Le fait est que nous n'avions plus que vingt-sept dollars en poche quand j'ai trouvé un boulot à cent dollars par semaine. En d'autres termes, nous voilà riches. N'est-ce pas sidérant ? Je suis sûr qu'il y a une morale quelque part, même si cela ressemble à une pure farce.

« Ah, Philip (tout cela avec les guillemets à la Toynbee, tu comprends bien), ah, Philip, j'ai connu l'amertume et l'armoise, et le fiel, j'ai connu la dureté impitoyable de ces pavés, j'ai connu ces portes fermées, ces "Rien pour aujourd'hui, rien pour aujourd'hui" tant et tant de fois que les mots semblaient faire partie intégrante du soleil brûlant qui me dévisageait cruellement, se moquait de moi, semblaient hurler depuis le pavé dans mes oreilles jusqu'au moment où je voulais hurler à mon tour…

« Bref, j'ai essayé de trouver du travail dans bien des endroits et j'ai échoué. Aujourd'hui, je gagne cent dollars par semaine et c'est la fin de l'histoire. »

Comme l'agence ne tenait pas de comptes ou presque, Esmond ne passait que très peu de temps au bureau. Le vice-président avait l'habitude délicieuse de partir en week-end le vendredi matin ou même le jeudi après-midi et de ne revenir qu'après un déjeuner tardif le lundi. Esmond m'expliquait qu'il n'aurait pas été convenable de travailler plus que le vice-président, qui avait des responsabilités tellement plus importantes.

Le soir, il me montrait les minces résultats des quelques heures qu'il avait passées au bureau. « Écoute, qu'est-ce que tu penses de ce slogan : "Gilbey, le bon génie du gin !" Plutôt accrocheur, non ? Rien à voir avec "Aussi bons que la poule". »

Consciencieusement, nous avons mis à la banque le salaire hebdomadaire d'Esmond et nous avons continué à vivre de mes vingt dollars par semaine. Notre but était d'accumuler assez d'argent pour pouvoir, dans quelques mois, commencer notre « Grand Tour » des États-Unis.

Il y a un immeuble résidentiel à New York qui surplombe East River appelé « 1 Beekman Place ». S'élevant au-dessus d'un quartier malfamé, l'immeuble est censé avoir inspiré le film *Dead End*. Les occupants de 1 Beekman Place éprouvent apparemment un délicieux frisson en sautant au-dessus des ordures répandues sur les trottoirs, en passant devant les gangs bruyants des gamins des rues, pour entrer dans le silence raffiné du hall discrètement ornementé de leur immeuble. Des portiers respectueux et des garçons d'ascenseur en uniforme s'inclinent à leur passage en direction de leurs appartements d'un luxe fantastique.

Peu de temps après qu'Esmond eut trouvé son travail à cent dollars par semaine, j'ai été convoquée dans un de ces appartements. Son occupante, une femme blonde d'une quarantaine d'années, à l'allure imposante, Miss Warren, s'était présentée comme étant « une fille célibataire ». Elle ressemblait plutôt à un célibataire avec une perruque de femme, mais j'en savais assez à présent sur l'Amérique pour rejeter l'idée qu'elle ait pu être lesbienne ; j'ai préféré voir en elle le prototype de la carriériste américaine en pleine ascension.

Miss Warren avait la responsabilité d'une des concessions de la Foire du Nouveau Monde de 1939 et elle me proposait de m'engager comme vendeuse. Sans perdre une minute, elle s'était « située » pour ma gouverne puisque j'étais d'une famille de la plus haute lignée en Angleterre et elle avait fait tout ce qu'elle avait pu pour me faire sortir de ma coquille en ce qui concernait mes relations.

« Êtes-vous jamais allée à Glamis Castle ? avait-elle demandé avec un regard inquisiteur dès les cinq premières minutes de notre conversation.

– Oui, nous y sommes allés une fois en hiver, quand la famille n'était pas là et qu'on pouvait tout voir pour un shilling, ai-je répondu innocemment.

– Oh, je voulais dire quand cette chère Lady Strathmore y était… »

Après m'avoir mise en garde sur la nécessité de « faire la connaissance des "gens bien" à New York », et expliqué qu'une fois habituée aux accents américains, je serais parfaitement en mesure de distinguer les "gens bien" à leur façon de parler (« Tout comme en Angleterre »), elle me fit sa proposition. J'acceptai immédiatement.

La concession de Miss Warren dans la foire était une boutique de tweeds écossais, qui faisait partie du Ye Merrie England Village. Ce dernier était situé dans un coin infâme de ce panorama à la fois éclatant et poussiéreux d'immeubles en carton-pâte qui composaient la Foire du Nouveau Monde. Les stands, les cottages et les marchands de hot-dogs dans le style Tudor ressemblaient à l'Angleterre Tudor ni plus ni moins que la rue principale de Stratford-upon-Avon. Un aboyeur habillé comme un *beefeater* de Londres ronronnait sans fin dans un mégaphone : « Au-thentique, mesdames et messieurs ! Au-thentique ! Meilleur que le ballet nautique de Billy Rose ! Le coin au-thentique de cette bonne vieille petite Angleterre ! » Deux fois par jour, des joueurs de cornemuse passaient de notre côté en émettant des sons grinçants et disharmonieux, effrayants (mais au-thentiques).

Notre équipe était composée de Miss Warren, de deux fausses jeunes Écossaises et de moi-même. À la demande de Miss Warren, nous portions toutes des robes en plaid de coton, achetées au sous-sol de chez Ohrbach. Tous les matins, Miss Warren nous motivait en parlant du problème assez peu important de repérer les « gens bien » (« les gens qui apprécient les choses raffinées ») au milieu des foules immenses.

« Un bon moyen d'y parvenir est de regarder leurs chaussures, expliquait-elle patiemment. Ne vous laissez pas impressionner par leurs mises en plis. Chaussures et sacs sont plus révélateurs. » Elle avait aussi noté que les femmes qui portaient des chaussures et des gants blancs étaient susceptibles d'être plus riches que les autres, car tout ce qui est blanc est si cher à entretenir.

Esmond fit quelques incursions dans le Ye Merrie England Village. Chaque fois, au grand mécontentement de Miss Warren, il se mettait à quatre pattes et prétendait se mettre à la recherche des chaussures de « gens bien ».

L'été torride et poussiéreux prenant fin, les choses commencèrent à se dégrader très sérieusement au Ye Merrie England Village. Les gens commencèrent à s'accuser réciproquement de « se comporter de manière non anglaise », détruisant de ce fait l'authenticité de l'atmosphère. Ye Olde Shelle Shoppe, en bas de notre allée, était censée être au bord de la banqueroute. La voix de l'aboyeur prit la tonalité aiguë du désespoir quand les foules déclinantes de la foire prirent résolument la direction opposée, vers le ballet nautique de Billy Rose.

Miss Warren se fiança avec un « garçon célibataire » d'un âge incertain qu'elle appelait Honey Bunny. Il venait souvent au Ye Merrie England Village, et Miss Warren et lui se livraient à un étrange babillage et se lisaient des passages de Christopher Robin.

L'odeur de barbe à papa et de hot-dog, le son et la vision de Miss Warren en compagnie d'Honey Bunny, tout cela commençait à devenir insupportable pour moi. Je fus soulagée quand Esmond m'annonça qu'il avait été licencié. Apparemment, le millionnaire qui finançait l'agence avait réussi, grâce à Esmond entre autres, à perdre suffisamment d'argent cette année-là, et l'agence avait été démantelée.

Esmond n'ayant plus de travail à New York, plus rien ne nous y retenait. Nous avions économisé plusieurs centaines de dollars, je fis mes adieux à Miss Warren et aux filles écossaises, et nous nous préparâmes sérieusement pour le Grand Tour des États-Unis.

Chapitre 27

Nous avons planifié notre Grand Tour dans ses grandes lignes pour inclure les étapes évidentes. Il fallait nous accorder une certaine flexibilité pour nous permettre de réagir à toute découverte fascinante, à toute opportunité qui se présenterait en cours de route. Nous pourrions rester dans n'importe quel endroit une semaine, six mois, un an, en fonction du genre de travail que nous serions susceptibles de trouver ou du type de gens que nous pourrions rencontrer. Notre tour allait commencer par quelques semaines de vacances en Nouvelle-Angleterre.

Esmond avait fait une liste de destinations évidentes, en traçant sur une carte notre itinéraire probable : « Washington, D.C. : trouver du travail dans l'administration du New Deal. Nouvelle-Orléans ou Miami : quelque chose dans la restauration. Texas : chez un éleveur. Hollywood : devenir des stars du cinéma ou du moins des figurants. San Francisco : dockers. Chicago : dans la pègre. »

De nos amis à New York, nous avions obtenu d'autres lettres d'introduction auprès de gens dans tous les coins des États-Unis. L'un d'eux était un magnat du cinéma à Hollywood. Esmond avait passé des heures à concocter un improbable passé avec une compagnie de théâtre française et avait envoyé ce curriculum vitae accompagné d'une photo de lui sur laquelle je figurais aussi. À son grand agacement, une réponse assez sèche lui parvint : « Nous ne pensons pas que votre expérience théâtrale puisse vous permettre d'obtenir un emploi dans notre maison de production. Toutefois, votre épouse semble très photogénique.

Si elle était de passage à Hollywood, nous serions très heureux de lui faire faire un test. »

Une lettre adressée à la Jay Six Cattle Company, à Benson dans l'Arizona, donna de meilleurs résultats. Par retour de courrier, nous reçûmes cette réponse de Mr Speiden, son président : « Jeunes gens, si vous venez dans l'Ouest au cours de vos pérégrinations, passez ici. Nous pourrons sûrement vous donner du travail : marquer les vaches et préparer des cocktails pour moi. »

Ce qui donna une idée à Esmond. « Tu sais, j'ai toujours désiré secrètement devenir barman », a-t-il dit. Dans le bus pour se rendre à son travail, il avait remarqué une petite pancarte sur un immeuble de Broadway qui faisait de la publicité pour une école de barman. Il s'était renseigné et avait appris qu'on y donnait un cours « accéléré » d'une semaine pour trente dollars. Le programme garantissait aux élèves qu'ils apprendraient à faire « plus de cent cocktails différents ».

Esmond s'inscrivit immédiatement et, avec sa détermination absolue habituelle, se mit en tête de devenir un barman professionnel. Le « professeur » lui donna de nombreux conseils utiles : après son troisième martini, le client ne fait plus la différence si on le fait avec de l'eau pour l'essentiel – il faut s'assurer de le préparer caché derrière le bar afin que le client ne s'aperçoive de rien ; si on veut économiser de l'alcool afin de faire un cocktail pour soi sans que le patron s'en rende compte, il faut le faire avec les frappés qui sont composés de glace pour l'essentiel ; il faut éviter de poser le pouce sur le bord du verre au cas où le client serait un peu difficile.

Esmond insista pour importer ses techniques nouvellement acquises à la maison, de telle sorte que nos amis se virent servir des concoctions dégoûtantes appelées Pink Lady, Horses' Neck, Clover Club et Cherry Smash. La plus infâme d'entre elles, celle dont Esmond était le plus fier, était connue sous le nom de Pousse-café. Elle était préparée dans un petit verre et exigeait de connaître la pesanteur respective de sept alcools différents. Le produit fini, avec de la grenadine au fond et du cognac au sommet, avait l'apparence d'un arc-en-ciel et le goût d'un bonbon de mauvaise qualité.

Nous avons acheté une Ford antique pour la somme de quarante dollars. Son propriétaire nous a assuré que le véhicule avait l'habitude de parcourir de longues distances, ayant traversé le pays plusieurs fois, et que nous n'avions pas à redouter la moindre panne. Le seul problème, c'était qu'il fallait rajouter de l'eau dans le radiateur tous les vingt kilomètres environ. Esmond a acheté un superbe shaker chromé pour cette manœuvre. Parfois, quand nous négligions de rajouter de l'eau, des nuages de vapeur s'échappaient du moteur et nous devions nous arrêter pendant des minutes interminables jusqu'à ce qu'il ait suffisamment refroidi pour pouvoir verser dans le radiateur notre eau de secours. Dans l'ensemble, c'était une voiture très fiable et nous avions le sentiment que sa carrosserie tachetée, vert et marron, se fondrait parfaitement dans les paysages pittoresques de la Nouvelle-Angleterre sur laquelle toute notre attention était désormais concentrée.

Nous avions consulté des amis concernant ce que nous devions emporter pour des vacances en Nouvelle-Angleterre. Ils nous avaient répondu que la vie dans ces régions pendant l'été n'avait rien de formel, que nous n'aurions pas besoin d'emporter grand-chose, quelques pantalons de flanelle grise et des chemises en coton. Esmond avait interprété le plus littéralement possible ces conseils. Il laissa son unique costume à New York et n'emporta que des sous-vêtements, deux ou trois chemises, un maillot de bain et le *tuxedo* pour un week-end très attendu et très détendu dans la somptueuse maison de campagne de Mrs Curry Maine.

Nous avions fait la connaissance de Mrs Maine pendant l'été à New York. C'était une dame âgée, plutôt intellectuelle, dont la fortune immense provenait du monopole de la production de certains éléments de salle de bains. Le nom de sa famille s'étalait en effet sur la porcelaine de ces éléments d'est en ouest et du nord au sud des États-Unis. Nous avions appris que Mrs Maine avait un penchant pour les jeunes écrivains, poètes et artistes, et qu'elle avait même la réputation de payer parfois des visiteurs étrangers pour une conférence faite dans ces domaines à ses invités. Nous étions allés un soir chez elle dans son immense appartement de

Park Avenue. Nous fûmes bien agacés d'arriver au moment où W.H. Auden et Christopher Isherwood partaient. Esmond les avait bien connus à Londres, mais nous nous étions contentés, comme d'un commun accord, de nous saluer poliment au moment où nous nous étions croisés dans le hall d'entrée de Mrs Maine. « Ils essaient de nous piquer notre racket ! Ils ne manquent pas de culot », avait marmonné Esmond. À en juger par l'expression de leurs visages, ils devaient penser la même chose.

Le majordome de Mrs Maine était un Anglais d'une taille immense et d'une corpulence énorme, du nom d'Horton. « C'est un personnage, avait confié Mrs Maine. Il travaillait chez le duc de Norfolk avant de venir ici. »

Horton nous avait fixés d'un regard curieusement semblable à ceux que nous avions aperçus sur les visages d'Auden et d'Isherwood. Ses yeux balayaient le *tuxedo* d'Esmond comme pour une évaluation. Contenaient-ils une vague menace : « Si tu essaies de contrecarrer mes plans, mon petit gars, tu vas le regretter. Tailleur anglais, mon œil ! »

L'heureuse issue de cette soirée avait été une invitation à passer un week-end à la fin du mois de juillet dans la propriété de Woods Hole de Mrs Maine. Cette invitation prit rapidement les proportions du point de convergence de notre voyage en Nouvelle-Angleterre, le trésor au pied de l'arc-en-ciel.

Nous quittâmes New York à la fin du mois de juin. Notre itinéraire avait été soigneusement étudié de manière à inclure le plus d'étapes possibles chez des gens qui nous avaient invités qu'il était humainement (et géographiquement) possible de le faire.

Pendant les semaines qui suivirent, nous séjournâmes chez un professeur d'université à Boston, chez des banlieusards d'Hartford, chez un rédacteur en chef de magazine à Providence.

Pour la première fois depuis notre arrivée, quelque chose comme un trait de caractère national américain commença à apparaître pour nous. Bien plus tard, Esmond devait m'écrire d'Angleterre : « Après la merveilleuse et délicieuse simplicité naïve des Américains, il est assez fascinant de retrouver les subtilités, les méchancetés et les sous-entendus de bien des gens que nous connaissons en Angleterre, où chaque remarque ne signifie pas ce qu'elle est censée dire, mais constitue plutôt une sorte de coup de rapière. » Le fait est que « la merveilleuse et délicieuse simplicité naïve » nous avait charmés et enchantés. Elle s'était manifestée chez les gens de la presse et les intellectuels que nous avions rencontrés, chez mes collègues de travail de Jane Engels, chez les auto-stoppeurs que nous avions pris et même, d'une façon un peu altérée, chez les snobs de Park Avenue. Elle n'avait été absente que chez des gens du genre de Miss Warren.

L'illusion, créée par une langue commune, que les Américains sont en quelque sorte des Anglais « comme nous », ou bien des cousins proches, avait été dissipée. Nous avons commencé à comprendre la fierté très réelle du pays et des propos sur la « démocratie » et la « liberté » que nous rencontrions partout. La question pressante « Vous aimez l'Amérique ? » ne nous paraissait plus bizarre et extravagante. Nous avons commencé à comprendre que les gens la posaient parce qu'ils voulaient vraiment savoir.

Si quelques-uns de nos nouveaux amis paraissaient exagérément sérieux et même dépourvus d'humour en ce qui concernait leur pays, ils manifestaient en même temps une sorte d'enthousiasme et de vivacité qui nous touchait profondément. Nous étions impressionnés par leur hospitalité et leur gentillesse sans limites, par la simplicité et l'efficacité de leurs maisons, par le déchaînement et l'absence d'inhibition de leurs enfants.

Nous avions essayé d'imaginer le sort d'un couple américain qui serait parti voir l'Angleterre comme nous l'avions fait pour voir l'Amérique. « Pour commencer, il serait inconcevable que quiconque leur demande de séjourner avec eux, à moins de les connaître depuis des siècles, avait dit Esmond, et même pas, sans doute, s'ils n'ont pas connu leurs parents. » Les maisons glaciales et la nourriture souvent horrible qu'aurait dû affronter notre couple mythique d'Américains, dans l'éventualité improbable où on leur aurait demandé de rester, étaient une pensée trop sinistre à envisager.

Le mois de juillet s'étira de manière plaisante. Nous vîmes des kilomètres et des kilomètres de la belle campagne de la Nouvelle-Angleterre, et nous pûmes éviter quelques-unes des étapes de Spécialistes-de-la-Tombe-de-Grant, comme le cimetière de King's Chapel à Boston et le campus de Radcliffe.

Finalement, au jour dit, nous arrivâmes à Woods Hole.

Dans les ombres projetées par le soleil déclinant de la fin d'après-midi, on aurait dit un village de bord de mer anglais. Mrs Maine ne nous avait pas donné d'adresse ou de directions précises, mais le premier passant nous indiqua le chemin de la propriété des Maine.

Nous trouvâmes l'entrée facilement et nous allions nous engager dans l'allée quand un énorme flic en uniforme s'est penché pour nous bloquer la route :

« Vous ne pouvez pas entrer ici. C'est une résidence privée. Vous n'avez pas lu la pancarte ? » Il a pointé vers des caractères gothiques : « Interdit aux pique-niqueurs et aux intrus. »

« Mais nous venons passer le week-end chez Mrs Curry Maine.

– C'est ça ! Elle est bien bonne, celle-là. »

Nous avons finalement convaincu le flic d'appeler la maison pour obtenir la confirmation que nous étions bien attendus.

Horton, immense, fier, splendide, nous a accueillis, nous a gratifiés d'un de ses regards inquisiteurs, et fait entrer dans le salon. « Mr et Mrs Romilly ! » a-t-il annoncé sur un ton où perçait le sarcasme.

Mrs Maine, dans un magnifique tailleur en lin gris, nous a fait plein de gentillesses. Quatre ou cinq de ses autres invités, dans des tenues de campagne tout aussi irréprochables, buvaient des cocktails. Nous nous sommes excusés de notre mise un peu sale en expliquant que nous étions en voyage depuis des semaines. Peu après, Mrs Maine s'est levée et a annoncé que le dîner serait servi dans une heure.

Reconnaissants, nous nous sommes esquivés dans notre chambre. J'ai rapidement défait nos bagages. Le *tuxedo*, qui sortait pour la première fois depuis notre départ de New York, avait salement souffert. Ce n'était plus qu'un enchevêtrement de mauvais plis, une loque. « Je crains que son prix modique ne soit maintenant très visible », a dit Esmond.

Nous avons appelé Horton.

Il est apparu, le souffle court, avec une expression qui semblait dire : « Je sais qui vous êtes. »

« Je me demandais si vous pourriez faire repasser ceci, ai-je demandé. Il s'est un peu froissé dans la valise, j'en ai peur. »

Pour la première fois, en regardant le *tuxedo*, Horton s'est détendu et a pris un air un peu amusé.

« On dirait que c'est urgent », a-t-il répondu et il est reparti.

Esmond se récurait joyeusement sous la douche lorsque Mrs Maine est venue frapper à notre porte.

« Je voulais seulement dire à Esmond de ne pas s'habiller pour le dîner. Dites-lui qu'une veste sombre et un pantalon de flanelle blanc feront l'affaire.

– Oh, oui… mais madame Maine… pouvez-vous patienter un instant ? »

Je transmis le message à Esmond que j'entendis crachoter dans la douche sous l'effet de la frustration.

« Madame Maine. » J'étais de retour à la porte et je parlais d'une voix forte et articulée. « Esmond n'a ni veste sombre ni pantalon de flanelle blanc.

– Oh, ce n'est pas grave. Dites-lui que tout fera l'affaire. Simplement une veste sombre et un pantalon de flanelle blanc… » a-t-elle répété avant de disparaître.

Horton avait, contre toute attente, fait un travail de repassage impeccable, mais Esmond se sentait piégé. Ce fut une des rares occasions où il parut sincèrement gêné et mal à l'aise. J'entendis un invité, qui portait un pantalon de flanelle blanc superbe, dire à un autre : « Voilà, les Anglais. Toujours parfaitement habillés pour dîner, même dans les avant-postes les plus obscurs de l'Empire. »

Le lendemain, quand il fit son apparition dans notre chambre avec le petit-déjeuner, Horton se détendit complètement.

« Je sais bien que vous n'avez rien à voir avec des gens comme elle », dit-il en hochant la tête en direction de la chambre de Mrs Maine.

Il s'assit sur le bord de notre lit et nous bavardâmes. Il nous confia qu'il avait été au départ lutteur à Birmingham et qu'un cousin en Amérique lui avait écrit pour lui suggérer de se lancer dans le business de majordome anglais. Mrs Maine avait été son premier employeur.

Chapitre 28

Martha's Vineyard se situe à une courte distance en bateau de Woods Hole. Des sentiers ombragés dans la forêt, à moitié dissimulés par les buissons du sous-bois, conduisaient à des petites cabanes et à des cottages d'une rusticité étudiée, mais somptueusement équipés pour la location aux estivants. C'est ce que les New-Yorkais appellent le « *real country* ». Esmond et moi nous étions retirés dans une de ces cabanes.

Nous avons retrouvé Seldon Rodman et sa femme, avec qui nous avions convenu de passer quelque temps à Martha's Vineyard. Seldon était alors un des rédacteurs en chef de *Common Sense*, un des nombreux petits magazines libéraux, de gauche, qui proliféraient à ce moment-là aux États-Unis. Son programme était défini sur la page intérieure de la couverture : « Un magazine mensuel consacré à l'action sociale positive pour l'élimination de la guerre et de la pauvreté grâce à une organisation démocratique susceptible de procurer l'abondance. »

Seldon était un homme mince, sec et nerveux, avec des yeux exceptionnellement sombres et intenses. Il était un peu plus âgé qu'Esmond, et ils étaient à tous égards aussi différents l'un de l'autre qu'il était possible de l'être.

Nous passions notre temps, assis sur des souches adéquatement placées autour de la cabane, à boire du vin et à enfoncer nos orteils dans la poussière des feuilles desséchées. « Et tu aurais dû voir ce majordome ! Aussi grand que Joe Louis. Mais il s'est révélé extrêmement gentil. Au moment où nous nous apprêtions à partir, j'ai voulu lui donner un dollar, tu sais, comme pourboire. Il m'a fait un fantastique clin d'œil et il a dit : "Garde-le, mon gars ! Tu en as plus besoin que moi." » Esmond a régalé les Rodman avec le récit de nos aventures du week-end, les yeux brillants de joie, me gratifiant d'un regard entendu chaque fois qu'il embellissait une histoire pour la rendre meilleure encore. Seldon écoutait attentivement, posant une question de temps à autre, et riant parfois d'un rire grinçant, du rire presque douloureux de celui qui ne rit pas souvent. Il était complètement sous le charme particulier d'Esmond, de son humour et de son talent de conteur.

Plus tard, ce fut le tour de Seldon et, dans le crépuscule qui descendait, il a sorti et lu les manuscrits de plusieurs poèmes qu'il venait de terminer. Nous étions de nouveau en terrain familier, celui des penseurs et des écrivains, celui des habitués de Rotherhithe Street. Le Ye Merrie England Village, l'agence de publicité, Mrs Curry Maine n'étaient plus que l'arrière-plan du décor, des situations pratiquement irréelles qui auraient pu être de simples scènes d'un film ou d'un roman captivant.

Nous découvrîmes que Martha's Vineyard était la retraite estivale fréquentée par des gens de gauche dont les opinions variaient considérablement. Il y avait là des communistes, des trotskistes, des socialistes indépendants de toutes sortes, et même un ou deux anarchistes un peu mangés aux mites. Les débats faisaient rage sur les sujets les plus variés, depuis les formes artistiques à la politique, des théories psychanalytiques au dernier roman de quelqu'un.

La cabane des Rodman, où nous séjournions, était divisée en deux chambres meublées, avec salle de bains et cuisine. Au bout de deux jours, Esmond décida qu'il serait plus avantageux de quitter officiellement notre chambre et de réduire ainsi le prix de la location. La réception étant assez éloignée, nous fûmes en mesure de continuer à dormir dans la cabane sans attirer l'attention. Chaque matin, nous nous glissions discrètement hors de la cabane, emportant nos valises vides sur les sentiers forestiers et nous revenions en passant devant la réception avec un air ostentatoire et guilleret, en espérant faire croire que nous avions campé quelque part et que nous venions simplement passer la journée. Les Rodman étaient à la fois enchantés et un peu choqués par notre combine. Cela semblait confirmer l'opinion qu'ils se faisaient d'Esmond et donner une certaine crédibilité aux fantastiques histoires de ses exploits passés.

Les journées s'étiraient de façon agréable, ponctuées par le ménage rapide dans la cabane, les marches dans les bois, les heures passées sur le sable fin de la plage. Mais, en fond sonore, il y avait toujours la radio qui faisait résonner les nouvelles de la guerre imminente…

C'était un peu comme si on avait été à une fête vraiment extraordinaire avec une otite très douloureuse. Tous vos amis sont là, la conversation est fascinante. Mais, tout à coup, un terrible élancement vous assaille. Vous buvez un autre verre, vous êtes un peu soûl ; mais votre oreille continue de vous faire un mal de chien. Vous vous dites que vous n'auriez peut-être pas dû venir…

Couchés sur le sable sous un soleil brûlant, nous apprîmes la nouvelle sidérante sur la petite radio des Rodman : « Le pacte de non-agression conclu par les gouvernements soviétique et nazi… Ribbentrop à Moscou… Le silence du *Daily Worker*… »

Les conversations politiques redoublèrent d'intensité. On racontait que juste après que la nouvelle avait éclaté, un dirigeant communiste était tombé sur un trotskyste connu qui venait d'arriver de New York à Martha's Vineyard. « Que dirais-tu si Hitler et Staline devaient signer un traité d'amitié et un pacte de non-agression ? » avait demandé le trotskyste. « Impossible. Cela ne pourrait pas se passer », avait répondu le communiste au moment où le trotskyste exhibait triomphalement le *New York Times* dont la une annonçait la signature du pacte. Les communistes présents sur l'île paraissaient stupéfaits par la nouvelle. Esmond affrontait quiconque se présentait et défendait le réalisme de la position soviétique.

« Depuis des années, ils ont fait pression pour obtenir une authentique politique de sécurité collective. Pendant tout l'été, ils ont essayé de conclure un pacte avec l'Angleterre visant à contenir Hitler. Mais la stratégie grandiose de Chamberlain et de Daladier a consisté à provoquer une attaque de l'Union soviétique par Hitler. Et donc, si Hitler exécute sa menace et envahit la Pologne, que croyez-vous que les Anglais et les Français vont faire ? Ils ne vont pas bouger et ils vont espérer que Hitler continuera sa progression vers l'est, bien entendu. »

Esmond était autant agacé par ceux qui criaient à la « trahison » que par les communistes orthodoxes qui, une fois le choc absorbé, avaient commencé à interpréter l'événement comme la fin de l'époque de l'antifascisme et l'imminence de ce qu'ils appelaient la « paix » avec Hitler. Nous avons appris que Harry Pollitt avait été démis de ses fonctions de secrétaire du Parti communiste anglais pour avoir lancé un appel à l'aide, jugé très malvenu par ses camarades, en faveur de la Pologne contre Hitler. Esmond fulminait contre ce qu'il jugeait être la pauvreté de l'intelligence politique des communistes. Il était convaincu que le plus grand danger désormais était que l'impérialisme britannique et français refuse d'entrer pleinement dans la guerre qui serait une fois encore transformée en croisade du fascisme contre le communisme, les démocraties occidentales restant en coulisses ou bien prenant fait et cause pour Hitler. Lorsque l'Angleterre et la France déclarèrent à contretemps la guerre à l'Allemagne, rien ne vint modifier son opinion. Le *Blitzkrieg* contre la Pologne se déployait dans toute sa fureur. L'Angleterre et la France n'avaient pas bougé.

Des lettres arrivées d'Angleterre nous donnèrent une image d'abattement, de moral réduit à néant et de confusion. La gauche était divisée et désorganisée après le pacte germano-soviétique. La guerre tant attendue contre le fascisme allait avoir lieu dans un contexte où l'unité des antifascistes n'existait plus et dans une Angleterre dirigée par le gouvernement Chamberlain profasciste. Quelqu'un à Londres nous fit parvenir un exemplaire de *The Week*, le bulletin d'informations politiques très éclairant de Claud Cockburn. Nous pûmes y lire :

« Il y a ceux qui, à Londres, dans les hautes sphères, considèrent que la guerre ne doit pas être conduite de manière à aboutir à un effondrement total du régime allemand et à l'émergence d'un gouvernement "révolutionnaire" en Allemagne. Ces cercles sont certainement en contact plus ou moins direct avec certains cercles militaires allemands – et leur intermédiaire est l'ambassade américaine à Londres (après tout, personne ne peut soupçonner Mr Kennedy d'être excessivement prévenu contre les régimes fascistes et c'est grâce à Mr Kennedy que le gouvernement allemand espère maintenir les "contacts"). »

L'analyse d'Esmond était la suivante : tant que Chamberlain resterait au pouvoir, il ne pourrait y avoir de réel effort de guerre et, de fait, de nouvelles trahisons devaient certainement être en préparation. L'article paru dans *The Week* était conforté par d'autres rumeurs sur les négociations poursuivies par le Cliveden Set et ses homologues dans les milieux industriels allemands. Après de longues discussions, nous décidâmes de ne pas renter en Angleterre tant que les combats n'auraient pas commencé et que nous ne saurions pas de quel côté nous nous rangerions. Nous allions continuer notre tour des États-Unis, rester aux aguets des nouvelles et prendre notre décision dès que la situation évoluerait.

Peu après le début de la guerre, Winston Churchill devint membre du cabinet Chamberlain. Alors que nous étions encore à Martha's Vineyard, Esmond écrivit un article à propos de son oncle pour *Common Sense*, intitulé prophétiquement : « Le prochain Premier ministre de l'Angleterre ». Il soulignait que Churchill, « dans le désert politique » pendant l'entre-deux guerres en tant que chef d'un groupe minoritaire de l'aile droite des conservateurs, allait probablement faire un come-back sensationnel – « Il attend avec confiance que les pleins pouvoirs lui tombent dans les mains ». Alors que la presse américaine s'interrogeait sur « l'énigme » d'un Churchill récemment allié à la gauche sur toutes les questions de politique étrangère, Esmond expliquait les origines de cette alliance. Il faisait un portrait de Churchill en défenseur absolument cohérent des intérêts impérialistes britanniques :

« Le gain de prestige de Churchill peut être rapporté au déve-loppement de la question de l'impérialisme britannique face à l'expansion allemande et italienne. Cette question n'a, bien entendu, rien à voir avec ce qu'on appelle la "sécurité collective" ou avec la question de "la démocratie contre le fascisme"… Aujourd'hui, devant l'étoile montante de Churchill, personne ne doit s'imaginer qu'il va diriger un gouvernement de front populaire. Il pourra obtenir le soutien du Parti travailliste, c'est certain – que peut bien faire d'autre le Parti travailliste, si ce n'est soutenir l'homme qui va combattre Hitler ? –, mais il le fera selon ses propres termes, des termes qui n'appartiennent qu'à lui. »

Chapitre 29

Nous avions deux objectifs principaux en tête pour notre séjour à Washington. Le premier était d'essayer de démêler quelques-uns des mystères de la politique américaine, à laquelle nous ne comprenions pratiquement rien. Lorsque Roosevelt avait été élu pour la première fois en 1932, il s'était trouvé des commentateurs politiques pour dire qu'il allait conduire l'Amérique au fascisme et que le New Deal se révélerait être tout simplement un front ouvrier fasciste. Dans les années qui avaient suivi, il était devenu clair qu'ils se trompaient, que le New Deal était non seulement une formidable force de progrès, mais avait aussi probablement sauvé l'Amérique d'un destin semblable à celui de l'Allemagne. Toutefois, nous étions encore troublés par l'absence d'un parti ouvrier en Amérique et par le fait qu'aucun parti politique, en dehors des communistes, n'avait un programme socialiste. Quant aux démocrates et aux républicains, nous trouvions qu'ils étaient pour nous une source de confusion extrême. John L. Lewis était qualifié de « rouge » par la plupart des journaux et pourtant c'était un républicain ; Roosevelt était un démocrate et cependant un grand nombre de démocrates au Congrès semblaient le considérer comme le diable en personne. Nous espérions obtenir quelques lumières sur toutes ces questions troublantes dans la capitale de la nation, où nous avions un certain nombre de gens à rencontrer.

Notre second objectif était de trouver un moyen de réalimenter notre réserve d'argent liquide qui fondait à vue d'œil. En dépit des mesures d'économie comme celles que nous avions prises pour la location à Martha's Vineyard, nous avions réussi à dépenser beaucoup d'argent pendant l'été.

Nous avons trouvé une chambre meublée pas chère et nous nous sommes concentrés sur les petites annonces d'un quotidien de Washington. Comme d'habitude, elles étaient remplies du déprimant « recherche mécanicien expérimenté », « tourneur fraiseur », « charpentier », « peintre en bâtiment », « statisticien – diplôme universitaire exigé ». Esmond tomba rapidement sur une annonce qui lui fit l'effet d'être une parfaite description de lui-même : « Jeune homme qui doit être intelligent, alerte, ambitieux et aimable. Cinquante à soixante dollars par semaine. Possibilités d'avancement rapide. Ni formation ni expérience requises. » Les derniers mots paraissaient particulièrement bienvenus et encourageants. Nous nous sommes demandé ce que pouvait bien être le boulot en question. Peut-être une sorte de mission confidentielle pour un des comités du Congrès ? Ou bien un poste de documentaliste dans l'équipe de quelqu'un comme Drew Pearson[1] ? Ou encore un travail dans le comité de campagne d'un homme politique influent ?

Esmond fit un effort immense pour soigner son apparence, sans perdre une minute de peur que d'autres sans formation ni expérience puissent être choisis avant lui. J'ai rassemblé rapidement des copies de ses articles et de lettres d'employeurs, au cas où il en aurait besoin.

Il a disparu pendant toute la journée ou presque et lorsqu'il est finalement revenu, il portait une grande mallette en carton, avec un air à la fois humble et amusé sur son visage. « Bon, j'ai le boulot, a-t-il annoncé.

– Fantastique ! C'est quoi ? Tu commences quand ? C'est cinquante ou soixante dollars ?

– Hé, une minute. Je ne peux pas expliquer comme ça ce que c'est. Laisse-moi te raconter exactement comment ça s'est passé, sans quoi tu ne comprendras pas. Ce n'est pas tout à fait le genre de truc que nous avions imaginé… »

---

1. Journaliste américain célèbre pour ses chroniques de la vie politique à Washington dans les années 1930 et 1940.

Esmond s'était présenté à l'adresse donnée dans l'annonce et, à sa grande surprise, il était le seul postulant. Une réceptionniste l'avait conduit dans une petite salle d'attente. Rien ne permettait de deviner quel genre d'entreprise c'était, mais sur les murs il y avait plusieurs photos de femmes très belles, et une attention toute particulière était portée à la partie située entre la cuisse et la cheville. Il venait tout juste d'en conclure que le boulot était celui d'un agent recruteur pour un cabaret quand le directeur l'a fait entrer dans son bureau.

« Tout d'abord, il n'a pas dit en quoi consistait le travail, a expliqué Esmond. Il ne cessait de parler du fait que c'était un produit qui bénéficiait d'une campagne de publicité nationale. Chaque fois que j'essayais de lui faire dire en quoi consistait le travail, il éludait et se remettait à parler de l'argent qu'on pouvait gagner et des possibilités d'avancement. Ça commençait à devenir vraiment mystérieux et fascinant. Il n'a pas demandé à voir les lettres de mes employeurs et donc je les lui ai données, il les a regardées attentivement et il a dit que je ferais très bien l'affaire pour le boulot qu'il avait en tête. Puis, il m'a demandé si je voulais voir quelques-unes des publicités. Il m'a montré des numéros de *Life* et du *Saturday Evening Post*, et il se trouve que le produit s'appelait Bas Silkform. Je ne savais toujours pas si ce serait cinquante ou soixante dollars par semaine, parce qu'ils ne paient pas de salaires en fait, ce sont seulement des commissions sur les ventes qu'on fait. »

Si la vente porte-à-porte de bas de soie était un peu une déception par rapport aux possibilités séduisantes que nous avions imaginées au départ en lisant l'annonce, elle nous a procuré une sorte de revenu pendant la durée de notre séjour à Washington. Après l'entretien avec le directeur, Esmond a passé plusieurs heures avec un des vendeurs les plus doués, qui s'était porté volontaire pour lui expliquer les ficelles du métier.

Esmond était fasciné par les raffinements subtils et les techniques très avancées utilisés chez Silkform. Des années auparavant, quand il n'avait que seize ans, il avait vendu des bas en faisant du porte-à-porte en Angleterre. Mais l'annonce par laquelle il avait trouvé ce boulot déclarait simplement : « Recherche vendeur pour porte-à-porte. Pas de salaire. Commissions seulement. » Les instructions en matière de technique de vente s'étaient limitées à une seule injonction : « Mets le pied dans la porte et laisse-le là. Ne te laisse pas convaincre de le retirer… »

« Dans ce grand pays, nous avons le savoir-faire. La bonne petite vieille Angleterre a certainement des progrès à faire pour nous rattraper, s'est exclamé Esmond en prenant sa voix d'homme politique américain. Viens avec moi demain et je te montrerai comment faire. Tu vas être tout simplement fascinée. Attends un peu d'entendre les nouvelles expressions que j'ai apprises. Peut-être que lorsque tu auras pigé la méthode, ils te donneront un boulot à toi aussi. »

Le territoire de vente assigné à Esmond était un quartier résidentiel de Washington pour la classe moyenne, pas très éloigné de l'endroit où nous étions. Esmond a ouvert la mallette en carton et m'a expliqué le fonctionnement de ce kit très élaboré – pour lequel il avait été invité à laisser cinq dollars de caution à la Silkform Company. « Le premier jour, nous ne faisons aucune vente en fait. Nous faisons un truc qui s'appelle *amollir le territoire*, m'a-t-il expliqué. C'est opéré grâce aux trois cadeaux magnifiques. Chaque vendeur doit acheter ses trois cadeaux magnifiques et ils ne coûtent qu'un demi-cent chacun, et donc j'ai bien peur qu'ils ne soient pas vraiment magnifiques. » J'ai aperçu dans le kit quelques feuilles crayonnées, des notes prises par Esmond, avec son écriture singulière et pratiquement illisible : « Toutes faites différentes par créateur », « bien fixer l'attache », « gros orteil en visite guidée – moments difficiles », « femme au foyer prudente », « tissés exclusivement, femme américaine pertinente », « paquet format économique… »

« Qu'est-ce que c'est que tout ça ? ai-je demandé.

– Oh, tu vas voir. Une partie de la méthode éprouvée de Silkform. Je les ai notées pendant que le vendeur me faisait son numéro. Écoute attentivement demain. Tout va s'éclairer pour toi. »

Avant d'aller amollir le territoire, nous avons convenu que je serai présentée comme Miss Freeman, l'assistante d'Esmond, plutôt que comme sa femme, l'idée étant que cela ferait plus professionnel. Je devais prendre note des entretiens de vente sur un formulaire spécial, fourni par Silkform.

Esmond prenait soin de ne jamais s'éloigner de la stratégie indiquée par le super-vendeur de Silkform. « Après tout, ils y ont travaillé pendant des années et des années, à la durrrrre école de l'expérience améééééricaine. »

Nous nous sommes retrouvés devant notre première porte et nous avons sonné. Une femme a ouvert la porte et, immédiatement, Esmond a débordé de charme et d'obséquiosité.

« Bonjour ! a-t-il dit avec un sourire d'une oreille à l'autre, avant de se plier en deux ou presque. Votre nom nous a été donné par le vice-président de notre compagnie, qui souhaite que vous receviez l'un de nos magnifiques cadeaux, absolument gratuit. Aucune obligation d'aucune sorte pour vous. S'il vous plaît, mettez cette petite carte en sûreté. Nous ne voudrions pas que vous l'égariez, n'est-ce pas ? Oh… (l'air terriblement confus d'avoir commis cette impolitesse). Nous avons oublié de nous présenter. Je suis Mr Romilly et voici mon assistante, Miss Freeman. Et vous êtes madame ?

– Madame Robinson… De quoi s'agit-il ? Vous voulez me vendre quelque chose ? »

Esmond a pris immédiatement un air décontenancé et la suggestion l'a fait ricaner.

« Mais, certainement pas, madame Robinson. Hé bien, merci beaucoup. Nous repasserons demain et, cette fois, avec votre cadeau gratuit. Au revoir ! Mettez la carte en sûreté ! » Et nous avons descendu les marches. « Tu as le nom ? Mrs Robinson. Assure-toi de tout noter afin que nous puissions les appeler par leur nom demain. »

Nous avons continué pendant des heures et rempli progressivement le formulaire d'interviews. Pas une personne n'a interrogé une seule fois le fait que son nom nous avait été donné par le vice-président de je ne sais quoi, alors même que nous leur demandions de nous le donner. Pas une fois Esmond ne leur a laissé le temps de demander de quel vice-président il s'agissait et de quelle compagnie. En fait, il a même dit plusieurs fois : « Votre nom nous a été donné par le vice-président », laissant entendre par là que c'était John Nance Garner, le vice-président des États-Unis, qui avait suggéré que nous leur rendions visite. « Nous ne sommes pas censés mentionner le nom de Silkform avant la fin de la seconde interview, ce serait fatal, cela trahirait tout le truc », m'a-t-il expliqué. Si un homme ouvrait la porte, nous devions nous excuser tout simplement et prétendre que nous nous étions trompés de numéro.

Le travail du lendemain était plus compliqué. Nous étions armés de notre liste de noms et d'adresses des gens à qui nous avions laissé des cartes.

« Bonjour, madame Robinson ! Et comment allez-vous aujourd'hui ? » Esmond tombait presque à la renverse sous l'effet de la joie de vivre qui animait son comportement et qu'il croyait parfaitement adaptée à ce travail. Il n'a pas laissé à Mrs Robinson le temps de lui répondre ou de refermer la porte, et il a enchaîné sur un ton assez grave : « Hier, nous vous avons laissé une carte vous donnant droit à un de nos magnifiques cadeaux gratuits. Allez la chercher » – son attitude se faisant tout à coup autoritaire, presque militaire. Il avait pointé le doigt par-dessus l'épaule de la femme en direction des recoins les plus sombres de la maison. Sans dire un mot, elle s'était tournée et était partie le long du couloir, Esmond la suivant pas à pas. « Tu vois ? a-t-il murmuré pour moi. Ça marche à tous les coups. » Silkform méprisait apparemment la méthode brutale, désuète, qui consistait à mettre le pied dans la porte. Des années d'expérience, renforcée, disaient-ils, par des recherches psychologiques approfondies, avaient prouvé que les mots « allez la chercher », accompagnés d'un geste d'autorité, produisaient des résultats positifs presque chaque fois. La victime, déjà à moitié hypnotisée, obéissait, et le vendeur avait atteint son premier objectif – entrer dans la maison.

Une fois à l'intérieur, il était important de se mettre à parler rapidement et, une fois qu'on avait commencé, de ne plus s'arrêter

(« Ne jamais perdre l'initiative »). La stratégie employée à ce stade n'était pas sans rappeler le célèbre « *third degree* » sur lequel nous avions lu tant de choses avant et après notre arrivée en Amérique. En gros, c'était une combinaison habile de torture mentale et de manipulation physique destinée à placer le sujet dans un état de passivité impuissante, privé de toute volonté indépendante et prêt à signer n'importe quoi, à condition d'être libéré de ce tourment.

« Vous avez la carte ? Ah… très bien. Je vois que vous êtes quelqu'un de très soigneux, madame Robinson. Maintenant, si vous voulez bien vous asseoir… » (Il tournait dans sa salle de séjour, déplaçant les chaises, l'aidant à se poser sur celle qui était à la lumière pour que le soleil vienne la frapper en plein visage.) « Parfait ! Il faut maintenant que je vous explique les différents usages du cadeau magnifique gratuit. Il ne vous servirait pas à grand-chose si vous ne saviez à quoi il sert, n'est-ce pas ?

– Euh, je ne sais pas… Je suis très occupée ce matin… » Mrs Robinson regardait autour d'elle, désemparée.

« Ha, ha, ha, nous le sommes tous, non ? Mais, heureusement, cela ne prendra qu'une minute. » Esmond a ouvert son kit et s'est vite emparé d'un petit objet qui ressemblait à une petite pochette d'allumettes. « B-i-e-n, nous y sommes. » Il a ouvert la pochette pour montrer des petits bâtonnets en carton avec de la colle à une extrémité, quelques bouts de fil à repriser et une aiguille. « Quand vous filez un de vos bas, voici ce que vous devez faire. Léchez un de ces bâtonnets et appliquez-le à l'endroit où le bas a filé. Puis, une fois chez vous, tranquillement, confortablement, vous pouvez réparer le bas avec ce merveilleux fil à repriser. » Il a mis la pochette dans la main de Mrs Robinson, en même temps qu'il sortait du kit un livre en cuir qu'il ouvrait avec une grande dextérité à la première partie de la séance de torture.

« Madame Robinson, avez-vous déjà senti un bout de vraie soie sauvage ? » Il a sorti un long écheveau qui ressemblait à du crin et en a attaché un brin autour du poignet de Mrs Robinson. « Tirez ! » Une petite séance de tir à la corde a suivi. « Ce serait certainement difficile à casser, n'est-ce pas ? Bien. Laissez-moi vous montrer quelque chose à présent. » Saisissant son poignet inerte, le guidant : « Prenez cette aiguille… c'est ça… voyez si vous pouvez faire un trou dans ce petit échantillon de pure soie sauvage, tissée exclusivement pour l'usage de la femme exigeante. Presque impossible, n'est-ce pas ? (Il l'a retiré rapidement parce qu'il arrivait qu'on le troue.) Votre gros orteil aurait sans doute du mal à partir en visite guidée je ne sais où à travers cette soie-là, n'est-ce pas ? De nombreuses femmes ne se rendent pas compte que la plupart des marques de bas de soie ne leur donnent que très peu de choix en matière de tailles. On est limité à des tailles très moyennes. Le fabricant de bas de soie en général refuse tout simplement de prendre en considération les différentes formes de jambes. Et pourtant nous sommes tous faits différents par le Créateur, n'est-ce pas ? Par exemple, prenez vos jambes et celles de Miss Freeman… (mais il a abandonné immédiatement cette approche comme étant dangereusement déviante par rapport aux injonctions du super-vendeur). Pour l'exemple, laissez-moi mesurer votre cheville avec ce mètre de tailleur…

– Écoutez, vous vendez des bas, c'est ça ? » Mrs Robinson commençait à sortir de sa léthargie.

« Vendre des bas ? Oh non, vous vous trompez complètement, madame Robinson. Regardez, je veux que vous examiniez ce kit devant vous et que vous me disiez si vous voyez des bas à vendre. Vous voyez ? Pas un bas. Je ne pourrais pas vous en vendre même si je le voulais, n'est-ce pas ? » Il a placé le kit sur les genoux de Mrs Robinson et s'est agenouillé avec le mètre de tailleur en main. « Miss Freeman, auriez-vous la gentillesse de noter ces mesures ? Cheville… 121 centimètres…

– Mais c'est impossible, me suis-je écriée.

– Oh non… pardon. Je tenais le mauvais bout. Cheville, 25 centimètres. Mollet, 43. Cuisse, 60. Où fixez-vous votre jarretière, madame Robinson ? Ah oui, je vois. Longueur de la jambe, de la cheville au haut de la cuisse, 63 centimètres. Vous avez bien noté, Miss Freeman ? Bien. Maintenant, madame Robinson, pour ce qui est des coloris, voyons, je crois que nous pourrions vous faire un joli colis économique d'une douzaine de paires. Quatre de Brume, qui va bien avec le bleu marine, quatre de Nacre, pour les robes du soir et les réceptions de tout genre, quatre de Rouille, pour les tenues plus décontractées… Noté, Miss Freeman ? »

Mrs Robinson était toujours assise, dans un état d'hébétude, décoiffée, le regard perdu dans le vide.

« Voilà, c'est là que nous gardons le trésor familial, ha, ha, ha, est-ce que je me trompe ? » Esmond avait repéré son sac et, à présent, il le lui tendait. « Un simple acompte, disons dix, cinq dollars, ce que vous avez sous la main… merci. Maintenant, si vous voulez bien signer ici. » Sa main sans vie s'est déplacée sur le papier. « Bien, j'ai eu grand plaisir à faire votre connaissance, madame Robinson. Nous n'allons pas vous retenir plus longtemps. Bonne journée ! »

« Esmond, cette pauvre femme ! Tu te rends compte qu'elle vient d'acheter quelque chose comme dix-huit dollars de bas ? ai-je dit lorsque nous étions dans la rue.

– Je sais, c'est horrible. Mais au moins elle en a pour un bon moment. Et tu seras heureuse d'apprendre que nous n'avons pas à faire les livraisons. Il y a une équipe de gros bras bien entraînés pour ça, au cas où le mari serait à la maison quand ils viennent. »

Toutes les victimes ne furent pas bernées avec la même facilité. Une femme s'est suffisamment mise en colère pour me demander : « Comment une charmante fille comme vous a pu se retrouver avec un type pareil ? »

Esmond a connu un succès étonnant et très dérangeant en tant que vendeur chez Silkform. En peu de temps, il battit des records en dépassant les quotas qui lui étaient assignés et il put m'offrir un superbe peignoir Snugfit Supersoft Shortie, ainsi qu'une brosse et un peigne Brushrite. Il se rendit à la conférence de motivation des vendeurs et en revint chantant quelques bribes des hymnes entraînants qu'il avait appris là-bas et conçus pour inspirer un esprit d'équipe chez tous ceux qui les entendaient :

(sur l'air de *Tipperary*)
C'est une grande bande, l'équipe de vente,
C'est une grande bande et tous s'entendent,
Tous pleins d'entrain et pleins de cran,
Et notre slogan, c'est : En avant ! En avant !

(sur l'air de *There's a Long, Long Trail*)
Il y a la forme d'un ver à soie, une Silkform, qui se tortille
Dans le pays de mes rêves à moi…
Même si Silkform ne nous a pas conduits jusqu'au rêve de
cinquante ou soixante dollars par semaine, nous avons pu gagner
assez d'argent pour payer la plupart de nos dépenses à Washington.

Chapitre 30

Nos expéditions dans le territoire de Silkform alternaient, fort heureusement, avec des visites aux différentes administrations du New Deal et des occasions de nous faire une idée assez juste des déjeuners, des cocktails et des dîners qui représentaient un aspect important de la vie gouvernementale à Washington.

En passant dans les différents bureaux du gouvernement, nous pouvions parler aux hommes et aux femmes qui venaient de tous les coins du pays pour travailler dans la National Youth Administration, le Department of Agriculture, la Works Progress Administration et dans les nombreuses autres administrations dont nous ne pouvions mémoriser la myriade de noms ou d'acronymes.

Nous fûmes très fortement impressionnés par les gens que nous rencontrâmes, certains d'entre eux étant à peine plus âgés que nous. Ils vivaient et travaillaient avec l'enthousiasme des gens qui se sont lancés dans une croisade. Partout où nous allions, ils nous distribuaient des tracts, des enquêtes, des bulletins d'information, décrivant les nombreuses activités du New Deal. Ils nous pressaient d'aller voir les campagnes, de visiter les camps de travail, la Tennessee Valley Authority, les projets de drainage et de remembrement, d'étudier les montages financiers pour l'aide aux fermiers – de juger de nos propres yeux les transformations spectaculaires apportées par l'administration Roosevelt. Quelle différence, nous disions-nous, avec le gouvernement anglais, où le mot même de « fonctionnaire » était synonyme de bureaucratie et d'ennuyeux à mourir.

On nous expliqua que Washington, tout comme New York, n'était pas une ville américaine typique. Mais nous ne pouvions pas nous empêcher de sentir que ce qu'il y avait de mieux en Amérique était concentré dans sa capitale et incarné par ce groupe sincère et brillant de jeunes libéraux. Ils ne partageaient pas avec les New-Yorkais ce cynisme systématique et ce goût de la repartie cinglante que nous y avions observés ; en même temps, ce n'étaient pas non plus ces rêveurs ou ces idéalistes à la pensée confuse dont une grande partie de la presse faisait le portait. C'étaient des gens d'action, des organisateurs, des planificateurs et, par-dessus, les meilleurs traducteurs des principes et des idéaux de leur pays dans la réalité.

Nous nous sommes rapidement liés d'amitié avec Michael Straight, le rédacteur en chef de *The New Republic*. C'était un jeune homme extraordinairement beau, qui avait à peine deux ans de plus qu'Esmond. Sa femme, Bini, avait tout juste dix-huit ans et sa famille avait estimé qu'elle était trop jeune pour vivre sans sa Nanny et il nous arrivait donc de dîner avec eux trois. Michael avait été éduqué en Angleterre, à Dartington Hall. Esmond et moi connaissions bien Dartington, puisque l'école avait été au cœur d'une controverse pendant des années et la cible d'innombrables lettres hostiles dans le *Times*. Mike avait toute une série d'histoires passionnantes sur ce qui s'y était passé, ce qui me fit sentir une fois de plus tout ce que j'avais manqué en n'étant pas autorisée à aller dans une école.

Les Straight insistèrent pour tout savoir de nos aventures avec Silkform. Ils rugirent de plaisir et éclatèrent de rire en entendant nos récits, et nous chantâmes ensemble « C'est une grande bande, l'équipe de vente ». Nous avions pris l'habitude de les saluer en disant : « Bonjour, madame Straight, et comment allez-vous aujourd'hui ? » Devant l'insistance d'Esmond, ils nous donnèrent des lettres de recommandation, au cas où nous en aurions besoin au cours de notre voyage. Ces lettres me décrivaient comme une femme de chambre qualifiée ayant été au service de Mrs Straight pendant des années. Esmond était un valet expérimenté, parfaitement compétent et adroit dans l'exercice de ses fonctions au point de se rendre pratiquement indispensable à Mr Straight.

Un jour, alors qu'Esmond était allé amollir le territoire, Mike m'emmena à un petit-déjeuner des New-Dealers dans un des grands hôtels de Washington. Je fus placée à côté d'une grande femme du Sud, coiffée d'un immense chapeau blanc. Elle se présenta à moi sous le nom de Virginia Durr. Sa voix avait quelque chose d'un cri étouffé, dépourvue toutefois de cet accent traînant que j'avais associé aux voix du Sud. Son idée de la conversation était proche de l'attaque frontale. Dès qu'elle apprit que j'étais anglaise, elle me bombarda de questions :

« Que diable pensez-vous de Mr Chamberlain ? Je trouve qu'il est parfaitement odieux… Où donc vivez-vous en Angleterre ? J'ai toujours été fascinée par la vie à la campagne en Angleterre. Que pouviez-vous donc bien faire à longueur de journée ? Combien payez-vous vos serviteurs en Angleterre ? La tourte de rognons, quel goût cela a exactement ? J'adore Jane Austen, et *Cranford*, et j'adorerais aller en Angleterre un de ces jours… »

J'avais du mal à suivre et à répondre à toutes les questions, tout en essayant de lui expliquer que les choses avaient quelque peu changé en Angleterre depuis l'époque de Jane Austen et de *Cranford*.

En fait, j'étais un peu froissée par ce tir de barrage. Mrs Durr me faisait l'effet d'être submergée par un ennemi en plus grand nombre ou d'être acculée dans une pièce envahie par des reporters.

Elle fut rapidement ennuyée par la brièveté de mes réponses et concentra son regard et son attention sur un jeune rouquin de l'autre côté de la table. « Hé bien, rouquin ! On me dit que vous êtes l'homme le plus intelligent de Capitol Hill. Alors, dites-moi, quelle est la rumeur concernant ce que le président va faire à propos… »

Le jeune homme en question avait rougi de façon charmante, s'était tortillé sur son siège, avant de se lancer dans une réponse détaillée à la question. Très vite, ils furent plongés dans une conversation intense sur les subtilités de la politique du New Deal.

Dès que Mrs Durr était lassée d'un sujet de conversation, elle y mettait fin, gentiment mais fermement. C'était un peu comme si elle avait terminé le chapitre d'un livre, fermé le volume avant de le poser et d'en prendre un autre. C'était déconcertant pour la personne avec qui elle avait parlé, qui était la plupart du temps abandonnée en plein milieu d'une phrase. Mrs Durr appliquait sa méthode de questionnement sans la moindre discrimination, quelle que fût la difficulté du sujet : « Jack, j'ai entendu dire que vous vous étiez brouillé avec John L., l'autre soir. Que s'est-il passé ? Je vous croyais copains comme cochons. »

Vers la fin du petit-déjeuner, elle a de nouveau tourné vers moi son charme irrésistible et son attention : « Pourquoi ne venez-vous pas dîner un soir, cette semaine ? J'aimerais rencontrer votre mari, tout le monde me dit que c'est un jeune homme tout à fait remarquable.

– Oh… vraiment ? C'est très gentil à eux. Naturellement, je le pense aussi. »

Je bredouillais, surprise d'entendre un compliment aussi direct. Nous avons convenu de retrouver Mr Durr à son bureau le lendemain soir et de le rejoindre dans leur maison de Seminary Hill.

Clifford Durr était un homme de grande taille, aux épaules un peu voûtées, âgé d'une quarantaine d'années. Il avait l'allure assez décontractée d'un intellectuel, qui faisait penser un peu à Abraham Lincoln. Il nous a accueillis avec cette gentillesse et cette hospitalité extrêmes que j'avais observées chez tant d'Américains : elles m'ont toujours donné le sentiment un peu dérangeant de ne pas pouvoir être à la hauteur de leur cordialité, en dépit du temps que j'avais passé parmi eux.

Les Durr vivaient dans une grande ferme blanche, interminable, dans une petite communauté rurale, à une dizaine de kilomètres de Washington. Nous entrâmes dans le hall où étaient empilés jusqu'au plafond des exemplaires du *National Geographic Magazine*, pour trouver Mrs Durr au téléphone, en train de pousser ses cris étouffés. Elle a raccroché rapidement – apparemment au beau milieu d'une phrase. J'ai pensé à la pauvre personne à l'autre bout du fil. Elle est venue nous accueillir. « Oh, je suis absolument enchantée que vous ayez pu venir ! Cliff, mon chéri, sers-leur quelque chose à boire. Entrez, et laissez-moi vous présenter Lucy et Baby Sister. » Elle nous a conduits dans le salon, où dans un coin se trouvait une masse confuse d'enfants en bas âge. Mrs Durr s'est avancée vers eux, a séparé de la masse une belle petite fille blonde de deux ans, Lucy. Baby Sister, qui venait de naître, donnait joyeusement des coups de pied en l'air dans sa poussette, dans le coin opposé de la pièce.

Lucy fut soulevée le temps des présentations et d'un baiser à son père et rapidement replacée au milieu de ses camarades, avec cette recommandation : « Tenez-vous tranquilles, vous tous, afin que votre mère puisse parler à ses amis. »

Mrs Durr s'installa pour une série de ces questions inexorables, complètement indifférente au chaos qui régnait dans la pièce. De temps en temps, un cri particulièrement aigu provoquait une réaction de sa part : « Mon Dieu ! mes enfants, vous voulez bien faire moins de bruit et jouer gentiment... » Finalement, sans autre rappel à l'ordre, les enfants se sont dispersés et Lucy est partie se coucher. Dans le silence surnaturel qui a suivi, il est devenu apparent que Baby Sister pleurait depuis un certain temps (« Grands dieux ! nous avons oublié d'allaiter Baby Sister ! ») Elle s'est rapidement procuré un biberon et la conversation d'adultes a repris sans autre interruption.

Esmond était à présent la cible de l'attention de Mrs Durr. Elle l'a interrogé longuement et en détail sur ses vues concernant la guerre, quelle sorte de personne était Winston Churchill, sur ses expériences en Espagne.

En les écoutant parler, j'ai commencé à me faire une opinion différente de Mrs Durr. Elle avait quelque chose de vraiment envoûtant, ai-je décidé, dont le charme particulier tenait à son immense curiosité pour les gens, à sa passion de découvrir des choses nouvelles, de connaître les détails et les mobiles, de rapporter les grands événements à l'humanité simple de leurs commencements. Pas étonnant qu'elle ait aimé Jane Austen !

Esmond et elle se sont remarquablement bien entendus. À la fin de la soirée, ils s'étaient liés d'amitié. Nous avions l'impression de connaître les Durr depuis des années. Combien de temps, me suis-je demandé, aurait-il fallu en Angleterre pour parvenir à une telle impression ? Combien d'heures, étalées sur combien de mois, aurait-il fallu passer en la compagnie de ces gens ? Il y aurait eu tout d'abord quelques escarmouches, comme lorsque deux chiens qui ne se connaissent pas se rencontrent pour la première fois, se flairant mais en restant sur leurs gardes, ne se quittant pas des yeux en tournant l'un autour de l'autre. Bien entendu, la conversation pourrait varier en fonction des différents milieux. Elle pourrait être monosyllabique : « Oh, je dirais, excellent spectacle ! » si elle avait lieu pendant un week-end de chasse ou de pêche. Ou bien elle pourrait consister en une phrase parfaitement bien tournée d'un point de vue littéraire, en une mention judicieuse (mais consciencieusement désinvolte) de noms d'écrivains bien connus, car il y a bien des manières différentes pour les gens d'établir un contact. Il est certain que l'échange direct, spontané, d'opinions et d'expérience qui s'était produit si naturellement avec les Durr, n'aurait jamais pu avoir lieu lors d'une première rencontre en Angleterre.

Nous avons aussi repris contact avec la famille Meyer, qui se trouvait à Washington à ce moment-là. Les visites dans leur maison de Washington, charmante et immense, fournissaient le « contraste » qui, selon Esmond, était l'essence même d'une vie agréable. De retour du territoire Silkform dans notre chambre meublée un peu sordide, une bonne douche, le fidèle *tuxedo* et en route pour un fabuleux dîner où on pouvait rencontrer absolument n'importe qui – depuis un Hiss[1] à un Pegler[2], puisque telle était la variété des convives chez les Meyer.

---

1. Alger Hiss, haut fonctionnaire américain, accusé par la suite d'espionnage au profit de l'Union soviétique.
2. Westbrook Pegler, célèbre journaliste américain.

Notre ignorance des personnalités importantes de Washington conduisit à quelques situations embarrassantes. Lors d'un de ces dîners, j'étais assise à côté d'un jeune avocat un peu corpulent, un certain Mr Pritchard du Kentucky, dont le visage et la silhouette me faisaient penser à ceux des « Beaux gras » de Tom.

« Virginia Durr dit que vous êtes un "Dean Acheson libéral". Cela veut dire quoi exactement ? » avais-je demandé.

Un coup de pied d'Esmond sous la table m'avait avertie de laisser tomber. Il m'expliqua par la suite que Dean Acheson était assis juste en face de moi.

Esmond n'avait guère eu plus de chance ce soir-là. Après le dîner, Mr Meyer expliquait ses vues à propos de la loi Lend-Lease, qui était alors en discussion au Congrès. Les invités écoutaient, fascinés, non seulement par politesse, mais aussi parce que Mr Meyer était un orateur fascinant, capable de transmettre à son auditoire les pépites d'une expérience politique immense.

« Il y a ceux qui prétendent que les Britanniques essaient de nous avoir », était-il en train de dire, avant d'ajouter avec une certaine emphase : « Je dois dire, moi, que les Britanniques sont incapables de nous voler ! »

Comme s'ils avaient été attirés par le représentant de cette vaillante petite île parmi eux, tous les yeux s'étaient tournés vers Esmond, qui s'était discrètement éloigné du cercle des invités devant la cheminée et était en train de se remplir méthodiquement les poches des excellents cigares de Mr Meyer.

Loin d'en être offensé, Mr Meyer avait jugé que c'était une énorme plaisanterie. Quelques jours plus tard, il se montra digne de sa classification dans la catégorie de Ceux-Qui-Pouvaient-Vous-Dégotter-Un-Boulot, quand il nous commanda une série d'articles sur nos aventures en Amérique.

Philip Toynbee a décrit, avec cruauté mais précision, ces articles comme étant « faussement modestes et impudiques, une image charmante d'un vaillant petit couple anglais luttant contre l'adversité pour garder la tête hors des eaux profondes et inconnues de l'Amérique ».

Si Mr Meyer voulait se venger du vol des cigares, il l'a fait quand il a fini par publier les articles d'Esmond sous un titre assez répugnant : « Deux petits sang bleu au pays des clochards ».

Chapitre 31

Les deux semaines passées à Washington ont fait l'effet d'une durée sans fin, car le voyage fait que le temps s'arrête, comme dans un rêve où une longue série d'aventures ne dure en réalité que quelques instants.

Une fois de plus, nous avons dit adieu à nos nouveaux amis, certains d'entre eux nous semblant l'être devenus pour la vie, comme nous avions dit adieu à Londres, à New York, à Martha's Vineyard. C'était la forme – si « forme » est le mot qui convient – qu'avait prise notre vie, il y avait longtemps déjà : tomber sur une situation donnée, un cercle de gens, en faire partie un bref moment, glaner ce qu'il y avait d'intéressant et repartir. Cela nous donnait la sensation satisfaisante d'avoir observé rapidement, mais profondément, un coin spécifique du monde, d'avoir entamé des relations qui pourraient être reprises facilement des mois ou des années plus tard. Même en Angleterre, notre attitude avait été un peu celle d'explorateurs partis à la découverte d'un nouveau continent ; dans l'intimité de notre propre maison, nous avions analysé et catalogué les populations primitives. En Amérique, tenus un peu à l'écart par les barrières intangibles de la nationalité, cette attitude vis-à-vis des gens qui nous entouraient était devenue plus prononcée encore. Nos meilleurs amis eux-mêmes, ceux que nous aimions profondément et que nous considérions comme les plus proches, les plus intimes – Giles, Philip, Peter, les gens de *Life* et *Time*, les Rodman, les Durr étaient dispersés dans le monde comme des drapeaux sur une carte –, existaient dans un espace en deux dimensions, car nous ne nous souciions que de l'un et l'autre, de plus en plus.

Sans doute, la plupart des jeunes amants ont en commun cette sensation de ne faire qu'un, de « n'avoir d'yeux que pour l'autre » ; la littérature de tous les pays et de toutes les époques regorge certainement de ces expériences. Dans notre cas, nous avions d'autres raisons de nous sentir attachés l'un à l'autre par un lien qui semblait mettre tout le monde à distance. Le désaccord avec nos familles, les circonstances de notre mariage, nos constantes allées et venues, la mort d'un bébé, tout cela avait contribué à nous souder l'un à l'autre pour constituer une unité autonome, une conspiration de deux contre le monde.

Le seul domaine de ma vie que je ne pouvais partager avec Esmond, c'était mon attachement à Boud. De façon assez perverse, en dépit de ma haine pour tout ce qu'elle représentait, elle était de loin ma sœur préférée, chose que je n'aurais jamais pu avouer, surtout à Esmond. J'avais essayé, la plupart du temps avec succès, de la chasser de mes pensées après le début de la guerre. Je n'avais eu que très peu de nouvelles d'elle dans les lettres de ma famille ; personne ne savait exactement où elle était et ce qu'elle était devenue. Une cousine avait écrit pour dire que Boud était rentrée d'Allemagne en août, en possession d'un revolver, et qu'elle avait l'intention de se suicider lorsque la guerre allait éclater. Pendant que nous étions à Washington, les journaux avaient fait écho à quelques rumeurs concernant Boud – qu'elle était entrée dans un couvent, qu'elle était gravement malade. La pensée qu'elle ait pu être seule, malade – peut-être mourante (mot effroyable ! trop horrible pour pouvoir le garder à l'esprit plus qu'un instant) – me plongeait dans une profonde détresse. Je ne trouvais de réconfort que dans la pensée que Boud, pour qui la loyauté était la vertu suprême, serait la première à comprendre que la guerre nous avait séparées à jamais.

Cependant, il était assez aisé de s'abandonner à l'excitation, au jour le jour, de notre Grand Tour de l'Amérique.

Esmond vivait, avec une véritable violence, dans le moment présent. Il était extraordinairement doué pour ça. Son attitude, à ce moment-là, n'était pas tant « Mangeons, buvons et soyons joyeux, car demain nous mourrons » – la mort était la dernière chose qu'il redoutait ou anticipait – mais plutôt « Demain, le travail de notre vie commence et ce sera une tâche longue qui va nous absorber complètement ». Quelque part, à un moment quelconque dans les mois ou les années à venir, la guerre contre le fascisme allait commencer et, à ce moment-là, les grandes lignes de notre vie réelle allaient se dessiner. Depuis les accords de Munich et en dépit de la déclaration de guerre, le combat était suspendu. Esmond n'était pas du genre à attendre que quelque chose se passe ; il arriverait quelque chose bien assez tôt ; en attendant, il y avait une variété infinie d'endroits à voir, de gens à apprécier, de situations à explorer.

De Washington, nous partîmes vers le sud, en direction de La Nouvelle-Orléans, où Esmond espérait pouvoir pratiquer son talent de barman tout récemment acquis. Une nuit, alors qu'Esmond conduisait et que j'étais censée contrôler notre trajectoire sur la carte, nous nous sommes brusquement rendu compte que nous avions fait fausse route pendant des heures et que nous nous dirigions vers Miami. Dans la lueur de nos phares, nous pouvions déjà voir les orangeraies de chaque côté de la route. Il semblait bien trop compliqué de repartir en sens inverse ; de plus, lorsque nous nous sommes arrêtés pour faire le plein, le pompiste nous a dit qu'il y avait des centaines de boulots de barman à Miami. Il nous a assuré que tout talent vaguement lié à la distribution de l'alcool serait extrêmement utile là-bas et que les services d'Esmond seraient très demandés.

La « cour de récréation » de l'Amérique s'est révélée une des villes les moins attirantes qu'il m'ait été donné de voir, depuis les palmiers rabougris jusqu'à notre chambre de motel, dans laquelle, tous les soirs, des cafards sortaient par milliers des murs parfaitement repeints en blanc. À Miami, ce n'était pas la crasse charmante et incrustée des meublés londoniens, ce n'était pas la saleté chaude, odorante et en quelque sorte humaine de l'Hôtel des Basques, c'était une chose sordide, qui rampait et était hostile.

La population était en parfait accord avec l'environnement. La ville se préparait pour la saison d'hiver ; c'était un bon moment pour chercher du travail et nous nous y sommes employés tous les deux. Après avoir passé une série d'entretiens et m'être retrouvée derrière le comptoir d'une « joaillerie fantaisie » dans un grand drugstore, j'ai eu tout le temps d'observer les habitants de Miami. Ils m'ont fait l'effet d'être dépourvus d'humour, suspicieux, et d'avoir des mentalités étriquées. C'était notre première expérience dans une ville du Sud des États-Unis. Les Noirs vivaient comme une bande de fantômes dans les baraques misérables des faubourgs, leur existence même étant ignorée pour l'essentiel par les Blancs. Le talent verbal de mes collègues de travail était entièrement employé contre les touristes juifs, grâce auxquels la ville s'était enrichie et leurs salaires étaient payés. La plupart des gens avec qui nous sommes entrés en contact avaient une sorte de bonhomie obséquieuse, qui rappelait la doucereuse *Gemütlichkeit* des Allemands, une façade derrière laquelle rôdait le racisme le plus ignoble.

L'information donnée par le pompiste se révéla parfaitement fausse. Esmond se rendit d'agence en agence, d'hôtel en hôtel, pour apprendre que les étrangers étaient totalement exclus de la profession de barman, les bars étant tenus par des familles ou bien par des employés de longue date, en qui l'on avait entièrement confiance. Une annonce dans le *Miami Herald*, dans laquelle Esmond se décrivait comme un jeune homme de « trente ans, stable, fiable, nombreuses années d'expérience au Ritz de Londres et de Paris », ne lui valut pas un seul appel. Une fois de plus, c'était moi qui gagnais l'argent du ménage, avec un salaire de quatorze dollars pour 48 heures de travail par semaine.

Comme d'habitude, la malchance d'Esmond ne fut que très provisoire. Il répondit à une annonce qui recherchait « des serveurs expérimentés, ayant leur propre *tuxedo*, restaurant italien de luxe, ouverture imminente », parvint à convaincre le patron qu'il avait travaillé pendant des années au Savoy Grill et fut engagé sur-le-champ.

Le *tuxedo* est ressorti de la valise, est passé cette fois-ci entre mes mains – j'aurais bien aimé que Horton fût dans les parages – et Esmond est parti se présenter pour le soir d'inauguration au restaurant Roma, ayant belle allure, même s'il ne ressemblait pas du tout à un serveur aguerri du Savoy Grill. Il est rentré quelques heures plus tard, déconfit, l'air secoué. La soirée avait commencé sous les meilleurs auspices, avec un repas italien de première qualité, servi au personnel dans une immense et superbe cuisine. Avant que les garçons n'aient terminé le dessert, les premiers clients étaient arrivés, et une première équipe s'était levée pour aller les servir. Esmond, horrifié, les avait vus sortir de la cuisine avec des plats, des saucières, des carafes, « sur chacun de leurs petits doigts, d'autres choses encore sur les mains et jusqu'en haut des bras ».

Esmond, célèbre pour son incapacité à transporter une cuillère à café d'une pièce à une autre sans la faire tomber, avait été trop perturbé par cette vision pour pouvoir terminer son repas. Inexorablement, son tour vint. Le reste de la soirée avait été un cauchemar, un client furieux après l'autre, couvert de sauce tomate ou trempé de vin, appelant le patron pour lui signaler le comportement aberrant de son serveur. Le paroxysme fut atteint quand Esmond, essayant désespérément de sauver la situation en déployant toute son énergie, sortit par la mauvaise porte, percuta de plein fouet un autre serveur chargé qu'il renversa avant de tomber sur lui, dans une pile indescriptible d'assiettes cassées et de poulet *cacciatora*. Le patron, les larmes aux yeux, fit savoir à Esmond qu'il pouvait considérer que son emploi avait pris fin. « J'ai préféré partir sans faire de scandale, confessa Esmond. Il sera probablement de meilleure humeur demain. J'irai lui parler. »

Esmond avait remarqué l'existence d'un petit bar charmant dans un coin du restaurant, sur lequel il avait jeté son dévolu. Le lendemain, il alla voir le propriétaire, présenta ses excuses pour la débâcle de la soirée précédente, avoua qu'il n'avait jamais travaillé au Savoy (« Apparemment, le propriétaire était déjà parvenu à cette conclusion »), et offrit de travailler comme barman. Le propriétaire lui avait répondu qu'il n'avait pas besoin de barman, que le bar pouvait être pris en charge par un membre de sa famille. Mais Esmond avait insisté et le propriétaire avait accepté, avec réticence, de le prendre comme garçon de salle et homme à tout faire pour un salaire de cinq dollars par semaine. Plus les repas. « Un homme à rien faire plutôt, avais-je dit à Esmond, mais je parie que tu vas finir par faire quelque chose dans ce bar. »

Évidemment, au bout d'une semaine passée à nettoyer les toilettes et à astiquer les casseroles et les poêles dans la cuisine, Esmond obtint de la famille Chizzola un poste de confiance : on l'autorisa à enfiler son *tuxedo* pour un soir et à prendre place derrière le bar. Il aimait beaucoup les frères Chizzola. Ils étaient trois : John, le patron qui accueillait les clients, se chargeait d'engager et de virer le personnel, et qui était la tête pensante de l'affaire ; Paul, le maître d'hôtel, un jeune type assez dingue qui vivait dans un monde complètement artificiel, sauf quand il faisait son métier ; Tony, l'excellent cuisinier. Ils étaient, chacun, ravis de leur nouveau garçon de salle un peu étrange, qui compensait par un énorme enthousiasme son ignorance complète du métier.

Un jour, en arrivant au travail, Esmond avait trouvé les Chizzola plongés dans une tristesse profonde. La police de Miami venait de les informer que le bar ne fonctionnait pas de manière légale : ils devaient acheter une licence ou bien cesser de vendre de l'alcool. Une licence provisoire, pour couvrir les six mois de la saison, coûtait la somme fantastique de mille dollars.

Esmond eut immédiatement la brillante idée d'offrir aux Chizzola de leur avancer la somme de mille dollars, à condition de faire de lui un associé. Affectés par le désastre qui venait de s'abattre sur eux, sceptiques, non sans raison, à l'égard de la proposition d'Esmond, ils l'avaient sèchement repoussée, comme on repousse un enfant agaçant qui veut vous offrir la lune et les étoiles.

J'étais également incrédule quand Esmond me fit part de son idée. Comme d'habitude, notre compte en banque était mal en point, avec moins de deux cents dollars à notre crédit. Les articles pour le *Washington Post*, qui devaient rapporter vingt dollars chacun, n'avaient pas été encore écrits, et n'étaient même pas vaguement définis. Esmond, comme toujours, avait les yeux fixés sur le pot d'or au pied de l'arc-en-ciel. Il était congénitalement incapable de se concentrer sur les écueils et les difficultés d'une situation donnée. Il s'agissait simplement d'un nouveau nœud gordien, susceptible d'être tranché. Son plan était le suivant : il allait s'envoler pour Washington le soir même, en prenant ce qui restait dans le compte pour payer son billet, et emprunter les mille dollars à Eugene Meyer.

« Très improbable ! ai-je dit. Il est évident qu'il ne prêtera pas l'argent. Pourquoi le ferait-il ? Les gens riches ne prêtent jamais d'argent sans avoir une garantie ; c'est probablement pour cette raison qu'ils restent riches. Tu vas seulement dépenser ce qui nous reste pour un billet d'avion. »

Esmond a déversé des torrents d'arguments pour démolir chacune de mes objections. J'ai marché dans la combine. Je savais qu'il ne faisait que répéter devant moi, content de pouvoir clarifier ses pensées avant d'aller faire le siège de Mr Meyer, car il ne doutait jamais du fait que je soutiendrais, à terme, tout ce qu'il voulait entreprendre.

L'entretien avec Mr Meyer fut apparemment très bref. Comme l'avait décrit Esmond à son retour, deux jours plus tard, Mr Meyer s'était calé dans son fauteuil, avec l'œil pétillant du bon génie, et avait dit : « Mille dollars ? Oui, je crois que je peux vous prêter mille dollars. » Esmond, qui s'attendait à une certaine résistance, avait été tellement décontenancé qu'il n'avait trouvé rien d'autre à dire que : « Oh, j'espère que ça ne va pas vous mettre dans l'embarras. » Mr Meyer avait été fort amusé par la remarque et la conversation s'était achevée dans la plus complète hilarité, Esmond tenant entre ses doigts le papier magique « Payez au porteur... »

Chapitre 32

Les frères Chizzola organisèrent une fête magnifique pour célébrer le nouveau partenariat. Le maître d'hôtel grimpa dans un des arbres du patio, fou de joie que le bar ait pu être sauvé, et sauta de branche en branche en prétendant être soit un perroquet soit un singe. John se lança dans une imitation tout à fait crédible d'Esmond en homme à tout faire : « Où est la serpillière ? Où est la serpillière ? » Bing ! Bang ! Splash ! J'eus la fierté de pouvoir assister Tony à la cuisine pour la préparation d'une montagne de spaghettis : « Decca ! vite ! Où est passé ce truc, les spaghettis est fini, l'eau, il est passé ? » Je les ai aimés au premier coup d'œil, ces frères, ils étaient tellement différents de mes collègues de travail anglo-saxons du drugstore, fermés, déprimés.

Ce fut une belle célébration et nous avions mangé et bu tard dans la nuit, la fête s'achevant avec un magnifique concert de chansons italiennes antifascistes.

J'ai laissé tomber le travail au drugstore pour prendre mes nouvelles fonctions au Roma, où j'allais être l'économe, la comptable et la videuse. « Nous avons besoin d'une charmante jeune femme pour s'occuper des dames qui tombent dans les pommes, avait expliqué John avec le plus grand sérieux. Le maître d'hôtel sera ravi parce qu'il n'aime pas aller chercher ces femmes dans les toilettes. » (« Qu'est-ce que Muv aurait pensé de tout ça ? » était un refrain qui me trottait dans la tête, chaque fois que je me trouvais dans une situation de ce genre.)

La vie au bar Roma avait bien des avantages. Notre accord avec les Chizzola prévoyait que nous prendrions nos repas avec la famille et, pour la première et seule fois au cours de notre mariage, nous avons fait trois repas délicieux par jour, à la grande satisfaction d'Esmond. Il prit rapidement du poids. L'ancien régime, qui faisait alterner festin et famine, snacks avalés à toute vitesse dans des gargotes et banquets splendides chez les Meyer ou je ne sais qui, fut bientôt un lointain souvenir.

Les clients étaient une constante source d'amusement. La plupart d'entre eux étaient des hommes d'affaires entre deux âges qui étaient en vacances ou bien des représentants de commerce en déplacement. Un jour, le restaurant et le bar furent réservés par les dirigeants de l'American Federation of Labour, qui tenait sa convention à Miami. À notre grande surprise, ces représentants de millions de travailleurs américains n'étaient pas différents des hommes d'affaires du Middle West qui envahissaient habituellement le bar. « Vous n'allez pas chanter le *Red Flag* après le banquet ? » avais-je demandé à l'un d'eux, qui avait eu l'air sidéré, comme si j'avais perdu la raison. Je me suis dit que, comme Mr Meyer, il était « favorable au capitalisme ». Nous les avions aussi pressés de nous dire quelle était la position des syndicats en matière de politique étrangère et ils nous avaient seulement gratifiés de regards perplexes.

Esmond se lança dans une étude des habitudes de l'alcoolique américain. Il découvrit que, après deux ou trois verres, le client sortait immanquablement son portefeuille pour y chercher les photos de « la femme et des enfants, c'est la petite femme la plus formidable du monde et notre petit, il est capable de rosser n'importe quel vaurien du quartier, je vous le dis ». Encore quelques verres et le client tapait du poing sur le bar : « Oui, monsieur, les États-Unis, le meilleur pays du monde et le Kansas, le meilleur État de l'Union. On peut dire ce qu'on veut de la vie dans ces coins-là, mais je peux vous dire que… » Et ainsi de suite. Au dixième verre, le client commençait à éprouver l'étrange, mais apparemment universel, besoin d'affirmer et de prouver son identité. « Robert G. McKinley,

G. pour George, c'est moi. Mais on m'appelle Bob. Vice-président de la Smith-Alford Tractor Company, Kansas City, Kansas. Vous ne me croyez pas, n'est-ce pas ? Hein ? Hé bien, je vais vous le prouver. » Sortait alors la carte de visite ou le permis de conduire, ou encore la carte de sécurité sociale. « Vous voyez ? Là. Robert George McKinley, mais on m'appelle Bob. Robert G. McKinley de Kansas City, Kansas, la plus belle ville qu'on puisse trouver, et tous m'appellent Bob là-bas… » À ce moment-là, le bar était jonché d'un assortiment effroyable de cartes d'identité, de permis de toutes sortes, de cartes de membre du Kiwani ou du Rotary, de photos de la petite femme et des gamins, leurs visages ronds et candides aspergés de façon incongrue de gouttes de whisky. Ce stade était le signal pour moi d'intervenir en tant que videuse, ce que je faisais en ramassant les possessions un peu maculées du client, en les rangeant dans son portefeuille, avant de le conduire gentiment vers le taxi qui l'attendait. « Robert George McKinley, c'est mon nom. Bob, tout le monde m'appelle Bob chez moi… Le meilleur endroit de ce foutu monde pourri… » continuait-il à dire en titubant jusqu'au taxi. Esmond fut rapidement en mesure de juger à quel moment précis me solliciter. « Decca, il vient de sortir le permis de conduire. Tu peux aller appeler un taxi ? »

Esmond déployait une concentration extraordinaire pour faire de son travail son unique souci. C'était comme s'il avait délibérément écarté de son esprit, pour un temps, les réalités de la vie et de la politique. Il était dans une position assez unique pour pouvoir l'accomplir, étant physiquement hors d'atteinte pour la conscription en Angleterre et, en tant qu'étranger, non susceptible d'être mobilisé en Amérique, si une mobilisation devait avoir lieu. Il avait même écrit à Philip que nous avions mis dans le bar une pancarte qui disait : « RESTEZ NEUTRES ! » En réalité, la pancarte n'existait pas. Esmond avait inventé cette histoire pour faire comprendre à nos amis en Angleterre qu'il n'allait pas se laisser entraîner dans une guerre dont les objectifs étaient encore très confus. Les unes des journaux, cet hiver-là, annonçaient la mobilisation des troupes à Southampton pour un éventuel affrontement avec l'Union soviétique, et il y avait un certain nombre d'indications qui permettaient de penser que des membres haut placés du gouvernement britannique encourageaient les Allemands à intensifier leurs préparatifs de guerre jusqu'au jour où nous pourrions les rejoindre dans la croisade contre le communisme. C'était une atmosphère de complot à l'intérieur du complot, dont l'issue restait parfaitement floue.

Sans doute en raison du caractère troublant des nouvelles, sans doute parce que j'avais fini par détester Miami, j'avais l'impression par moments que quelque chose de déplaisant allait nous arriver, surgissant derrière la façade tape-à-l'œil de cette horrible ville en carton-pâte, avec son éternel soleil éblouissant sur le stuc blanc qui rendait fou, avec ses poinsettias hideux dans tous les jardins, qui avaient l'air aussi artificiels que les décorations de Noël minables.

Esmond était indifférent à toutes ces fantasmagories. Il émanait de lui une chaleur et une vivacité exceptionnelles. Il faisait toutes sortes de projets délirants pour l'avenir du bar, travaillait comme un fou pour apprendre toutes les ficelles du métier, pour savoir comment attirer et garder ses clients. Comme d'habitude, il était au centre d'un tourbillon créé par sa propre activité, qui happait tout le monde autour de lui. Les frères Chizzola l'observaient avec beaucoup d'affection et une sidération croissante. Ils n'avaient jamais vraiment oublié le choc de leur première rencontre avec lui, le culot qu'il avait eu de se présenter comme un serveur aguerri le soir de l'inauguration, la façon dont il les avait charmés pour obtenir un travail de garçon de salle en dépit de son incompétence évidente et, par-dessus tout, la façon dont il avait obtenu les mille dollars qu'ils ne pouvaient s'empêcher de considérer comme un désopilant tour de magie.

Maintenant qu'Esmond était « autorisé à exercer ses talents au bar », comme il le disait, nous avions découvert que le métier exigeait bien plus que la simple préparation des Pousse-cafés et des Horses' Necks. Il fallait maîtriser les problèmes de trésorerie, de crédit à court et à long terme, comprendre les termes mystérieux qu'étaient un connaissement et un registre quotidien.

Les journées avaient pris un certain rythme. Le matin était consacré à la tenue des comptes et au ménage, aux conversations sérieuses avec les frères Chizzola concernant les fournitures, suivies des conversations plus sérieuses encore avec les marchands d'alcools. Vers midi, le moment excitant de l'ouverture approchait, avec l'anticipation des divers spécimens de l'humanité qui allaient se présenter au Roma. Après cela, les choses vraiment amusantes commençaient. Esmond avait défini un catalogue de plusieurs personnalités typiques qu'il employait face aux différents clients : le « dur » à la Damon Runyon, le serviteur anglais à l'ancienne, courtois, le genre sophistiqué à la Ernest Hemingway, voyageur infatigable, chez lui sur les cinq continents. Je redoutais toujours qu'il ne se mélange les pinceaux et donne le traitement Damon Runyon (avec l'accent américain qui convenait) à un client qui reviendrait quelques jours plus tard pour être servi par un barman qui serait le parfait jumeau du précédent – un jumeau à la personnalité plus sombre, s'inclinant gravement avec cette raideur typiquement anglaise, ne parlant que lorsqu'on lui adressait la parole et ne s'exprimant alors que par monosyllabes avec un accent de la BBC (cockney mâtiné d'un accent d'Oxford).

Le numéro le plus réussi d'Esmond était celui du philosophe-sans-prétention. Il consistait à démarrer une conversation avec un client et à répliquer à toute remarque triviale par une remarque plus triviale encore : « Je dis toujours que les jeunes ont trop peu de responsabilités/trop de responsabilités/trop de libertés/trop peu d'initiatives/de nos jours. » « Je dis toujours que ce pays a besoin d'être tenu d'une main ferme/qu'on lui laisse la bride sur le cou/de revenir aux bons vieux principes de nos ancêtres/de regarder vers l'avant plutôt qu'en arrière… » Tout pouvait marcher à condition d'être prononcé avec la voix grave qui convenait et d'être précédé par les mots « Je dis toujours ». Son auditoire était très impressionné par une telle sagesse chez quelqu'un de si jeune. À mesure que le client alignait les verres, Esmond, avec une grande habileté, lui faisait accomplir des cercles pour mon plus grand amusement et admettre des platitudes en parfaite contradiction avec celles qu'il avait prononcées pour commencer. J'observais le spectacle depuis mon poste derrière la caisse, offrant de temps en temps une remarque de la femme du philosophe-sans-prétention : « Je dis toujours que si nous autres, femmes, étions un peu plus comme nos mères, le monde serait un endroit un peu plus vivable. » Ou bien : « Je dis toujours que c'est à nous, les femmes, qu'il appartient de garder nos hommes loin des champs de course et des bars. » Cette dernière remarque ne pouvait être proférée en toute sécurité que lorsque le client était complètement ivre et, par conséquent, prêt à débattre des dangers de l'alcool, surtout lorsqu'il était consommé par les jeunes.

À Noël, la drôlerie sereine et détachée de la réalité qui régnait dans le bar fut anéantie. Pendant deux jours, des rumeurs circulèrent dans la presse selon lesquelles Boud avait été grièvement blessée par balle et qu'elle était rapatriée à la maison en ambulance, ayant obtenu un sauf-conduit exceptionnel pour passer à travers les lignes ennemies. On faisait toutes sortes de conjectures, puis on reçut la nouvelle qu'elle était arrivée en Angleterre. Une véritable tempête journalistique s'abattit sur nous. Le téléphone ne cessait de sonner, les journaux dans tout le pays nous réclamant des « informations privilégiées » : était-il vrai que Unity avait été blessée par des SS ? Qu'elle s'était violemment querellée avec Hitler juste après la déclaration de guerre ? Où avait-elle été pendant ces derniers mois ?

« Je ne sais pas… Je ne sais pas… Je ne sais pas. »

J'étais terrifiée pour Boud et terriblement chagrinée par les récits de son retour au pays, la série sans fin des photos dans les journaux qui la montraient tellement changée et l'air malade. La vérité de l'histoire était une évidence pour moi ; Boud avait toujours dit qu'elle se suiciderait si la guerre devait éclater entre l'Angleterre et l'Allemagne ; elle avait essayé et sans doute échoué. En dépit du fait que la balle avait touché son cerveau, sa constitution extraordinairement forte lui avait permis de rester en vie.

Je ne cessais de m'interroger sur l'énigme insondable : pour ceux qui la connaissaient comme une des personnes les plus humaines qui fût, pourquoi avait-elle tourné le dos à l'humanité et s'était-elle alliée à ces brutes grimaçantes et à leurs armées de robots qui défilaient au pas de l'oie ? Le cri de la vieille femme basque à Bayonne, « *Alemanes ! Criminales ! Animales ! Bestiales !* », résonnait encore à mes oreilles. Comment Boud, quelqu'un qui avait un goût naturel exceptionnel, une artiste et une poétesse dès l'enfance, avait-elle pu adhérer à ce philistinisme brutal ? Elle avait été excentrique toute sa vie, s'était tenue à l'écart de tout comportement normal, n'avait jamais pu être disciplinée par les gouvernantes, les parents et la directrice de sa pension (qui avait diplomatiquement informé ma mère du fait que, de nombreuses jeunes filles quittant l'école à seize ans, elle ne voyait aucune raison pour que Unity ne soit pas l'une d'elles) ; cependant, elle avait adopté avec enthousiasme la plus mortellement conformiste des idéologies. Elle avait toujours haï avec passion – comme nous toutes, Tom faisant sans doute exception –, mais je pensais qu'elle haïssait avec intelligence et j'admirais sa capacité à créer une tension nerveuse insupportable quand les relations avec les adultes lui paraissaient déplaisantes, grâce à un simple regard de mépris incandescent. Mais lorsqu'elle écrivit sur un ton joyeux au journal *Der Stürmer* : « Je veux que tout le monde sache que je hais les Juifs », j'ai senti qu'elle avait oublié ce que signifiait haïr et qu'elle s'était rangée une fois pour toutes du côté du haïssable.

Il est peut-être futile d'essayer d'interpréter les actions de quelqu'un – on peut se tromper radicalement ; mais il m'a toujours semblé que ce dernier acte vraiment conscient de sa vie, cette tentative d'autodestruction, était une sorte de reconnaissance des contradictions extraordinaires dans lesquelles elle s'était retrouvée, que la déclaration de guerre avait seulement servi de prétexte à son geste, qui aurait été de toute façon inévitable à un moment ou à un autre.

J'ai fait le deuil de ma Boud de l'époque du *boudledidge*, de mon immense et brillante adversaire du Salon loin du Salon, quand nous nous affrontions encore – seulement trois ou quatre ans plus tôt, mais j'avais l'impression que c'était dans une autre vie – sous les bannières frappées du svastika et de la faucille et du marteau. Je savais que je ne pouvais pas attendre d'Esmond, qui ne l'avait jamais rencontrée, qu'il puisse éprouver autre chose que du dégoût à son endroit. D'un commun accord, nous évitâmes de parler d'elle.

Chapitre 33

En général, les événements qui façonnent l'histoire semblent prendre un temps interminable pour celui qui les vit. C'est bien des années après que les éléments essentiels se mettent en perspective, télescopés et résumés dans les titres un peu cavaliers qu'on peut lire dans les livres d'histoire : la guerre de Trente Ans, la Restauration, la révolution industrielle. Dans la vie réelle, la maturation de la crise qui conduit à un changement dans la façon de gouverner, le cours des négociations et des conférences internationales qui influent sur la destinée d'une génération, le flux et le reflux des batailles qui décident de l'issue d'une guerre, tout cela se déroule au ralenti, la signification ultime de chaque phase étant souvent obscurcie ou même cachée sous des montagnes d'articles de presse, de spéculations, de rumeurs, d'interprétations, de commentaires « inspirés » pour ou contre.

Ce ne fut pas le cas pour l'offensive allemande en Europe occidentale, lorsqu'elle fut finalement déclenchée. Le 9 mai, un mois après que Chamberlain avait consulté sa boule de cristal un peu embrumée pour y découvrir que Hitler « avait manqué le bus » et n'était plus en mesure de mener une guerre d'agression, les Allemands décidèrent de frapper. L'offensive progressa à une telle vitesse qu'aucun journal ne fut en mesure de suivre ; les « éditions spéciales » étaient périmées avant même d'arriver dans les kiosques à journaux. Une fois de plus, nous étions collés devant nos postes de radio. Les bulletins d'informations annonçaient toutes les heures de nouvelles tragédies et les informations normales étaient entrecoupées de bulletins spéciaux qui donnaient des nouvelles du front. En quelques heures, les Allemands avaient envahi les Pays-Bas dont le système de digues tant vanté s'était montré aussi efficace pour leur défense que les douves du château de sable d'un enfant. Le front en France était en danger mortel, peut-être même déjà perdu.

De la folle confusion des premières journées de l'attaque, un fait émergeait : la pluie de feu allemande sur des pays mal préparés, désunis, avait illuminé comme un vaste éclair la nature véritable du danger auquel l'Europe était confrontée, avait mis sous les yeux de chacun la stupidité criminelle des années passées à conclure des accords indignes et à s'accommoder des ambitions délirantes de Hitler. Du jour au lendemain, la politique d'apaisement fut enterrée pour toujours. Vingt-quatre heures après le déclenchement de l'offensive allemande, Chamberlain donna sa démission et Churchill fut appelé à former un gouvernement d'union nationale.

Pour Esmond, ce fut le tournant, le moment où tous les doutes concernant la façon dont la guerre allait être menée furent révoqués. La politique étrangère de l'Angleterre était désormais parfaitement claire. Comme il l'avait envisagé, l'accès au pouvoir de Churchill, accompagné par une démonstration sans précédent du soutien des travaillistes, scellait la nouvelle donne politique. C'en était fini de la mascarade des masques à gaz qui ne fonctionnaient pas, distribués à la population civile, des tracts mal pensés parachutés derrière les lignes allemandes pendant les cinq mois qui avaient suivi la déclaration de guerre.

En décidant de retourner en Angleterre pour combattre – une décision inévitable dès que le cours de la guerre devint clair après l'offensive allemande –, Esmond était tristement conscient de ce qui l'attendait. Ce ne serait pas une réplique de l'aventure espagnole, cet engagement personnel et excitant pour combattre les oppresseurs. Une machine s'était mise en marche, une machine dont chaque rouage était encombré par les élèves officiers de Wellington qui avaient vieilli, une machine dominée en tout point de la hiérarchie par ceux qui avaient été ses ennemis à l'école, à l'époque d'*Out of*

Bounds. La classe supérieure anglaise, même ceux qui avaient été partisans de Hitler, allait maintenant accomplir son devoir pour le roi et pour l'Empire, et occuperait sans aucun doute les positions de commandement qui lui revenaient de plein droit pendant toutes les phases de la guerre. « Je vais probablement me retrouver sous les ordres d'une de tes répugnantes connaissances », avait commenté Esmond, morose.

Il était indubitable que ce serait une guerre ennuyeuse et l'absence des communistes, qui continuaient de la qualifier de « guerre impérialiste », allait la rendre plus ennuyeuse encore. Combattre dans une telle guerre serait une tâche éprouvante, marquée par l'ennui à chacune de ses étapes, mais néanmoins essentielle.

De manière significative, tout en se livrant à ses analyses et en dissertant inlassablement sur les complications et les aspects repoussants de la guerre, Esmond était plein d'optimisme. Il prédisait que le déblaiement nécessaire des décombres du nazisme allait ouvrir la voie à une immense transformation sociale partout, que « l'esprit de Madrid » allait, au cours de cette guerre, émerger de nouveau.

Il exultait à l'idée d'être en position d'organiser, dans tous ses détails, sa participation à la guerre. S'il avait été pris dans le système de la conscription, il se serait retrouvé à la merci de l'administration, sans avoir un mot à dire sur le choix du corps où il voulait s'engager. En l'état actuel des choses, il était libre de se tenir à l'écart des forces armées marquées par une tradition très forte. Il décida de partir immédiatement pour le Canada et de s'engager dans l'armée de l'air.

Esmond considérait que la seule chose qui importait dans la vie à présent était de vaincre les puissances de l'Axe. Les horreurs qu'elles faisaient subir à l'Europe rendaient impensable de se tenir à l'écart. Si Hitler remportait la victoire, raisonnait-il – et les jours passant, les nouvelles du front rendaient l'hypothèse de plus en plus probable –, il y avait peu de chances pour que nos amis et nous puissions survivre. Par conséquent, à la lumière de tout ce qui était en jeu, il était vain de s'attarder sur les aspects les plus ternes et les plus rébarbatifs, les exercices militaires interminables, le contrôle de la propreté, la soumission à toutes sortes de routines dénuées de sens, imposées par toute une classe d'officiers tyranniques et mesquins, toutes choses qu'il voyait venir dans une guerre qui allait être conduite par les conservateurs. L'emporter sur toutes ces contraintes était le véritable enjeu ; exactement le même enjeu qu'en Espagne, estimait-il, mais à une échelle plus importante puisque c'était désormais la survie de l'ensemble de l'Europe qui était en balance.

Son attitude vis-à-vis de ses propres attentes était à la fois sérieuse et pratique. Il était prêt à se soumettre de tout cœur à ce qui l'attendait au Canada, à éliminer pour le moment toute tentation qui pourrait naître de tourmenter, de provoquer ou de harceler ses supérieurs dans l'armée de l'air. Il lui faudrait, bien entendu, surmonter les habitudes d'une vie entière pour mener à bien cette résolution. Il était convaincu que c'était possible.

Esmond était une personne compliquée, aux facettes multiples, douée d'une énorme capacité à changer et d'aucune ou presque à s'analyser. Le fait qu'il ait changé d'avis à ce moment précis était quelque chose qu'il aurait sans aucun doute, s'il avait pris le temps d'y penser, imputé entièrement à la nécessité pratique de la situation présente, telle qu'il l'envisageait ; tout comme il aurait défendu chacune de ses attitudes passées en invoquant la nécessité des circonstances particulières dans lesquelles il s'était retrouvé à un moment ou à un autre. Il lui aurait paru tout simplement logique que sa vision des choses soit désormais colorée par le dévouement absolu à la cause de la victoire, car il était avant tout quelqu'un qui aimait l'action politique ; cette qualité, qui était dormante quand la nécessité d'agir ne se faisait pas sentir, était à présent en première ligne.

Il est sans doute inévitable qu'Esmond ait pu apparaître, à ceux qui se sont trouvés dans son orbite, sous tant de masques différents, la personnalité d'un garçon entre l'âge de quinze et de vingt et un ans, si forte soit-elle, étant encore instable, en plein développement, tel trait ou tel autre devenant progressivement dominant. J'ai toujours pensé que ma famille le considérait comme une sorte de Struwwelpeter[1] (« Le voici ! Avec ses cheveux et ses mains sales ! »), un jeune voyou à l'allure peu raffinée et aux manières moins raffinées encore. En fait, une cousine m'a dit un jour : « Il m'a toujours paru étrange qu'Esmond et toi ayez réussi à avoir un bébé aussi gentil. J'étais sûre que ce serait un dragon. » Pour les amis de son âge, il était un personnage à la fois délicieux et redoutable, toujours d'une excellente compagnie parce qu'on pouvait toujours compter sur son caractère imprévisible, parfois capable d'entraîner tout le monde, mais souvent trop dangereux à suivre. Pour les Durr et ceux qui l'ont connu le mieux au cours de ses fréquentes visites aux États-Unis, après qu'il se fut engagé dans l'armée de l'air, il faisait l'effet d'incarner ce qu'il y avait de mieux et de plus prometteur dans sa génération : « Même s'il n'y a rien de *gentil* chez Esmond », avait l'habitude de dire Virginia sur un ton de regret, parce qu'elle aimait bien la gentillesse, une qualité très cultivée chez les gens du Sud.

Parmi ces visions contradictoires d'Esmond, peu importe quelle est la plus proche de la vérité, parce qu'il était pour moi le monde entier, mon sauveur, le traducteur de tous mes rêves dans la réalité, le compagnon fascinant de ma vie d'adulte – trois ans déjà – et le centre de tout mon bonheur.

Esmond et moi avions examiné sous toutes ses coutures l'idée selon laquelle notre comportement était vaguement imputable soit à l'hérédité soit à l'éducation, car nous nous considérions nous-mêmes, et les gens qui nous entouraient, comme nous étant faits tout seuls, des agents libres à tous égards, les produits de nos propres actions et décisions. Toutefois, notre style de comportement pendant la plus grande partie de notre vie commune, le caractère de délinquant que je trouvais si attirant chez Esmond et qui trouvait un écho chez moi, son intransigeance pleine d'insouciance et même sa suprême confiance en lui – l'impression qu'il pouvait traverser

1. Personnage d'un conte d'Heinrich Hoffmann.

le feu sans dommage –, tout cela peut être facilement attribué à une hérédité et une éducation dans la haute société anglaise.

Les qualités de patience, d'endurance et d'autodiscipline naturelle que le travailleur met au service de sa lutte pour une vie meilleure, le respect instinctif pour la dignité fondamentale de n'importe quel être humain – même son ennemi – si souvent manifeste chez le Noir ou le Juif dans son combat pour l'égalité, nous faisaient complètement défaut dans l'ensemble, ou du moins n'étaient présents que sous une forme très peu développée.

L'amour du prochain, puissant et parfaitement authentique chez Esmond, n'était pas du tout du même genre que celui de saint François d'Assise, sa haine de la guerre, pas du tout la même que celle de Gandhi. Son genre de socialisme ne s'encombrait guère de sentiments chrétiens raffinés, puisque, comme Boud, il était doué pour la haine, même si, contrairement à elle, il crachait son venin sur les ennemis de l'humanité, de la paix et de la liberté.

Le milieu de notre enfance, où courait une riche veine de démence, et même de brutalité dans le cas d'Esmond, n'était pas du tout organisé pour nous transmettre un amour instinctif du sublime dans l'humanité et dans la culture. Il n'est guère surprenant qu'une bonne partie de notre rébellion contre ce passé ait pris, par moments, une tournure très personnelle. « Camarades, je vous apporte un message venu du tombeau ! avons-nous un jour entendu dire un orateur du dimanche dans Hyde Park. Du tombeau de Lénine, de Marx et de Nietzsche ! Vous voyez bien leurs choses derrière leurs vitrines en verre chez Selfridge. Brisez leurs vitrines ! Prenez leurs choses ! » Nous n'avons jamais bien compris ce que Nietzsche pouvait bien faire dans cette assemblée, et même si nous avions gloussé en entendant cet étrange discours, nous avions aussi éprouvé une certaine sympathie pour le point de vue exprimé. « Emparez-vous de cette voiture ! Empochez leurs cigares ! » aurions-nous pu paraphraser de temps à autre, quand ces opportunités s'étaient présentées.

Dans d'autres générations, le même héritage avait sans aucun doute produit son quota de *gentlemen* cavaliers ou coureurs automobiles, de *gentlemen* capables de jouer avec les cœurs ou à la roulette, et qui parvenaient si souvent à mourir sans chevaux, sans voitures, sans argent et sans amour. Ces quêtes étaient sans intérêt pour notre génération. Le drame qui nous avait attirés, nous et tant de nos contemporains, était le drame réel de la politique, la vision d'une organisation d'un monde d'abondance et de vie bonne pour tous. La diversité des bannières qui proposaient d'ouvrir la voie vers la vie nouvelle avait attiré une formidable variété de gens venus de tous les horizons.

Alors que la plupart d'entre eux, je crois qu'on peut le dire honnêtement, avaient pris part à la lutte pour des raisons nobles, et auraient été prêts à faire de grands sacrifices pour faire progresser la cause qu'ils avaient choisie, certains, comme nous, avaient quelques vieux comptes à régler en chemin. Une trop grande sécurité pendant l'enfance, couplée avec une discipline trop stricte, imposée par la force ou la menace de la force, avait développé en nous un degré élevé de méchanceté, une sorte de prolongement de la malignité de l'enfance. Non seulement, nous rivalisions pour nous surpasser dans les actes de provocation et d'outrage contre la classe que nous avions abandonnée, mais nous étions aussi ravis de rivaliser en général. C'était même notre mode de vie. Des années plus tard, Philip Toynbee m'a rappelé le jour où nous avions rempli une voiture de hauts-de-forme volés dans le vestiaire de la chapelle d'Eton et celui où nous avions pillé les rideaux d'une riche maison de campagne dans laquelle nous séjournions pour décorer les fenêtres de Rotherhithe Street. « Tu ne t'en souviens pas ? » répétait-il sans cesse. Quand j'ai confessé que je ne me souvenais que vaguement de ces incidents, Philip a répliqué tristement : « Tout cela a fait une impression énorme sur moi, mais j'imagine que pour Esmond et toi, ce n'était qu'une journée de travail de plus. »

Pourtant, à la fin de sa courte vie[1], Esmond s'était lassé de la violence et de la rébellion automatique contre l'autorité, qui avaient

---

1. Il fut tué au combat en novembre 1941, à l'âge de vingt-trois ans (NdT : c'est l'unique note de l'auteur).

caractérisé son adolescence. Il avait remplacé ces qualités pour un dévouement très sérieux à la cause qui était pour lui capitale, sans laquelle sa vie n'aurait pas valu la peine d'être vécue : la défaite du fascisme. « Les beaux jours de la flibuste sont terminés pour vous, Esmond, avait l'habitude de dire Virginia Durr pour le taquiner. Mon Dieu ! comme vous avez l'air propre et respectable dans votre uniforme ! »

La clôture de nos affaires à Miami se fit sans difficulté, puisque, grâce à une coïncidence qui semblait si souvent régler le cours de nos vies, la licence de six mois pour le bar arrivait à expiration et nous avions économisé assez d'argent pour rembourser le prêt de mille dollars. Ce qui semblait plus compliqué, c'était la perspective d'avoir à vivre séparés pendant un certain temps – au moins quelques mois, peut-être même une année, cela dépendrait de la durée de la période de formation dans l'armée de l'air. La vacuité indicible d'une telle séparation planait de façon menaçante au-dessus de nous et nous tentions, sans succès, de nous rassurer l'un l'autre : cela ne durerait pas longtemps et nous serions bientôt ensemble en Angleterre de nouveau.

Pendant le long trajet de Miami à Washington, d'où Esmond devait s'envoler, nous avons discuté de l'avenir. Nous avons décidé de faire un enfant tout de suite, un ami et un compagnon pour moi pour les quelques années à venir. À la fin de la guerre, il serait en âge – trois ? quatre ? cinq ans ? – de bénéficier du nouvel ordre politique de l'après-guerre qui, nous en étions convaincus, était en marche.

Entre-temps, je trouverais du travail à Washington et je m'inscrirais à un cours quelconque – journalisme ? sténographie ? – qui nous serait utile à tous les deux pendant et après la guerre. Projets, projets, projets. Esmond, passé maître dans l'art de faire des projets, parvenait à infuser une fantastique énergie vitale dans ces discussions, les rendant tellement drôles et constructives qu'il était impossible d'envisager sombrement les mois à venir.

Esmond me pressait de considérer la possibilité de vivre chez les Durr, en soulignant que l'atmosphère animée d'une grande famille et l'énergie inépuisable de Virginia réduiraient considérablement le risque de me sentir seule. Je fus enchantée par l'idée. Non seulement les Durr étaient au cœur de tout ce qu'il y avait de fascinant dans la vie de Washington, mais il émanait d'eux chaleur et affection – des qualités qui paraissaient indispensables à ce moment-là. Vivre au milieu de cette famille serait indubitablement un arrangement parfait, quelque chose d'entièrement nouveau, une aventure en soi.

Nous sommes allés directement chez eux en arrivant à Washington pour vérifier qu'ils étaient bien aussi merveilleux que dans notre souvenir. Esmond a remarqué que Virginia, en dépit du fait qu'elle avait négligé, de manière un peu désinvolte, Baby Sister le soir où nous avions dîné chez elle, avait une expérience considérable avec les bébés, ce qui serait d'une valeur inestimable lorsque le nôtre allait naître. Virginia m'a souvent dit par la suite qu'elle avait eu le sentiment qu'Esmond l'avait choisie très tôt pour cette tâche. Il avait regardé la maison, se souvenait-elle, comme s'il avait procédé à une évaluation. Elle avait l'impression qu'il n'y avait rien eu d'incohérent ou d'imprévu dans le fait que, sur une invitation de sa part à passer le week-end chez elle, j'étais restée deux ans et demi et devenue un nouveau membre d'une famille en pleine expansion.

À Washington, il y eut des milliers de choses à faire, des démarches à la légation du Canada pour savoir comment s'engager, des cartes à étudier pour se rendre au Canada, une voiture à préparer pour le voyage. Esmond, soucieux de me voir souffrir inutilement si je devais rester inactive une fois qu'il serait parti, s'était arrangé pour que j'accompagne Virginia en voiture jusqu'à la Convention démocrate de Chicago, qui aurait lieu peu de temps après son départ. Le bébé, qui faisait déjà sentir péniblement sa présence, fut promptement surnommé Donk, en hommage au *donkey*, à l'âne, mascotte du Parti démocrate.

Tout était enfin réglé. Il n'y avait aucune raison d'attendre plus longtemps. Le bagage à l'allure singulière d'Esmond dans la voiture, une dernière flamme du moteur éteinte avec le contenu d'un shaker, des « Au revoir » et des « À bientôt », et il s'est éloigné lentement dans l'allée des Durr. J'ai regardé la voiture tourner au coin de la rue, avec la sensation vague qu'une période de ma vie venait de s'achever pour de bon, de se boucler pour être oubliée.

Table des matières